W. Sammer · H. Schwärtzel

CHILL

Eine moderne Programmiersprache für die Systemtechnik

Mit 165 Abbildungen

Springer-Verlag
Berlin Heidelberg New York 1982

Dipl.-Math. Werner Sammer

Leiter der Abteilung Basissoftware im
Hauptbereich Zentrale Aufgaben Informationstechnik,
Siemens AG, München

Dr. techn. Heinz Schwärtzel

Leiter des Hauptbereichs Zentrale Aufgaben Informationstechnik,
Siemens AG, München

CIP-Kurztitelaufnahme der Deutschen Bibliothek. Sammer, Werner: CHILL : e. moderne Programmiersprache
für d. Systemtechnik / W. Sammer ; H. Schwärtzel. – Berlin ; Heidelberg ; New York : Springer, 1982

ISBN-13: 978-3-540-11631-8   e-ISBN-13: 978-3-642-93222-9
DOI: 10.1007/978-3-642-93222-9

NE: Schwärtzel, Heinz

Das Werk ist urheberrechtlich geschützt. Die dadurch begründeten Rechte, insbesondere die der Übersetzung, des
Nachdrucks, der Entnahme von Abbildungen, der Funksendung, der Wiedergabe auf photomechanischem oder
ähnlichem Wege und der Speicherung in Datenverarbeitungsanlagen, bleiben, auch bei nur auszugsweiser Verwer-
tung, vorbehalten. Die Vergütungsansprüche des § 54. Abs. 2 UrhG werden durch die „Verwertungsgesellschaft
Wort", München, wahrgenommen.

© Springer-Verlag Berlin, Heidelberg 1982.

Die Wiedergabe von Gebrauchsnamen, Handelsnamen, Warenzeichen usw. in diesem Buch berechtigt auch ohne
besondere Kennzeichnung nicht zu der Annahme, daß solche Namen im Sinne der Warenzeichen- und Marken-
schutzgesetzgebung als frei zu betrachten wären und daher von jedermann benutzt werden dürften.

Satz: Daten- und Lichtsatz-Service, Würzburg

2362/3020/543210

Mitarbeiterverzeichnis

Alois Büchler	Kapitel 4	Andreas Kroneberg	Kapitel 4
Georg Dießl	Kapitel 3	Horst Mogenbrod	Kapitel 2
Gerd Friedrich	Kapitel 4	Michael Mrva	Kapitel 2
Monika Gonauser	Kapitel 2	Hartmut Raffler	Kapitel 3
Wolfgang Heymans	Kapitel 3	Hans-Jürgen Steffens	Kapitel 3
Wolfgang Hoyer	Kapitel 2 und 3	Rudolf Tobiasch	Kapitel 4
Gerhard Kuhn	Kapitel 3	Paul Urbanek	Kapitel 3

Sämtliche Mitarbeiter gehören dem Hauptbereich Zentrale Aufgaben Informationstechnik der Siemens AG in München an.

Vorwort

Im November 1980 verabschiedete das Comité Consultatif International Télégraphique et Téléphonique (CCITT), ein Ausschuß der Internationalen Fernmeldunion, die Sprache CHILL (*CCITT High Level Language*) als Standardprogrammiersprache für rechnergesteuerte Vermittlungssysteme. Damit war ein modernes Sprachkonzept — ähnlich PASCAL oder MODULA — für Systementwicklungen der Kommunikationstechnik festgeschrieben. CHILL berücksichtigt alle üblichen Anforderungen an höhere Programmiersprachen. Insbesondere sind durchgängig Typ-, Block-, Modul- und Prozeßkonzepte realisiert. Somit erfüllt CHILL nicht nur die Bedingungen der Vermittlungstechnik. Es ist auch eine tragfähige Basis für alle Programmieraufgaben. Dank des Sprachkonzeptes können vom Compiler bereits zur Übersetzungszeit folgende Prüfungen vorgenommen werden:

- Kontrolle der Verträglichkeit von Operationen mit Operanden,
- Kontrolle der Schnittstellen bei Prozeduren und Moduln,
- Kontrolle des Steuerflusses.

Durch die genannten Konzepte wird die „Trickprogrammierung" verhindert. Durch sie ist die Transparenz der in CHILL formulierten Programme wesentlich besser als die vergleichbarer Programme, welche in den problemorientierten Sprachen FORTRAN, COBOL oder PL/1 oder gar in Assemblersprachen geschrieben sind.

Nach einer kurzen Einführung in Entstehungsgeschichte und Anwendungsgebiete von CHILL wird in diesem Buch ausführlich auf das Sprachkonzept und den Sprachumfang eingegangen. Damit wird allen interessierten Informatikern und Nachrichtentechnikern ein Einblick in die Möglichkeiten dieser modernsten und genormten Programmiersprache gegeben. Zur Vertiefung wird anschließend der derzeitige Stand der Compilerimplementierung der Siemens AG aufgezeigt. In Zusammenhang mit weiteren Arbeiten werden die Wechselwirkungen zwischen Sprachkonzept und Betriebssystem bzw. Hardwarearchitekturen dargelegt. Das Buch schließt mit einem Modell einer Programmierumgebung für CHILL, wie sie das CCITT derzeit diskutiert.

Die Autoren danken an dieser Stelle allen Mitarbeitern dieses Buches. Insbesondere gilt der Dank Herrn Dr. Hoyer, der wichtige Teile des Buches gestaltet und allen Mitarbeitern sein Fachwissen zur Verfügung gestellt hat.

München, im Juli 1982   W. Sammer · H. Schwärtzel

Inhaltsverzeichnis

1 Entstehungsgeschichte und Anwendungsgebiete von CHILL

1.1 Einleitung

Im Februar 1977 legte das CCITT * einen Vorschlag für eine höhere Programmiersprache vor, mit dem Ziel, für den Bereich der Kommunikationstechnik einen Standard zu schaffen. Diese Sprache erhielt wenig später den Namen CHILL (*CC*ITT *H*igh *L*evel *L*anguage).

Die Entstehungsgeschichte der Programmiersprache CHILL muß im Zusammenhang mit der technischen Entwicklung der Vermittlungssysteme für die Fernsprech- und Datentechnik gesehen werden.

Die weltweite Automatisierung der Vermittlungstechnik beruhte auf elektromechanischen, wähler-orientierten Vermittlungssystemen vorwiegend mit dezentraler Steuerung. Erst Ende der 60er Jahre entstanden die prozessor-orientierten Vermittlungssysteme, die sogenannten SPC-Systeme (*S*tored *P*rogram *C*ontrolled) mit elektronischen Bauelementen.

In SPC-Systemen werden die Vermittlungsvorgänge durch programmierbare Prozessoren gesteuert. Die wesentlichen Unterschiede zwischen SPC-Systemen und elektromechanischen Vermittlungssystemen sind:

- Prozessorgesteuerte Systeme profitieren von der raschen Entwicklung der Computertechnik, sind somit leistungsfähiger und wirtschaftlicher.
- Elektronische Bauelemente profitieren von der dynamischen Leistungssteigerung der Mikroelektronik.
- SPC-Systeme werden programmiert und unterliegen so der Dualität von Hardware-Software-Systemen.

Neben diesen technischen und wirtschaftlichen Vorteilen gingen auch Impulse von der Zielsetzung der Automatisierung oder Teilautomatisierung von Fernmeldediensten zur Entwicklung prozessorgesteuerten Vermittlungssysteme aus. Um Dienste wie z.B. die Fernsprechentstörung oder die Rufnummernauskunft zu automatisieren, sind die Speicherung des Bestandes an Schaltelementen, von Leitungen und der Netztopologie, ihr Ausnutzungsgrad und vielfältige weitere Parameter Voraussetzung. Da diese Daten im Prinzip bereits im Vermittlungssystem vorliegen, liegt es

---

* CCITT (Comité Consultatif International Télégraphique et Téléphonique) ist der ständige Unterausschuß der Internationalen Fernmeldeunion, einer Sonderorganisation der Vereinten Nationen (UN). Das CCITT bearbeitet Fragen der internationalen Telegrafen- und Fernsprechtechnik.

nahe, sie in spezielle Dateien zusammenzufassen und anderen Computersystemen über ein Kommunikationsnetz zur Weiterverarbeitung zur Verfügung zu stellen.

Hand in Hand mit diesen Bestrebungen zur Automatisierung gingen auch Überlegungen zur Einführung neuer Leistungsmerkmale in den Vermittlungssystemen selbst, wie automatische Rufweiterleitung, Wecken etc. Prozessorgesteuerte Vermittlungssysteme bieten wegen ihrer Softwareflexibilität entscheidende Vorteile.

Die Programmierung von softwaregesteuerten Vermittlungssystemen erfolgte bis in die jüngste Zeit in Assemblersprachen oder solchen höheren Programmiersprachen, die meist Untermengen von PL/1- bzw. ALGOL waren. Programmiersprachen wie FORTRAN oder COBOL wurden nicht eingesetzt, zumal sie in der Vermittlungstechnik auch keine Vorteile gegenüber Assemblersprachen oder PL/1- bzw. ALGOL-Dialekten bieten.

Die Erfahrungen auf dem Gebiet des Software Engineering zeigten, daß die Probleme der Stabilität, Wartung, Portabilität, Erweiterbarkeit und Effizienz großer Softwaresysteme mit den vorhandenen oben genannten Sprachen nicht oder nur unzureichend gelöst werden konnten. Auch die Forderung nach leichter Erlernbarkeit der Programmiersprachen ist unzulänglich erfüllt.

Die Erfahrungen aus dem Bereich des Software Engineering, neuere Erkenntnisse auf dem Gebiet der formalen Sprachen aber auch der Bedarf und die hohen Anforderungen an die Zuverlässigkeit von Vermittlungssystemen, flossen in das Konzept der Programmiersprache CHILL ein.

1.2 Historie

Der Grundstein zu CHILL wurde im Oktober 1968 bei der CCITT-Hauptversammlung in Mar del Plata, Argentinien, gelegt, als auf Anregung der schwedischen Postverwaltung die Studienfrage 7/XI formuliert wurde („Study of methods for the specification of program logic for stored program controlled telephone exchanges") [1.1].

In der ersten Phase (1968–1972) bemühten sich hauptsächlich die nationalen Post- und Fernmeldeverwaltungen um die Klärung des Themas. Diese Periode stand vor allem unter der Zielsetzung, die Software von prozessorgesteuerten Vermittlungssystemen leichter lesen und verstehen zu können und so Bewertungskriterien für Software beim Angebot konkurrierender Vermittlungssysteme zu schaffen.

Die Erfolglosigkeit dieser Bemühungen führte dazu, daß in der zweiten Phase (1973–1976) die Frage nach einer eigenen höheren Programmiersprache für Vermittlungssysteme in den Vordergrund trat. Diese Thematik wurde in der Studienfrage 8/XI deutlich formuliert („High level programming language for SPC-telephone exchanges") [1.2, 1.3].

In der kommerziellen Datenverarbeitung waren damals bereits gute Ergebnisse mit höheren Programmiersprachen für Anwenderprogramme erzielt worden. So ist es verständlich, daß von der herstellenden Industrie auch höhere Programmiersprachen ausschließlich für Vermittlungssysteme entwickelt wurden.

Vom November 1973 bis September 1974 war man deshalb im CCITT bestrebt, eine bereits existierende Programmiersprache als Basis für die CCITT-High-Level-Language zu wählen. Von den 27 eingebrachten Programmiersprachen wurden 8 in

die engere Wahl einbezogen, eine davon war PASCAL. Die Abstimmung brachte aber
für keine Programmiersprache die erforderliche Einstimmigkeit.

Daraufhin wurde ein Spezialistenteam gegründet, das aus Vertretern der sieben
Firmen bzw. Verwaltungen ITT, LME, Philips, Siemens, NTT, UKPO und Nordic
PTT bestand. In der Zeit von Mai 1975 bis Februar 1977 wurde das „blue document"
ausgearbeitet, das die Basis für eine Standard-CCITT-High-Level-Language bildete
[1.4].

Sprache	Hersteller	Basis	System
ESPL 1	ITT	PL/1	Metaconta
PAPE	CNET	PL/1	E 11, E 12
DPL	NTT	PL/1	D 10
TSPL	GTE	PL/1	TSPS
TPL	UKPO	ALGOL 60	GEC Mark 2
TL	NTT	Makro-inter-preter	DEX, D 10
EPL	Bell	Assembler	No. 4 ESS, No. 1 A

Bild 1.1. Höhere Programmiersprachen für Vermittlungssysteme zwischen 1968 und 1976

Auf der Basis dieses Vorschlags begannen einige Hersteller elektronischer Vermittlungssysteme mit der Erstellung von Compilern für die Programmiersprache CHILL.
Hand in Hand damit gingen Korrekturen und Abrundungen der Programmiersprache selbst. Im Februar 1980 wurde dann das „brown document" als überarbeitete und
verbesserte Version des „blue document" vom CCITT herausgegeben [1.5].

Im November 1980 wurde die Sprache CHILL vom CCITT als Standardprogrammiersprache für elektronische Vermittlungssysteme verabschiedet (Recommendation
Z. 200).

1.3 Anwendungsgebiete

Die Sprache CHILL ist unter die modernen höheren Programmiersprachen wie PAS-
CAL [1.6] oder MODULA [1.7] einzuordnen. Sie ist keine „Telefonsprache", d.h.
keine Spezialsprache, die ausschließlich zur Programmierung vermittlungstechnischer
Vorgänge verwendet werden kann. Der Anwendungsbereich von CHILL umfaßt alle
Programmebenen für prozessorgesteuerte Vermittlungssysteme, wie:

- Betriebssystemsoftware,
- Realzeitprogramme:
  - – Vermittlungstechnische Aufgaben, wie Erzeugen und Auswerten von Meldun-
    gen der Anschlußgruppen, Ziffernbewertung für Richtungswahl, Wegesuche;
  - – Betriebs- und wartungstechnische Aufgaben, wie Mensch-Maschine-Kom-
    munikation, Einrichten und Aufheben von Teilnehmeranschlüssen, Ändern
    von Bündelzuordnungen, Auslesen von Gebührendaten, Protokollieren von
    Verkehrsmeßdaten, Prüfen, Fehlerdiagnose;
  - – Sicherungstechnische Aufgaben, wie Lokalisieren und Sperren von fehlerhaf-
    ten Geräten, Ersatzschaltung, Wiederanlauf (recovery);

- Supportsoftware:
  - – Dienst- und Hilfsprogramme,
  - – Testhilfen,
  - – Compiler;
- Anwendersoftware:
  - – Auswerteprogramme für Meßdaten, Gebührendaten usw. (on-line und off-line).

Die Sprache CHILL berücksichtigt die üblichen Anforderungen an höhere Programmiersprachen, insbesondere sind bei ihr durchgängig Typ-, Block-, Modul- und Prozeßkonzept realisiert. Durch ihr Sprachkonzept können vom Compiler bereits zur Übersetzungszeit folgende wichtige Prüfungen vorgenommen werden:

- Kontrolle der Verträglichkeit von Operationen mit Operanden,
- Kontrolle der Schnittstellen bei Prozeduren und Moduln,
- Kontrolle des Steuerflusses.

Diese genannten Konzepte verhindern die sonst allzu häufige „Trickprogrammierung". Dadurch ist die Transparenz der in CHILL formulierten Programme wesentlich besser als die vergleichbarer Programme in den problemorientierten Sprachen FORTRAN, COBOL oder PL/1 oder gar in Assemblersprachen.

2 Sprachkonzept und Sprachumfang

2.1 Überblick

2.1.1 Anforderungen an die Sprache

Software ist der teuerste und am längsten lebende Bestandteil eines informationsverarbeitenden Systems. Die Hersteller von Software stehen vor der dreifachen Aufgabe:

- die Entwicklungskosten,
- die Entwicklungszeiten,
- die Wartungskosten

von Software mit allen gebotenen Mitteln zu reduzieren.

Das wichtigste Instrument für die Entwicklung und Wartung von Software ist die verwendete Programmiersprache. An sie sind eine Reihe von Forderungen zu stellen, die sich etwa wie folgt beschreiben lassen.

- Die Sprache muß problemorientiert sein. Der Programmierer muß von hardwareabhängigen Eigenschaften wie Registern, Adressen u. ä. befreit werden. Er muß sich ganz auf den entwerfenden und programmierenden Algorithmus konzentrieren können. Dadurch wird die Entwicklung weniger fehleranfällig und schneller.
- Die Sprache muß über hinreichende Abstraktionsmechanismen verfügen, die das prägnante Beschreiben komplexer Zusammenhänge und Problemlösungen gestatten. Mit ihrer Anwendung wird ein Programm leichter verstehbar und leichter änderbar.
- Die Sprache muß die Modularisierung der Programme fördern. Insbesondere bei großen Programmsystemen ist eine Zerlegung in Bausteine notwendig, die für sich selbst verständlich sind, die klar definierte Schnittstellen nach außen haben und die implementierungstechnische Details nach außen verbergen. Nur dadurch wirken sich modulinterne Änderungen nach außen nicht aus, sie bleiben lokal eingegrenzt. Nur Änderungen an der Schnittstelle selbst haben Auswirkungen auf andere Moduln.
- Die Syntax der Sprache muß so geartet sein, daß der Compiler möglichst viele Programmierfehler erkennt. Dies verkürzt die Testzeiten und erhöht insgesamt die Zuverlässigkeit der Programme.
- Die Sprache muß unabhängig von der unterlegten Hardware sein, um die Portabilität der Programme weitgehend zu gewährleisten und zu erleichtern. Ein und dasselbe Problem für verschiedene Zielmaschinentypen immer wieder neu zu programmieren, ist im allgemeinen weder terminlich noch wirtschaftlich zu verantwor-

ten. Obgleich Sinn und Zweck von Portabilität unmittelbar einleuchten, stößt ihre praktische Durchsetzung auf große Schwierigkeiten. Es gehört großer Sachverstand und viel Erfahrung dazu, um Stellen mangelnder Portabilität an der Sprachoberfläche zu erkennen und zu beheben.

Das CHILL-Sprachkonzept entspricht dem derzeitigen Stand der Softwaretechnologie. Es enthält einige neuartige Konstrukte, wie sie bisher nur in Sprachen wie CONCURRENT PASCAL [2.1], MODULA [2.2] oder ADA [2.3] vorkommen.

Neben vielen Details kennzeichnen im wesentlichen vier Konzepte den technischen Fortschritt bei modernen Programmiersprachen:

- das Typenkonzept,
- das Block- und Prozedurkonzept,
- das Modulkonzept,
- das Prozeßkonzept.

Typenkonzept

Daten werden nach Datentypen klassifiziert. Damit wird festgelegt, zu welcher Klasse z. B. eine Konstante gehört oder welche Werte eine Variable annehmen kann. Mit der expliziten Einführung solcher Wertebereiche werden mehrere Ziele verfolgt:

- Sie fördert die Verständlichkeit des Programms. Die Korrektheit eines Algorithmus ist nur innerhalb der zulässigen Wertebereiche garantiert. Daher erleichtert deren Angabe das Verständnis des Algorithmus.
- Sie fördert die Zuverlässigkeit des Programms. Die im Programm verwendeten Operatoren, gleichgültig ob sie in der Sprache vordefiniert sind oder vom Programmierer eingeführt werden, sind nur für bestimmte Wertebereiche ihrer Operanden sinnvoll. Der Compiler kann aufgrund der angegebenen Wertebereiche prüfen, ob die vorkommenden Kombinationen von Operatoren und Operanden zulässig sind. Ist die Zulässigkeit zur Übersetzungszeit nicht entscheidbar, so kann der Compiler Code für eine Prüfung zur Laufzeit generieren. Auf diese Weise wird eine große Klasse von Schreib- und Entwurfsfehlern aufgedeckt.
- Sie fördert die Effizienz des Programms. Das Speicherbild einer Variablen ist abhängig von ihrem Wertebereich. Für den Compiler ist die Kenntnis des Wertebereichs nützlich bei der Speichervergabe und für den Speicherzugriff.

Wertebereiche werden in CHILL Modes (Singular: Mode) genannt.

Block- und Prozedurkonzept

Blöcke und Prozeduren dienen der Strukturierung eines Programms in logisch zusammengehörige Komponenten. Sie fördert die Lesbarkeit und die Verständlichkeit von größeren Programmen. Kennzeichnend ist, daß Prozeduren ineinander schachtelbar sind. Dies kommt der menschlichen Denkweise entgegen und entspricht der Methode der schrittweisen Verfeinerung einer Problemlösung.

Durch das Block- und Prozedurkonzept werden die Gültigkeitsbereiche von Namen festgelegt. Für einen Programmierer ist es wichtig, neue Namen einzuführen ohne mit Namen in einem anderen Kontext in Konflikt zu geraten.

Modulkonzept

Bei den älteren Programmiersprachen versteht man unter einem Modul meist eine Übersetzungseinheit, d. h. eine Einheit, die einem Compiler zur Übersetzung angeboten werden kann. Der bei modernen Programmiersprachen verwendete Modulbegriff geht weiter über diesen mehr an der Hantierung orientierten Gesichtspunkt hinaus: Ein Modul faßt Daten samt allen Operationen auf diesen Daten zu einer Einheit zusammen. Dabei werden implementierungstechnische Details nach außen verborgen. Die Moduln stehen über wohldefinierten Schnittstellen miteinander in Beziehung. Diese Schnittstellen werden bei jeder Neuübersetzung des Moduls überprüft. Daher ist feststellbar, ob bei irgendwelchen Änderungen des Moduls auch andere Moduln betroffen sind.

Prozeßkonzept

Mit den klassischen Programmiersprachen wie ALGOL, FORTRAN, COBOL oder PASCAL lassen sich nur sequentielle Algorithmen formulieren. Bei der Programmierung von Systemsoftware, etwa Betriebssystemen, sind darüberhinaus Sprachkonstrukte notwendig, um parallel ablaufende Aktivitäten darstellen zu können. Hierbei ist es unerheblich, ob die unterliegende Hardware aus Mono- oder Multiprozessorsystemen besteht. Vielmehr lassen sich viele Vorgänge natürlicher und verständlicher erklären, wenn man sie als parallel ablaufende Prozesse beschreibt. Prozesse sind in diesem Sinne Mittel zur Programmstrukturierung wie etwa Prozeduren auch.

Im folgenden wird die Sprache CHILL kurz vorgestellt. Dabei wird keine Vollständigkeit der Beschreibung angestrebt. Syntaktische und semantische Details sind den nachfolgenden Kapiteln bzw. der Sprachdefinition [1.5] zu entnehmen.

2.1.2 Grundbegriffe

In einem Programm werden Verarbeitungsprozesse samt aller für die Verarbeitung notwendigen Betriebsmittel beschrieben. Auf Betriebsmittel wirken Operatoren. Operatoren werden durch Aktionen in Gang gesetzt.

Ein CHILL-Programm besteht aus einzelnen Bausteinen, MODULEs genannt, von denen jeder für sich die genannten Verarbeitungs- und Betriebsmittelbeschreibungen enthält.

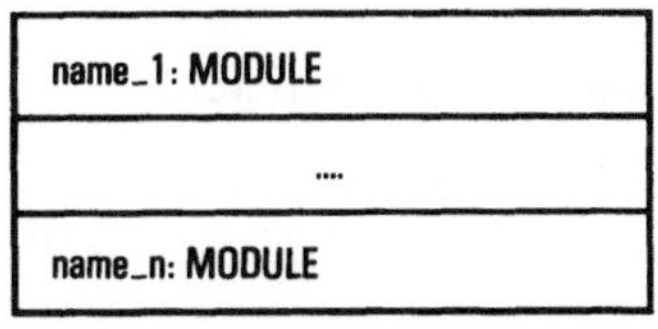

Bild 2.1. CHILL-Programm

Die Betriebsmittel und ihre Operatoren werden in einem Modul durch Vereinbarungen beschrieben. Die Verarbeitung vollzieht sich durch Ausführen von Aktionen.
Jeder CHILL-Modul besteht aus:

– dem Vereinbarungsteil,
– dem Verarbeitungsteil.

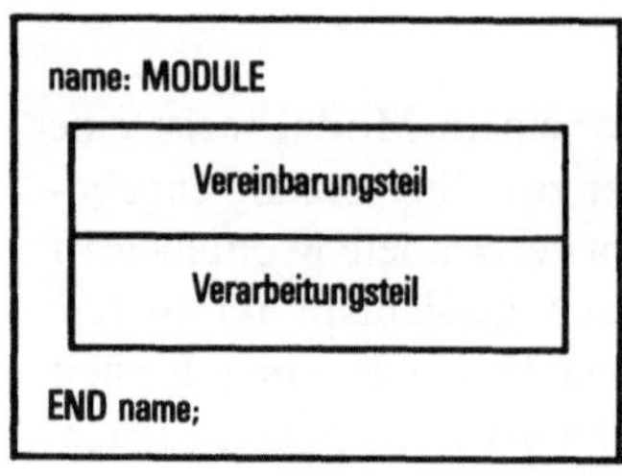

Bild 2.2. CHILL-Modul

Der eigentliche Rechenvorgang wird mit Hilfe von Ausdrücken formuliert. Ausdrücke ähneln mathematischen Formeln. In ihnen werden Operanden durch Operatoren nach wohlbestimmten Regeln verknüpft. Entsprechend dem Typ der Operatoren kann man unterscheiden zwischen:

- arithmetischen Ausdrücken   (Beispiel: a + b * c),
- logischen Ausdrücken   (Beispiel: u or v and w),
- Mengenausdrücken   (Beispiel: X IN M; P AND Q),
- Relationen   (Beispiel: x < y).

In einem Ausdruck können die verschiedenen Typen von Operatoren auch gemischt vorkommen. Beispiel:

I < K AND J < = K + 2 * L OR M IN (:0, 2, 4, 6:).

Hierbei ist zu beachten, daß zur Einsparung von Klammern für die Operatoren bestimmte Präzedenzen gelten.

Ausdrücke werden für verschiedene Zwecke verwendet:

- zur Definition von Konstanten,
- zur Initialisierung von Variablen,
- zur Wertzuweisung von Variablen,
- als Bedingung zur Auswahl von Aktionen.

Im Vereinbarungsteil eines CHILL-Moduls werden die vom Modul benutzten Objekte beschrieben. Im einzelnen betrifft die Beschreibung:

- die Schnittstelle des Moduls nach außen,
- die Konstanten,
- die zulässigen Wertemengen von Variablen,
- die Variablen selbst,
- die Unterprogramme, welche auf den Variablen und Konstanten operieren.

2.1.3 Vereinbarungen

Jede in einem CHILL-Modul verwendete Variable muß durch eine Vereinbarung explizit eingeführt werden. Mit dieser Vereinbarung werden der Name der Variablen und ihr Wertebereich festgelegt.

Wertebereiche bzw. Modes können zunächst unabhängig von irgendwelchen Variablen definiert werden. Dies geschieht mit der SYNMODE-Anweisung. Die in CHILL verfügbaren Modes lassen sich gemäß Bild 2.4 klassifizieren.

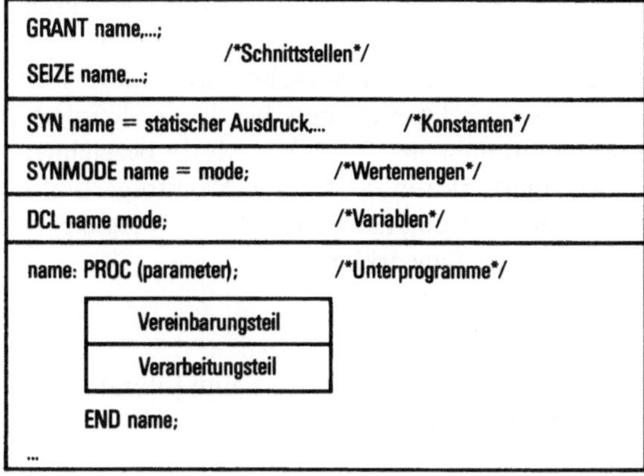

Bild 2.3. Modul-Vereinbarungsteil

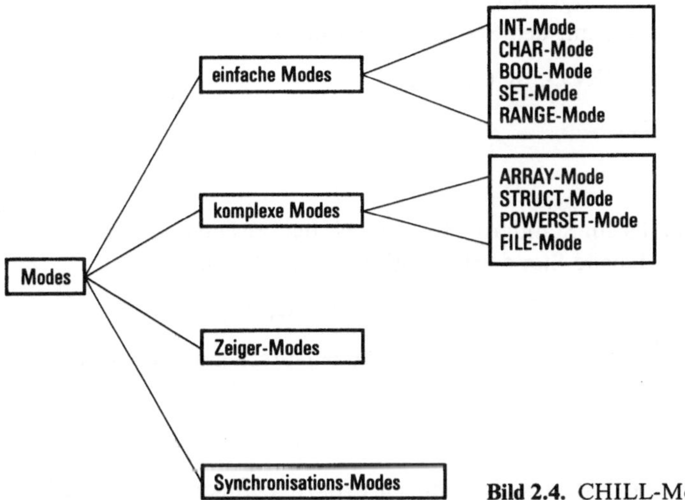

Bild 2.4. CHILL-Modes

Die einzelnen Werte eines Mode, d.h. die Elemente der Wertemenge, werden seine Literale genannt.

2.1.3.1 Einfache Modes

INT-Mode

Der Mode INT bezeichnet die Menge der ganzen Zahlen, die allerdings einer implementierungsbedingten Einschränkung unterliegt. Häufig ist INT der Bereich -2^{31} ... $2^{31}-1$. Die zu INT gehörenden Literale haben die in der Mathematik übliche dezimale Darstellung, z.B. $-7, 5, 13$.

Daneben können auch duale, oktale oder hexadezimale Darstellungen verwendet werden, z.B.

```
- B'111, B'101, B'1101   (dual)
- O'7, O'5, O'15         (oktal)
- H'7, H'5, H'D          (hexadezimal)
```

Die in der hexadezimalen Darstellung über 9 hinausgehenden Ziffern werden durch die Buchstaben A bis F bezeichnet.

Der Mode INT ist ein Standardmode, d.h. er ist in der Sprache vordefiniert. Für INT sind eine Reihe von Operationen, die Standardoperationen, bereits vordefiniert. Dies sind die üblichen arithmetischen Operationen + − * / MOD. MOD bezeichnet den Divisionsrest, ferner PRED die Vorgängerfunktion, SUCC die Nachfolgerfunktion, ABS den Absolutbetrag, CHR die Konvertierung nach CHAR. Die Vergleichsoperationen =, /=, <, >, < =, > = sind ebenfalls erklärt.

CHAR-Mode

Der Mode CHAR ist durch das CCITT-Alphabet Nr. 5 definiert. Seine Literale sind die in Apostrophe eingeschlossenen druckbaren Zeichen, z.B.

'A', 'B', …, 'Z', '0', '1', …, '9', ',', ';', '*'.

Der Apostroph wird als '''' dargestellt.
CHAR ist ein Standardmode mit den Standardoperationen

=, /=, <, >, < =, > =, PRED, SUCC, NUM.

NUM konvertiert nach INT.

BOOL-Mode

Der Mode BOOL ist ebenfalls ein Standard-Mode. Er besteht aus den beiden Literalen TRUE und FALSE. Folgende Standardoperationen sind definiert:

=, /, <, >, < =, > =, PRED, SUCC, NOT, AND, OR, XOR.

Bei NOT, AND, OR, XOR handelt es sich um die entsprechenden aussagelogischen Verknüpfungen.

SET-Modes

SET-Modes sind Nonstandard-Modes. Sie müssen explizit definiert werden. Dies geschieht durch Aufzählen ihrer Literale, z.B.

SYNMODE FARBE = SET (GELB, GRUEN, ROT, BLAU).

Die Literale GELB bis BLAU bilden in der angegebenen Reihenfolge eine geordnete Menge. Folgende Standardoperationen sind für SET-Modes definiert:

=, /=, <, >, < =, > =, NUM, PRED, SUCC.

Sinn der SET-Modes ist, die Programmierung mit symbolischen Konstanten zu fördern. Dadurch wird das Programm leichter änderbar und verstehbar, sofern man die Symbole treffend wählt. Durch Einbinden der Symbole in das Mode-Konzept ist der Compiler in der Lage, Mißbrauch mit den Symbolen, d.h. falsche Operationen zu entdecken.

RANGE-Modes

Es ist möglich, die Werte eines einfachen Mode nach oben oder unten zu beschränken. Dies kann mit der RANGE-Mode-Erklärung erfolgen. So ist z.B.

SYNMODE WERKTAGE = RANGE (MO:FR)

eine Einschränkung des Mode

WOCHE = SET (MO, DI, MI, DO, FR, SA, SO).

SYNMODE BYTE = Range (0:255)

ist eine Einschränkung des Mode INT.

Die auf einem RANGE-Mode zulässigen Operationen übertragen sich von dem übergeordneten Mode auf den eingeschränkten Mode.

2.1.3.2 Komplexe Modes

Die einfachen Daten-Modes repräsentieren skalare Werte, d.h. diese Werte sind in sich nicht weiter strukturiert. Außerdem sind die Werte jedes einfachen Mode geordnet. Die zusammengesetzten Modes bauen sich aus anderen Modes, den Komponenten-Modes auf. Die Komponenten-Modes können wiederum zusammengesetzte Modes sein. Hiermit wird ein Mode-Schachtelungsprinzip verwirklicht, mit dem sich Datenstrukturen von großer Komplexität beschreiben lassen.

ARRAY-Modes

Ein ARRAY ist eine Sequenz von gleichartigen Komponenten, welche durch Angabe eines Indexbereichs und eines Wertebereichs für die Komponenten festgelegt wird. Beispiele:

SYNMODE STRING = ARRAY (1:20) CHAR,
         KARTE   = ARRAY (WOCHE) STRING;

Jede einzelne Komponente eines ARRAY kann mit dem entsprechenden Index angesprochen werden. Ist z.B. MENUE eine Variable vom Mode KARTE, so ist

MENUE (FR)

ein zulässiger Ausdruck.

Ein ARRAY kann auch mehrere Indexbereiche haben. In diesem Fall handelt es sich um ein mehrdimensionales ARRAY. Beispiel:

A = ARRAY (1:N, 1:M) INT

Für ARRAYs sind die Standardoperationen = und /= definiert.

Die Literale von ARRAYs werden durch n-Tupel mit speziellen Klammersymbolen dargestellt. Ist z.B.

V = ARRAY (1:5) INT

ein ARRAY von ganzen Zahlen, so ist

(:3, 0, 0, 5, 0:)

ein Literal von V. Mit dieser sehr bequemen Tupel-Schreibweise kann man z.B. ARRAY-Variablen initialisieren.

Eine besondere Rolle spielen die ARRAYs vom Komponenten-Mode CHAR. Sie heißen String-Modes. Ihre Literale werden durch in Apostrophe eingeschlossene Zeichenketten dargestellt. Zum Beispiel ist

'LUDWIG'

ein Literal aus dem Mode

NAME = ARRAY (1:20) CHAR.

Strings unterschiedlicher Länge, d.h. von unterschiedlichem Index-Mode, sind durch implizite Mode-Konvertierung verträglich. Wird z.B. einer Stringvariablen ein kürzerer String zugewiesen, so wird die Variable rechts mit Leerzeichen aufgefüllt. Ist der String länger, so wird er rechts abgeschnitten.

Auf String-Modes sind die Standardoperationen

=, /, <, >, <=, >=, //

definiert. // bezeichnet die Konkatenation.

STRUCT-Modes

Ein STRUCT-Mode ist eine Struktur von möglicherweise verschiedenartigen Einzelkomponenten. Beispiel:

SYNMODE   PERSON = STRUCT
                   (NAME,
                   VORNAME STRING,
                   ALTER INT,
                   VERHEIRATET BOOL);

Eine Komponente wird durch Qualifizierung des Variablennamens mit dem Komponentennamen angesprochen. Ist ANGESTELLTER eine Variable vom Mode PERSON, so wird durch

ANGESTELLTER.VORNAME := 'LUDWIG'

der zweiten Komponente der Variablen der Wert 'LUDWIG' zugewiesen.

Literale von Strukturen werden ebenfalls durch n-Tupel dargestellt.

(:'THOMA', 'LUDWIG', 50, TRUE:)

ist z.B. ein Literal aus dem Mode PERSON.

Für STRUCT-Modes sind die Standardoperationen = und /= definiert.

POWERSET-Modes

Ein POWERSET-Mode besteht aus allen Teilmengen, die aus dem Wertevorrat einfacher Modes erzeugt werden können. Variable eines POWERSET-Mode repräsentieren demnach zu jedem Zeitpunkt des Programmlaufs eine bestimmte Menge, wobei es sich für verschiedene Zeitpunkte um unterschiedliche Mengen handeln kann. Beispiel:

SYNMODE   FARBE   = SET (GELB, GRUEN, ROT, BLAU),
          FARBMENGE = POWERSET FARBE;

Für POWERSET-Modes sind folgende Standardoperationen definiert:

=, /=   Gleichheit bzw. Ungleichheit von Mengen
<=, >=   Enthaltensein bzw. Umfassen von Mengen

OR, AND	Vereinigung bzw. Durchschnitt von Mengen
–	Mengendifferenz
IN	Elementrelation
MAX, MIN	maximales bzw. minimales Element aus der Menge
CARD	Kardinalzahl der Menge

Die Literale von POWERSET-Modes werden durch Tupel mit vorangestelltem Modenamen bezeichnet. Z.B. ist

FARBMENGE (:ROT, GELB:)

ein Literal von FARBMENGE. FARBMENGE (::) bezeichnet die entsprechende leere Menge.

POWERSET-Modes werden durch Bit-Strings implementiert.

FILE-Modes

FILE-Modes sind eine implementierungsabhängige Erweiterung von CHILL. Sie werden durch periphere Speichermedien repräsentiert. Es gibt drei Typen:

- sequentielle Files,
- indexsequentielle Files,
- temporäre Files.

Beispiele:

```
SYNMODE   STRING  = ARRAY (1:132) CHAR,
          LINE    = STRUCT
                    (LINE_NR INT,
                    TEXT STRING),
          INPUT   = FILE STRING,
          OUTPUT  = ISAM FILE (LINE_NR) LINE;
```

Der Komponenten-Mode eines ISAM FILE muß eine Struktur sein, wobei der ISAM-Schlüssel — im Beispiel LINE_NR — in der Struktur zu definieren ist.

Temporäre Files haben einen Komponenten-Mode von festen Blöcken zu 2048 Byte.

File-Modes können nur komponentenweise angesprochen werden. Es gibt für Files die üblichen Standardprozeduren zum Eröffnen, Schließen, Lesen, Schreiben und Löschen. Bei sequentiellen Files gibt es zusätzlich eine Ende-Operation EOF, bei indexsequentiellen Files eine FOUND-Operation.

2.1.3.3 Zeiger-Modes

Außer dem Datenspeicher, der einem Programm aufgrund seiner vereinbarten Variablen zugeteilt ist, kann zusätzlicher Datenspeicher zur Laufzeit mit Hilfe einer Zuteilfunktion beschafft werden. Auf den zugeteilten Speicher wird mit einem Zeiger zugegriffen. Um unkorrekte Datenzugriffe oder unkorrekte Verknüpfungen zu verhindern, werden die Zeiger in das allgemeine Mode-Konzept einbezogen. So besitzt jede Zeigervariable einen Zeiger-Mode, der an den Mode jener Variablen gebunden ist, auf die der Zeiger verweist. Beispiel:

```
SYNMODE   PERSON = STRUCT
          (NAME, VORNAME STRING, ALTER INT),
          PERS_REFERENZ = REF PERSON;
```

Eine Zeigervariable vom Mode PERS_REFERENZ kann nur auf Variable vom Mode PERSON verweisen. Alle anderen Verweise wären inkorrekt und würden vom Compiler entdeckt werden.

Die Literale von Zeiger-Modes sind Datenreferenzen samt dem leeren Verweis NULL. Hat ein Zeiger den Wert NULL, so zeigt er auf keine Variable.

Auf Zeiger-Modes sind die Standardoperationen $=$, $/=$, $\rightarrow$ definiert, — ist die Dereferenzierung. Unter einer dereferenzierten Zeigervariablen versteht man diejenige Variable, auf die der Zeiger gerade zeigt.

Zeigervariablen finden vor allem bei rekursiven Datenstrukturen Anwendung. Rekursive Datenstrukturen enthalten gewissermaßen Exemplare ihrer selbst. Beispiel:

```
SYNMODE   PERS_REF = REF PERSON,
          PERSON   = STRUCT
                     (NAME, VORNAME STRING, ALTER INT,
                     MITARBEITER ARRAY (1:N) PERS_REF);
```

Der Mode PERSON beschreibt eine baumartige Datenstruktur, in der jeder Knoten höchstens N Nachfolger hat.

In CHILL können Zeiger nicht nur auf die zur Laufzeit kreierten Variablen zeigen, sondern auch auf statisch vereinbarte Variablen. Hierfür steht eine Referenzierungsfunktion ADDR zur Verfügung, die zu vorgegebener Variablen deren Adresse liefert.

Neben den Zeigern, die an einen festen Mode gebunden sind und mit dem Schlüsselwort REF vereinbart werden, gibt es in CHILL noch sogenannte freie Zeiger. Sie werden mit dem Schlüsselwort PTR erklärt und sind an keinen Mode gebunden. Mit diesen Zeigern läßt sich das Mode-Konzept umgehen. Sie stellen deshalb ein in hohem Grade unsicheres Sprachmittel dar und sollten, sofern sie in der jeweiligen Sprachimplementierung überhaupt existieren, mit besonderer Vorsicht verwendet werden.

Schließlich gibt es außer REF und PTR einen dritten Zeiger-Mode, den ROW-Mode. ROW-Modes sind an ARRAY-Modes oder STRUCT-Modes gebunden. Ein ROW-Zeiger enthält außer der Adresse der Variablen, auf die er zeigt, noch einen Laufzeitparameter. Dies ist bei ARRAY-Variablen die obere Grenze des ARRAY oder bei STRUCT-Variablen ein Parameter für STRUCT-Varianten.

Auf die Synchronisations-Modes wird im Abschnitt 2.15 eingegangen.

2.1.3.4 Variablen

Eine Variable ist ein Speicherplatz, welcher Werte des entsprechenden Variablen-Mode annehmen kann.

Mit einer Variablendeklaration wird der Name und der Mode einer Variablen erklärt. Beispiel:

```
DCL  K INT,
     VEKTOR ARRAY (1:5) INT,
     FARBSPIEL FARBE;
```

Variablen können mit der INIT-Klausel durch einen Ausdruck initialisiert werden. Beispiel:

```
DCL   K INT INIT := 7,
      VEKTOR ARRAY (1:5) INT
      INIT := (:4, 0, 3, 1, 7:),
      FARBSPIEL FARBE INIT := GRUEN;
```

2.1.3.5 Konstanten

Mit einer SYN-Erklärung kann man Namen für konstante Werte einführen. Beispiel:

```
SYN   LISTENLAENGE  = 100,
      SYNTAXFEHLER  = 'KOMMA FEHLT',
      ANFANGSWERT   = VEKTOR (:0, 0, 1, 5, 3:),
      ZEILENZAHL    = LISTENLAENGE * 50 - 1;
```

Der Wert der Konstanten wird durch einen zur Übersetzungszeit berechenbaren Ausdruck definiert. Der Mode der Konstanten ergibt sich entweder implizit durch die definierenden Literale oder muß explizit durch Voranstellen des Mode-Namens vor den definierenden Ausdruck angegeben werden.

Neben einer unter Umständen kürzeren Schreibweise, kann man mit Synonymen die Verständlichkeit und Änderbarkeit eines Programms verbessern. So wird man z. B. eine häufig verwendete Konstante zentral, d. h. in einer SYN-Erklärung vereinbaren. Ergibt sich die Notwendigkeit, die Konstante zu ändern, so ist nur eine einzige Änderung an einer genau bekannten Stelle vorzunehmen.

2.1.3.6 Prozeduren

Prozeduren sind Unterprogramme, die durch Prozeduraufrufe aktiviert werden.

Eine Prozedurerklärung besteht aus einem Namen, einer Parameterliste und einem Block. Der Block enthält die Definitionen der lokalen Objekte sowie den Prozedurrumpf. Der Rumpf ist der Verarbeitungsteil der Prozedur.

name: PROC (parameter,...);

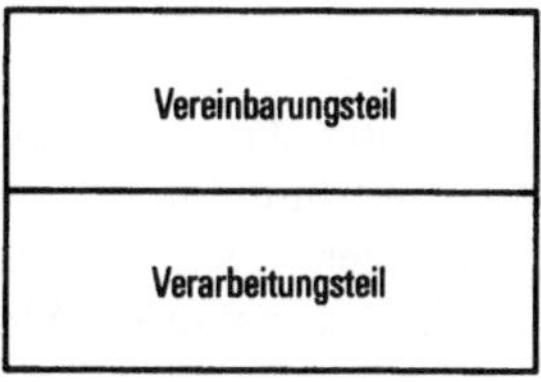

Bild 2.5. CHILL-Prozedur

END name;

Der Vereinbarungsteil von Prozeduren kann wiederum Prozedurerklärungen enthalten. Auf diese Weise lassen sich Prozedurerklärungen schachteln. Man spricht hier von der statischen Schachtelung von Prozeduren. Daneben gibt es im Zusammenhang mit Prozeduraufrufen eine dynamische Schachtelung.

Mit dem Prozedur- bzw. Blockkonzept ist der Gültigkeitsbereich von Namen und die Lebensdauer von Variablen verknüpft. Blockintern definierte Namen sind außerhalb nicht bekannt. Sie können nur in dem Block benutzt werden, in dem sie definiert wurden, und in allen Blöcken, die aufgrund des Schachtelungsprinzips in ihm enthalten sind.

Die Lebensdauer von prozedurlokalen Variablen ist beschränkt.

Sie reicht von der Aktivierung der Prozedur bis zu ihrer Beendigung. Bei einer erneuten Aktivierung der Prozedur kann nicht auf Werte Bezug genommen werden, die die lokalen Variablen der Prozedur früher einmal hatten.

In der Parameterliste werden Namen und Modes von formalen Parametern vereinbart. Bei Prozeduraufruf werden die formalen Parameter durch entsprechende aktuelle Parameter substituiert. Formale und entsprechende aktuelle Parameter müssen mode-verträglich sein.

Parameter können auf verschiedene Weisen an die auszuführende Prozedur gebunden werden. Je nach Parameterbindung unterscheidet man in CHILL die VALUE-Parameter und die LOC-Parameter. Ein aktueller VALUE-Parameter wird durch einen Wert dargestellt, welcher aus einem Ausdruck vor der Prozeduraktivierung berechnet wird. Der aktuelle VALUE-Parameter kann von der Prozedur nicht verändert werden.

LOC-Parametern ist das Attribut LOC vorangestellt. Ein aktueller LOC-Parameter muß stets eine Variable sein. Diese Variable kann von der Prozedur verändert werden. LOC-Parameter werden durch Adreßübergabe implementiert, VALUE-Parameter durch Wertübergabe.

Neben den gewöhnlichen Prozeduren, die durch einen Prozeduraufruf aktiviert werden, gibt es Funktionsprozeduren, die als Operanden in Ausdrücken angesprochen werden. Funktionsprozeduren liefern stets einen Wert, ihr Resultat, ab. Dieses Resultat ist Operand im entsprechenden Ausdruck. Im Prozedurkopf einer Funktionsprozedur wird der Resultat-Mode durch eine RETURNS-Klausel vereinbart:

    name: PROC (parameter, . . .) RETURNS (mode);

2.1.3.7 Modulschnittstellen

Für die Schnittstellenbeschreibung stellt CHILL eine GRANT- und eine SEIZE-Anweisung zur Verfügung:

    GRANT name_1, name_2, . . . ;
    SEIZE   name_3, name_4, . . . ;

Mit einer GRANT-Anweisung werden Namen von Objekten und damit implizit die Objekte selbst nach außen bekannt gemacht. Eine SEIZE-Anweisung importiert externe Objektnamen und gestattet damit die Verwendung der zugehörigen Objekte im betreffenden Modul. Als Objekt kommen Prozeduren, Variable, Konstanten, Modes und Objekte des Prozeßkonzeptes in Frage.

Moduln, die zueinander in Beziehung stehen, repräsentieren ein Projekt. Zu jedem Projekt führt der Compiler eine Projektbibliothek, in der die Schnittstellenbeschreibungen hinterlegt sind. Auf diese Weise ist es dem Compiler möglich, Moduln in separaten Übersetzungsläufen zu verarbeiten und dabei die Schnittstellen zu überprüfen.

Für die vollständige Übersetzung eines Moduls benötigt der Compiler vollständige Informationen über alle in den Modul importierten Namen. Daher setzt die Verarbeitung eines Namens sein Vorhandensein in der Projektbibliothek voraus, d.h. er muß von einem zuvor übersetzten Modul exportiert worden sein. Um unproduktive Übersetzungen zu vermeiden, ist es deshalb sinnvoll, eine bestimmte Übersetzungsreihenfolge einzuhalten. Wenn zwischen Moduln gegenseitige Abhängigkeiten bestehen, sind jedoch zusätzliche Übersetzungsläufe notwendig. Daher ist es wichtig, ein Programmpaket so zu strukturieren, daß möglichst wenig gegenseitige Abhängigkeiten bestehen.

Im Laufe seiner Entwicklung muß normalerweise aufgrund von Änderungsanforderungen ein Modul mehrmals übersetzt werden. Dabei muß der Compiler feststellen, ob von der Änderung die Schnittstelle betroffen war. Durch eine Versionskontrolle der Moduln muß er sicherstellen, daß nur Moduln mit zusammenpassender Schnittstelle auch zusammengebunden werden können.

2.1.4 Verarbeitungsteil

Durch die Aktionen wird die Verarbeitung eines Programms festgelegt. Normalerweise werden Aktionsanweisungen sequentiell ausgeführt. Es gibt jedoch spezielle Aktionen, die eine Abweichung von der sequentiellen Verarbeitung bewirken. Aktionen lassen sich einteilen in einfache und in zusammengesetzte Aktionen. Im Gegensatz zu den einfachen Aktionen werden zusammengesetzte Aktionen mit Hilfe anderer Aktionen aufgebaut, d.h. sie sind schachtelbar.

2.1.4.1 Einfache Aktionen

Wertzuweisung

Mit der Wertzuweisung wird der momentane Wert einer Variablen durch einen neuen Wert ersetzt. Der neue Wert ist durch einen Ausdruck spezifiziert. Beispiel:

$$x := y; \; a := b + c;$$

Prozeduraufruf

Ein Prozeduraufruf veranlaßt die Ausführung einer Prozedur. Die auszuführende Prozedur wird durch ihren Namen identifiziert. Der Prozeduraufruf enthält eine Liste von aktuellen Parametern. Diese werden entsprechend ihrer Reihenfolge den formalen Parametern zugewiesen. Beispiel:

```
SORTIERE (X, Y);
FINDE     (A (K + L));
```

Ein Prozeduraufruf kann wie jede andere Aktion auch, im Rumpf einer Prozedurerklärung vorkommen. In diesem Fall hat ein Prozeduraufruf einen weiteren Prozeduraufruf zur Folge. Man spricht von der dynamischen Schachtelung von Prozeduren. Ruft eine Prozedur sich selbst auf oder kommt in der Kette der dynamischen Schachtelungen ein Aufruf derselben Prozedur mehrfach vor, so handelt es sich um eine rekursive Prozedur. Sie spielen im Zusammenhang mit rekursiven Datenstrukturen eine besondere Rolle.

RESULT-Anweisung

Die RESULT-Anweisung bewirkt die Zuweisung des Funktionswertes innerhalb einer Funktionsprozedur. Beispiel:

```
SUMME: PROC (X,Y INT) RETURNS (INT);
RESULT X + Y;
END SUMME;
```

GOTO-Anweisung

Die GOTO-Anweisung sorgt dafür, daß die Ausführung der Anweisungen an einer Stelle fortgesetzt wird, die durch eine Marke bezeichnet wird:

```
GOTO marke;
```

EXIT-Anweisung

Mit einer EXIT-Anweisung können eine oder mehrere ineinander geschachtelte zusammengesetzte Aktionen beendet werden. Beispiel:

```
SUCHE:     DO FOR I := 1 TO M;
              IF A(I) = X THEN
                 PICK_UP := TRUE;
                 EXIT SUCHE;
              FI;
           OD SUCHE;
```

2.1.4.2 Zusammengesetzte Aktionen

Die zusammengesetzten Aktionen bestehen aus:

- den Verzweigungen,
- den Schleifen,
- der WITH-Anweisung.

IF-Anweisung

Die IF-Anweisung bewirkt eine alternative Verzweigung des Steuerflusses in Abhängigkeit vom Erfülltsein einer Bedingung. Beispiel:

```
IF A > B THEN X := A FI;
IF A(I).N = M
   THEN A(I).P := X;
   ELSE I := I + 1;
FI;
```

CASE-Anweisung

Die CASE-Anweisung wählt in Abhängigkeit vom Wert eines Ausdruckes aus mehreren alternativen Anweisungssequenzen eine aus. Beispiel:

```
CASE TAG OF
   (MO:FR): ARBEITEN;
   (SA, SO): AUSRUHEN;
ESAC;

CASE EINGABE, ZUSTAND OF
   ('A'), (1):     Anweisungen;
   ('B'), (1:5):   Anweisungen;
```

```
('C'), (6):      Anweisungen;
(ELSE):          Anweisungen;
ESAC;
```

Die CASE-Anweisung kann n-dimensional sein, d.h. zwischen CASE und OF kann ein n-Tupel von Selektorausdrücken stehen, dessen Werte-n-Tupel ein CASE-Label bezeichnet. Kommt das CASE-Label in der CASE-Label-Liste einer der n alternativen Anweisungslisten vor, so wird diese Alternative ausgeführt. Andernfalls wird der ELSE-Zweig benutzt. Die CASE-Label-Listen bestehen aus Literalen einfacher Modes.

WHILE-Schleife

Die WHILE-Schleife ist eine Bedingungsschleife mit oberem Ausgang. Beispiel:

```
DO WHILE A (I) < X; I := I + 1; OD;
```

Der Ausdruck hinter WHILE muß Boolsche Werte annehmen. Ist der Wert FALSE, so wird die Anweisungsliste im Schleifenrumpf nicht ausgeführt, andernfalls wird sie so lange wiederholt, bis der Ausdruck FALSE wird.

FOR-EVER-Schleife

Die FOR-EVER-Anweisung ist eine Unendlichschleife. Sie kann mit einer EXIT-Anweisung verlassen werden. Beispiel:

```
DO FOR EVER; READ (X (I)); I := (I + 1) MOD 5; OD;
```

FOR-Schleife

Die FOR-Schleife ist eine Zählschleife. Beispiel:

```
SUCHE: DO FOR I := 1 TO M;
          IF A (I) = X THEN
             K := I;
             EXIT SUCHE;
          FI;
       OD SUCHE;
```

Im Schleifenkopf ist eine Zählvariable mit einem Wertbereich angegeben, der von der Zählvariablen sukzessive durchlaufen wird. Für jeden Wert dieses Bereichs wird der Schleifenrumpf ausgeführt.

WITH-Anweisung

In einer WITH-Anweisung können die Komponenten einer STRUCT-Variablen direkt, d.h. ohne Qualifizierung mit dem Variablennamen, angesprochen werden. Beispiel:

```
SYNMODE KOMPLEX = STRUCT (RE, IM INT);
DCL VEKTOR ARRAY (1:N) KOMPLEX, NORM INT;
  DO FOR := 1 TO N;
    DO WITH VEKTOR (I);
      NORM := NORM + RE * RE + IM * IM;
    OD;
  OD:
```

Die WITH-Anweisung bewirkt eine Bindung der Komponentennamen der Struktur an die in der WITH-Anweisung genannte STRUCT-Variable. Diese Bindung ist der Bindung eines LOC-Parameters bei Prozeduraufrufen vergleichbar.

2.1.5 Parallele Prozesse und Synchronisations-Modes

In den vorangegangenen Abschnitten wurde ein Überblick über die sequentiellen Sprachkonstrukte gegeben. Im folgenden werden die Sprachkonstrukte für Nebenläufigkeiten (konkurrierende Prozesse) vorgestellt, die es ermöglichen, parallele Abläufe, wie sie in Betriebssystemen üblich sind, einfach und verständlich zu formulieren.

Dementsprechend besteht ein System in CHILL aus:

- Prozessen: das sind parallele Aktivitäten,
- privaten Betriebsmitteln: das sind solche, auf die nur *ein* Prozeß Zugriff hat,
- gemeinsam benutzten Betriebsmitteln: darauf können mehere Prozesse zugreifen.

Auf gemeinsam benutzte Betriebsmittel, deren Zustand veränderbar ist, darf nur exklusiv zugegriffen werden. Für solche Betriebsmittel muß es einen Abfertigungsmechanismus geben, welcher zu einer Zeit nur einem Prozeß Zugriff gewährt und konkurrierende Prozesse vorübergehend aussperrt. Exklusiver Zugriff wird dadurch realisiert, daß konkurrierende Prozesse die Zugriffsroutinen nur exklusiv durchlaufen können. Die Zugriffsroutinen bilden gewissermaßen kritische Regionen, in denen sich höchstens ein Prozeß aufhalten kann.

Für gemeinsam benutzte Betriebsmittel stellt CHILL das Sprachkonstrukt REGION zur Verfügung. Eine REGION ist formal ähnlich aufgebaut wie ein MODULE. Der syntaktische Unterschied zwischen beiden Konstrukten besteht in der Verwendung des Schlüsselwortes REGION statt MODULE.

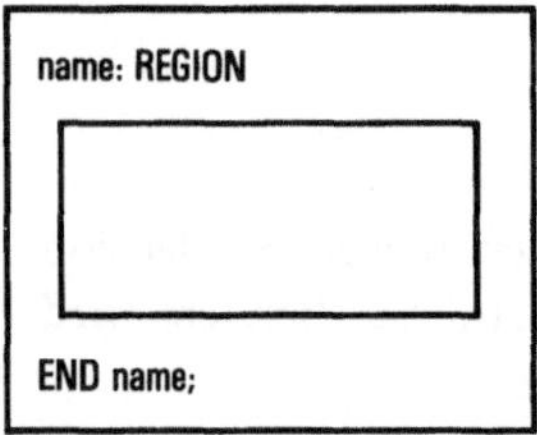

Bild 2.6. Sprachkonstrukt REGION

Semantisch unterscheidet sich eine REGION von einem MODULE durch den Abfertigungsmechanismus für den exklusiven Zugriff. Zu einer REGION gehört stets eine Eingangswarteschlange, die alle Prozesse aufnimmt, die sich um den Zugriff auf die REGION bewerben. Nur dem ersten Prozeß in dieser Warteschlange wird Zugriff gestattet. Er darf irgendeine in der REGION erklärte und mit einer GRANT-Anweisung nach außen exportierte Prozedur benutzen. Wenn ein Prozeß die REGION verläßt, so rücken alle wartenden Prozesse in der Warteschlange eine Position nach vorn und der nächste Prozeß darf nunmehr die REGION benutzen.

Privat benutzte Betriebsmittel kann man in CHILL durch einen gewöhnlichen MODULE darstellen. Dieser MODULE wird nur einem einzigen Prozeß bekannt gemacht, und daher kann nur dieser Prozeß den MODULE benutzen. Es ist kein besonderer Abfertigungsmechanismus für den Zugriff nötig.

Prozesse werden in CHILL formal genauso erklärt wie Prozeduren. Prozeßerklärungen erfolgen innerhalb eines Moduls. Sie unterscheiden sich syntaktisch von Prozedurerklärungen nur durch das Schlüsselwort PROCESS.

```
name: PROCESS (parameter,...);
```

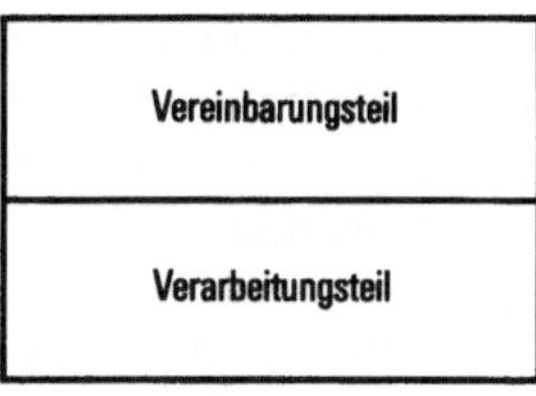

Bild 2.7. CHILL-Prozeß

```
END name;
```

Ein Prozeß wird mit einer Aktionsanweisung

START name (aktuelle_parameter);

initiiert. Er läuft dann parallel zu den bereits initiierten Prozessen im System ab, bis er das Ende seines Rumpfes erreicht hat.

Dann verschwindet er aus dem System. In Analogie zu den Prozeduren kann für jede Prozeßerklärung mehrfach eine START-Anweisung gegeben werden. Es existieren dann unter Umständen mehrere Inkarnationen desselben Prozesses.

Das nachfolgende Beispiel soll einen Eindruck vom Gebrauch der Begriffe PROCESS und REGION vermitteln. Hierbei handelt es sich um zwei parallel ablaufende Prozesse vom gleichen Typ, die von irgendwoher Nachrichten empfangen und daraufhin in einem gemeinsamen Bereich Eintragungen vornehmen.

```
Buchhaltung:
  MODULE
  SEIZE buche, empfange, briefkasten_1, briefkasten_2, brief_typ;
  Buchhalter:    PROCESS (brief brief_typ);
                 DO FOREVER
                    empfange (brief);
                    buche (brief. artikel_no);
                 OD;
  END Buchhalter;
  START Buchhalter (briefkasten_1);
  START Buchhalter (briefkasten_2);
END Buchhaltung;

Hauptbuch:
  REGION
  GRANT buche;
  DCL Artikel ARRAY (1:1000) INT;
  Buche:    PROC (nummer INT);
            Artikel (nummer):= ...;
  END buche;
END Hauptbuch;
```

Bild 2.8. PROCESS und REGION

Interprozeßkommunikation kann in CHILL mit Hilfe des REGION-Begriffs formuliert werden. Zu diesem Zweck führt man für die kommunizierenden Prozesse Kommunikationspuffer ein. Diese Puffer werden durch REGIONs dargestellt. Allerdings reicht der REGION-Begriff allein nicht aus, um Kommunikationsprobleme zu lösen. Dies zeigt sich z. B. bei der Betrachtung des Erzeuger-Verbraucher-Problems. Bei diesem Problem werden von einem Prozeß Daten erzeugt und in einem Puffer abgelegt, während parallel dazu von einem zweiten Prozeß Daten aus dem Puffer abgeholt und verbraucht werden. Hierbei entstehen für den Puffer Zustände, die einen benutzenden Prozeß innerhalb einer Zugriffsprozedur zum Warten veranlassen: Ist z. B. der Puffer leer, so muß der Verbraucher warten, bis wieder Daten im Puffer sind. Während dieses Wartens muß die REGION freigegeben werden, um dem Erzeuger das Einbringen neuer Daten zu ermöglichen. Auf der anderen Seite muß der Erzeuger warten und dabei den Pufferzugriff freigeben, wenn der Puffer voll ist.

Um Probleme dieses Typs zu lösen, gibt es in CHILL den EVENT-Mode mit den beiden Standardoperationen DELAY und CONTINUE. EVENT-Modes sind durch Warteschlangen repräsentiert. DELAY stellt einen Prozeß in die Warteschlange und gibt die REGION frei. CONTINUE holt einen Prozeß aus der Warteschlange heraus und veranlaßt seine Fortsetzung hinter seiner zuletzt ausgeführten Operation, d. h. hinter einem DELAY.

Das folgende Beispiel zeigt anhand eines Kommunikationspuffers den Gebrauch von EVENTs.

```
Puffer:    REGION
           GRANT Schreibe, Lies;
           SEIZE Block, Volumen;
           DCL Platz ARRAY (1:Volumen) Block
             Schreiber, Leser EVENT,
             vorn hinten, Belegung INT INIT : = 0;
           Schreibe: PROC (Nachricht Block);
             IF Belegung = Volumen THEN DELAY (Schreiber) FI;
             Platz (hinten) : = Nachricht;
             hinten : = (hinten + 1) MOD Volumen;
             Belegung : = Belegung + 1;
             CONTINUE (Leser);
           END Schreibe;

           Lies: PROC (LOC Nachricht Block);
             IF Belegung = 0 THEN DELAY (Leser) FI;
             Nachricht : = Platz (vorn);
             vorn : = (vorn + 1) MOD Volumen;
             Belegung : = Belegung – 1;
             CONTINUE (Schreiber);
           END Lies;
END Puffer;
```

Bild 2.9. Sprachkonstrukt EVENT

Reine Interprozeßkommunikation läßt sich in CHILL auf eine direktere Weise formulieren. Hierfür gibt es den BUFFER-Mode mit den beiden Operationen SEND und RECEIVE:

```
DCL Puffer BUFFER (Volumen) Block;
```

Volumen bezeichnet hier die maximale Anzahl von Nachrichten, die im Puffer Platz finden. Block ist der Nachrichten-Mode.

Mit SEND kann ein Prozeß eine Nachricht in den Puffer schreiben. Ist er voll, so muß der Prozeß warten, bis wieder Platz im Puffer ist. Mit RECEIVE liest ein Prozeß eine Nachricht aus dem Puffer. Ist er leer, dann muß er warten, bis eine neue Nachricht vorliegt.

Nach CHILL-Sprachdefinition ist eine dritte Art von Interprozeßkommunikation mit sogenannten SIGNALs erlaubt. SIGNALs sind Nachrichten, deren Form in einer SIGNAL-Anweisung vereinbart wird.

SIGNAL MITTEILUNG = (mode, mode, ...);

Mit einer SEND-Anweisung kann ein SIGNAL gezielt an einen Partnerprozeß abgeschickt werden. Ist der Partner nicht empfangsbereit, so wird das SIGNAL gepuffert. Der Kommunikationsmechanismus ist asynchron.

SIGNALs werden mit einer RECEIVE-CASE-Anweisung empfangen. Mit dieser Anweisung kann ein Prozeß alternativ auf das Eintreffen mehrerer SIGNALs warten. Das erste eintreffende SIGNAL veranlaßt den Prozeß zum Weiterlaufen.

Damit ein sendender Prozeß seinen Partnerprozeß benennen kann, ist eine Identifikation von Prozeßinkarnationen nötig. Hierfür stellt CHILL einen eigenen Mode und zugehörige Operationen zur Verfügung.

2.1.6 Ausnahmenbehandlung (Exception Handling)

„Exceptions" sind Ausnahmesituationen, die zur Laufzeit eines Programms entstehen können. Sie führen zu einer Unterbrechung des normalen Programmablaufs und zu einer Sonderbehandlung der Ausnahmesituation in einem Ausnahmebehandlungsteil („exception handler"). Ausnahmesituationen sind vor allem Laufzeitfehler, z.B. Überläufe von Zahlen- oder Indexbereichen, Datenzugriffe mit NULL-Zeigern und anderes mehr. Unter Umständen ist es sinnvoll, neben den Laufzeitfehlern auch ganz reguläre Ereignisse wie z.B. END OF FILE als Ausnahmesituation anzusehen.

In CHILL liegt es im Ermessen des Programmierers, welche Ereignisse er als Ausnahmesituationen betrachtet. Er kann sich eigene „exceptions" definieren und sie mit Hilfe einer CAUSE-Anweisung auslösen. Daneben gibt es Standard-„exceptions". Diese sind in der Sprache vordefiniert und werden vom unterliegenden Laufzeitsystem ausgelöst.

Bei Auslösung einer „exception" wird das Programm unterbrochen und in einem zugeordneten „exception handler" fortgesetzt. Durch entsprechende Zuordnung der „exception handler" kann man z.B. ein- und denselben Fehlertyp kontextabhängig behandeln. Ohne Ausnahmenbehandlung könnte das Laufzeitsystem nur eine systemeinheitliche Fehlerbehandlung durchführen.

Der Ausnahmebehandlungsteil ist syntaktisch in die beiden Schlüsselwörter ON und END eingeschlossen. Sie stehen am Ende einer Programmeinheit, und zwar noch vor dem Semikolon, welches diese Einheit abschließt. Als Programmeinheiten kommen Anweisungen, Prozeduren, Prozesse und Moduln in Frage. Wird bei der Ausführung einer Programmeinheit eine „exception" ausgelöst, so tritt der entsprechende „handler" in Aktion, sofern für die spezifische „exception" ein solcher vorgesehen ist.

Ist kein entsprechender „handler" vorhanden, so wird die „exception" an eine übergeordnete Programmeinheit weitergereicht. Sollen „exceptions", die innerhalb einer Prozedur ausgelöst wurden, an der Aufrufstelle behandelt werden, so müssen sie bei der Prozedurdefinition in einer „exception"-Liste als formale „exceptions" aufgeführt werden. Das nachfolgende Beispiel verdeutlicht das Konzept der Ausnahmebehandlung.

```
1.      Betriebsmittelzuteilung:
2.      MODULE
3.       Zuteiler:
4.       PROC() EXCEPTIONS (leer, zu_spaet);
5.       IF bedingung THEN CAUSE erfolglos; FI;
7.       IF andere_bedingung
8.         THEN CAUSE leer;
9.         ELSE CAUSE zu_spaet;
10.      FI;
11.      END ON
12.        (erfolglos): aktion;
13.      END Zuteiler;
14.
15.      ...
16.
17.      Zuteiler() ON
18.              (leer): aktionen;
19.              (zu_spaet): andere_aktionen;
20.              END;
21.      END Betriebsmittelzuteilung;
```

Bild 2.10. Ausnahmenbehandlung

In den Zeilen 3 bis 13 wird eine Prozedur Zuteiler definiert. Bei der Ausführung von Zuteiler können die drei „exceptions" „erfolglos", „leer" und „zu_spaet" ausgelöst werden. Die „exception" „erfolglos" wird in den Zeilen 11 bis 13 lokal in der Prozedur behandelt. Für die „exceptions" „leer" und „zu_spaet" ist der „handler" in den Zeilen 17 bis 20 zuständig. Wird „erfolglos" ausgelöst, so wird das Programm in Zeile 12 fortgesetzt und anschließend die Prozedur beendet. Bei Auslösung von „leer" oder „zu_spaet" wird die Prozedur sofort beendet und das Programm durch den „handler" in Zeile 18 oder 19 fortgesetzt.

2.2 Elemente von CHILL

2.2.1 Darstellung der Syntax

Ein Programm besteht aus einer Folge von Zeichen, die nach vorgegebenen Regeln aneinandergereiht werden müssen. Diese Regeln heißen die Syntax der Programmiersprache.

Die Syntax einer Sprache wird durch eine Grammatik definiert. Aus den verschiedenen Möglichkeiten, eine Grammatik darzustellen, wird hier die Darstellung durch Syntaxdiagramme gewählt. Syntaxdiagramme sind gerichtete Graphen, bestehend aus Rechtecken. Ovalen bzw. Kreisen und Pfeilen.

Man erhält ein syntaktisch korrektes Wort, wenn man das Diagramm in Pfeilrichtung durchläuft und bei Passieren eines Ovals oder Kreises jedesmal das Zeichen niederschreibt, welches in dem Oval bzw. Kreis angegeben ist.

Im Beispiel von Bild 2.11 sagt das Diagramm aus: Eine Binärzahl beginnt mit dem Buchstaben B, gefolgt von einem Apostroph und einer Folge von Nullen, Einsen oder Unterstreichungszeichen. So sind z.B. B'101, B'1_0101 Worte im Sinne dieser Grammatik.

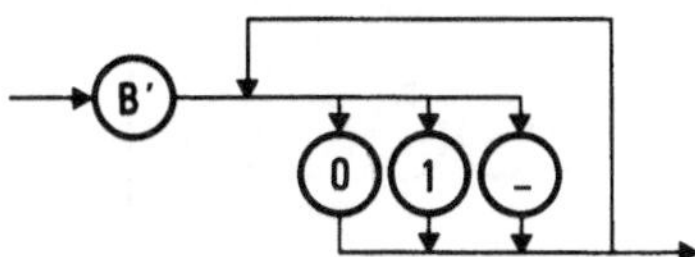

Bild 2.11. Binärzahl

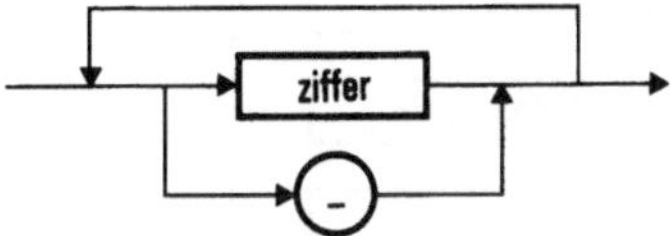

Bild 2.12. Dezimalzahl

Kommen in einem Syntaxdiagramm Rechtecke vor, so bezeichnen diese neue Syntaxdiagramme. Das heißt, passiert man beim Durchlaufen eines Syntaxdiagramms ein Rechteck, so muß man ein durch dieses Rechteck bezeichnetes neues Syntaxdiagramm anspringen, durchlaufen und anschließend zurückspringen.

Das im Beispiel von Bild 2.12 angegebene Syntaxdiagramm definiert eine Dezimalzahl als eine Folge von Ziffern und Unterstreichungszeichen.

2.2.2 Zeichensatz

Die Programmiersprache CHILL enthält den nachfolgend beschriebenen Zeichensatz. Für ihn gilt die Codierung des CCITT-Alphabets Nr. 5. Er umfaßt Buchstaben, Ziffern und Sonderzeichen.

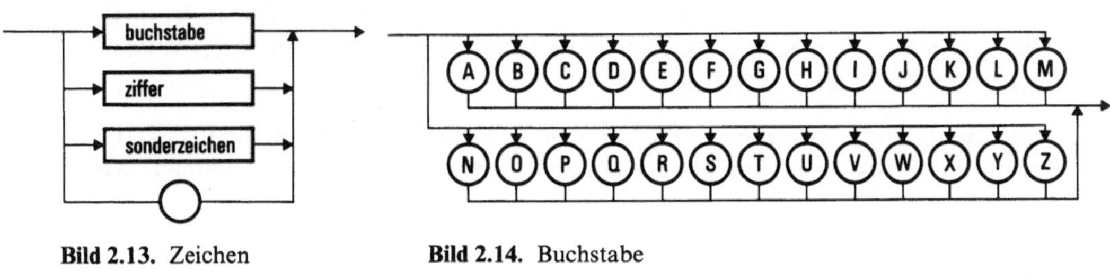

Bild 2.13. Zeichen

Bild 2.14. Buchstabe

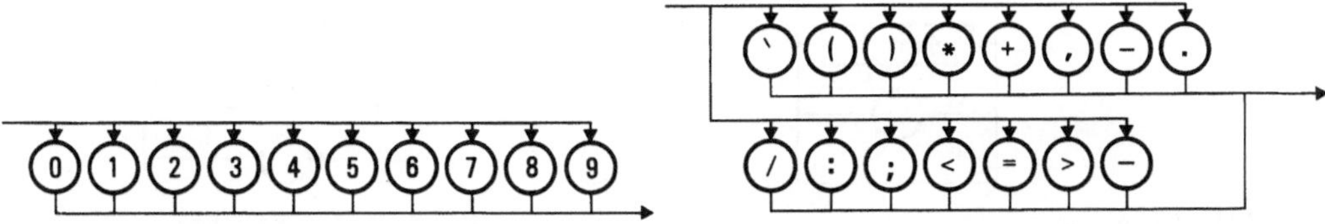

Bild 2.15. Ziffer

Bild 2.16. Sonderzeichen

2.2.3 Lexikalische Einheiten

Ein Programm wird aus einer Folge von lexikalischen Einheiten gebildet. Lexikalische Einheiten sind Symbole oder Trennzeichen. Symbole lassen sich gemäß dem Syntaxdiagramm von Bild 2.17 klassifizieren.

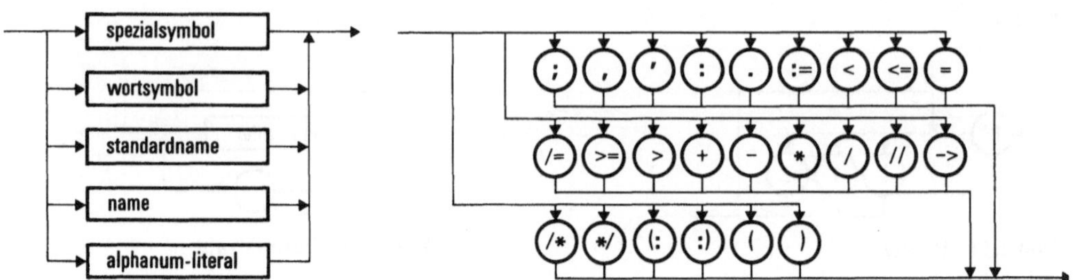

Bild 2.17. Symbol   **Bild 2.18.** Spezialsymbol

Im folgenden sind die Wortsymbole aufgezählt:

AND, ARRAY, BUFFER, CASE, CONTINUE, DCL, DELAY, DO, DOWN, EAM, ELSE, ELSIF, END, ESAC, EVER, EXIT, FI, FILE, FOR, GOTO, GRANT, IF, IN, INIT, INLINE, ISAM, LOC, MOD, MODULE, NEWMODE, NOT, OD, OF, OR, PACK, POWERSET, PROC, PROCESS, RANGE, READ, REF, REGION, RESULT, RETURNS, ROW, SEIZE, SEND, SET, START, STRUCT, SYN, SYNMODE, THEN, TO, WHILE, WITH, XOR, CAUSE, EXCEPTIONS, ON.

Ein Wortsymbol hat eine feste Bedeutung in CHILL. Es kann nicht als Name verwendet werden.

Im folgenden sind die Standardnamen aufgezählt:

ABS, ADDR, BOOL, CARD, CHAR, CHR, DELETE, DISPLAY, EOF, ERASE, EVENT, FALSE, FOUND, GET, GETHEAP, INT, MAX, MIN, NULL, NUM, OPEN, PRED, PUT, RECEIVE, RESET, REOPEN, REWRITE, SIZE, SUCC, TRUE, UPPER.

Standardnamen bezeichnen Objekte von vordefinierter Bedeutung in CHILL. Standardnamen können vom Programmierer in inneren Blöcken neu definiert werden.

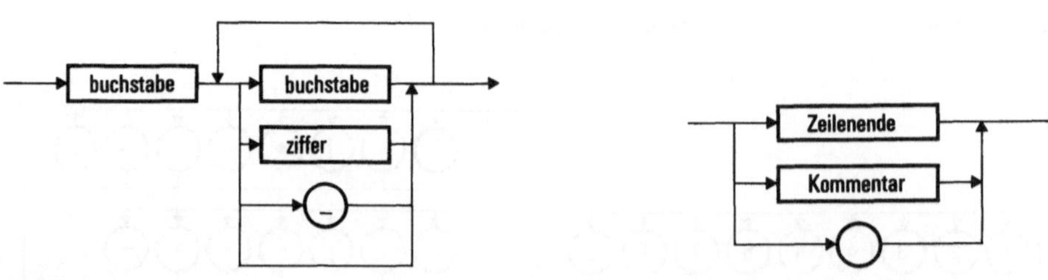

Bild 2.19. Name   **Bild 2.20.** Trennzeichen

Namen werden vom Programmierer eingeführt als Namen von Objekten, z. B. von Konstanten, Variablen, Modes, Moduln, Prozeduren usw.

Alphanumerische Literale sind Zeichenliterale, Stringliterale oder numerische Literale. Auf sie wird später eingegangen.

Namen, Wortsymbole, Standardnamen und alphanumerische Literale müssen durch mindestens ein Trennzeichen oder Spezialsymbol getrennt sein. Es dürfen mehrere Trennzeichen aufeinander folgen. Namen, Symbole und Literale dürfen über das Zeilenende nicht hinausreichen. Ausnahmen bilden Stringliterale.

Ein Kommentar ist eine beliebige Zeichenkette, die durch die Spezialsymbole /* am Anfang und */ am Ende begrenzt wird. In einem Kommentar darf daher der Substring */ nicht enthalten sein. Überall in einem Programm, wo mindestens ein Leerzeichen stehen kann, können Kommentare eingefügt werden, außer in Stringliteralen. Ein Kommentar kann über beliebig viele Zeilen gehen.

2.3 Programmaufbau

Ein CHILL-Programm besteht im allgemeinen aus mehreren Einzelbausteinen (Moduln), die:

- in sich abgeschlossen sind,
- klare Schnittstellen zu anderen Bausteinen haben.

Das Modulkonzept wurde in Abschnitt 2.1 kurz erläutert.

Formal besteht ein CHILL-Modul aus zwei Teilen: dem Vereinbarungsteil und dem Verarbeitungsteil. Vorangestellt werden können noch Grant- und Seize-Listen entsprechend den Regeln von Bild 2.22.

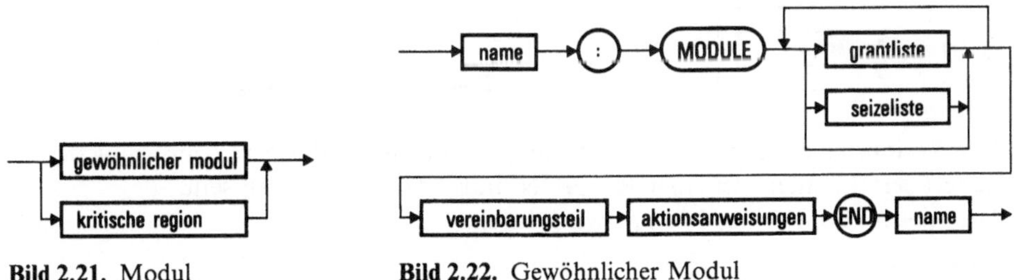

Bild 2.21. Modul   **Bild 2.22.** Gewöhnlicher Modul

Ein Modul beginnt mit einer Überschrift, bestehend aus:

name : MODULE

sofern es sich um einen gewöhnlichen Modul handelt und nicht um eine kritische Region. Bei einer kritischen Region heißt die Überschrift:

name : REGION

- Die Seize-Liste ist ein „Eingangstor", bestehend aus einer Liste von Namen aus anderen Moduln. Sie wird benötigt, falls diese Namen innerhalb des Moduls verwendet werden: andernfalls kann sie entfallen.

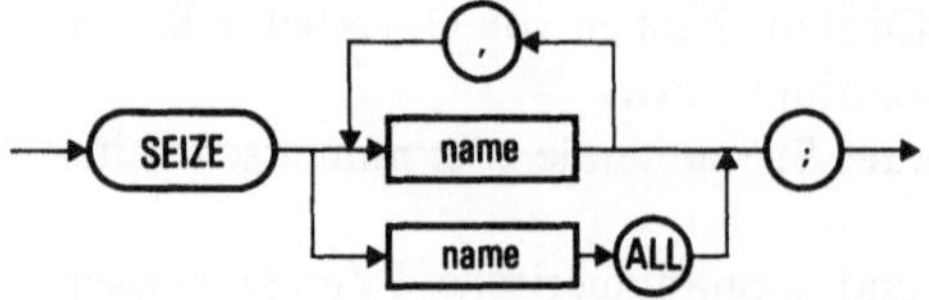

Bild 2.23. SEIZE-Liste

Namen, die weder in dieser Liste stehen noch im Modul selbst vereinbart sind, sind
dem Modul unbekannt. Der Name vor ALL muß einen Modulnamen bezeichnen.
- Die Grant-Liste ist ein „Fenster" für bestimmte Namen, die innerhalb des Moduls
vereinbart sind, also dem Modul „gehören". Sie wird benötigt, falls diese Namen
von anderen Moduln verwendet werden. Sonst kann sie entfallen.

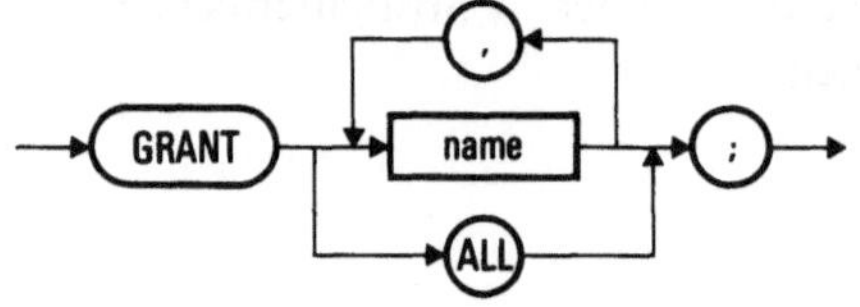

Bild 2.24. GRANT-Liste

- Der Vereinbarungsteil enthält Erklärungen über Operanden, Modes, Prozeduren
oder Prozesse. Eine kritische Region darf keine Prozeßerklärungen enthalten.

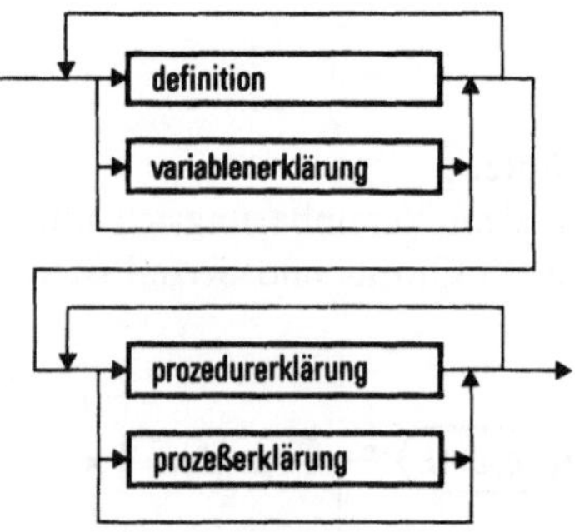

Bild 2.25. Vereinbarungsteil

- Der Aktionsteil enthält Aktionsanweisungen, die bis auf die leere Anweisung dege-
neriert sein können. Bei einer REGION muß letzteres der Fall sein.
- Die Abschlußzeile eines Moduls wird durch

END name

gebildet, wobei name der in der Überschrift definierte Modulname sein muß.

2.4 Sequentieller Teil

2.4.1 Vereinbarungsteil

2.4.1.1 Definitionen

Um Programme übersichtlicher zu gestalten, können in CHILL neue Bezeichnungen
für bestimmte Werte oder Modes eingeführt werden.

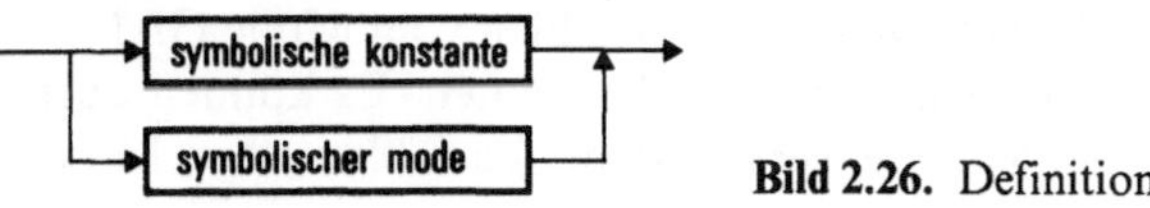

Bild 2.26. Definition

2.4.1.2 Symbolische Konstanten (SYN)

Symbolische Konstanten fördern die Verständlichkeit und Änderungsfreundlichkeit von Programmen. Die Schreibweise für eine symbolische Konstante zeigt Bild 2.27. Der Begriff „compilezeit ausdruck" bedeutet, daß der Ausdruck zur Compile-Zeit berechnet werden kann.

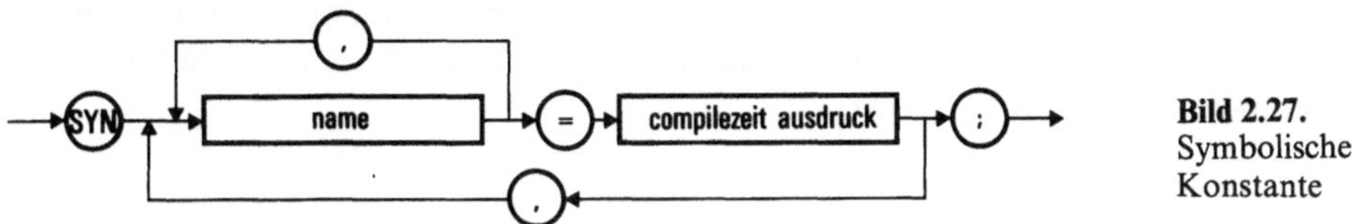

Bild 2.27. Symbolische Konstante

2.4.1.3 Mode-Erklärungen

Sollen in einem Programm verschiedene Variablen mit demselben Mode erklärt werden, dann kann man für diesen Mode einen einfachen Namen definieren. Die Schreibarbeit wird erleichtert, und Fehler werden verhindert.

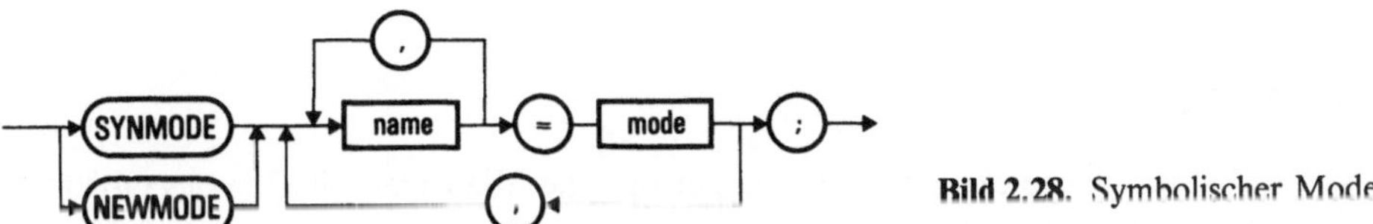

Bild 2.28. Symbolischer Mode

Die durch eine SYNMODE-Erklärung eingeführten Mode-Synonyme sind äquivalent mit ihrem definierenden Mode, d.h. linke und rechte Seite einer Mode-Definition, die mit SYNMODE beginnen, sind gleichberechtigt. Beispiel:

SYNMODE GANZZAHL = INT;
DCL I INT,
J GANZZAHL;

Die Variablen I und J haben denselben Mode und dürfen in arithmetischen Ausdrücken gemeinsam verwendet werden.

Soll die Mode-Äquivalenz gezielt vermieden werden, so schreibt man:

NEWMODE GANZZAHL = INT;

Jetzt stellt GANZZAHL einen *neuen* Mode dar, der *nicht* mehr mit dem definierenden Mode INT äquivalent ist. Allerdings hat dabei der Mode GANZZAHL alle Eigenschaften, die auch der INT hat, übernommen (Wertebereich, erlaubte Operatio-

nen). Als Konsequenz ergibt sich: Alle Ausdrücke, die Variablen vom Mode GANZ-
ZAHL mit Variablen vom Mode INT verknüpfen, sind verboten. Es können aber
beliebige Ausdrücke geschrieben werden, die verschiedene Variablen vom Mode
GANZZAHL miteinander verknüpfen.

2.4.1.4 Variablenerklärung

Eine Variablenerklärung bewirkt die Bereitstellung von Speicherplatz und ordnet
diesem einen Namen zu.

In seiner einfachsten Form besteht eine Variablenerklärung aus dem Schlüsselwort
DCL, dem ein oder mehrere durch Kommata getrennte Namen für Variablen sowie
eine Mode-Bezeichnung folgen. Ein Semikolon schließt die Erklärung ab.

Einer Variablen kann bei der Erklärung ein Anfangswert zugewiesen werden, wodurch sie initialisiert wird. Die allgemeine Schreibweise für die Variablenerklärung
mit Initialisierung zeigt Bild 2.29.

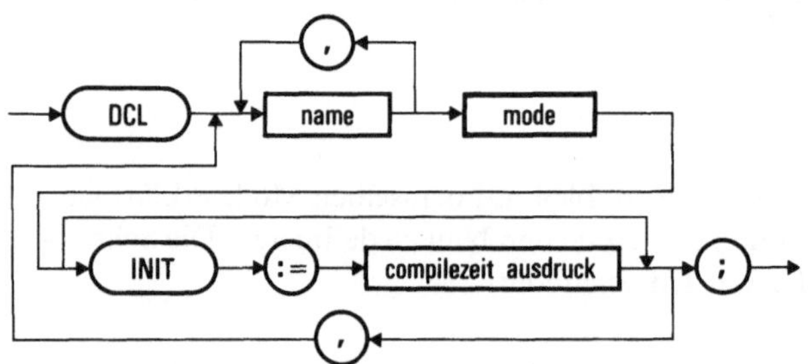

Bild 2.29. Variablenerklärung

2.4.1.5 Modes

In CHILL ist jedem Objekt ein Mode zugeordnet, der die Eigenschaften des Objekts
beschreibt. Es gibt die in Bild 2.30 aufgeführten Modes.

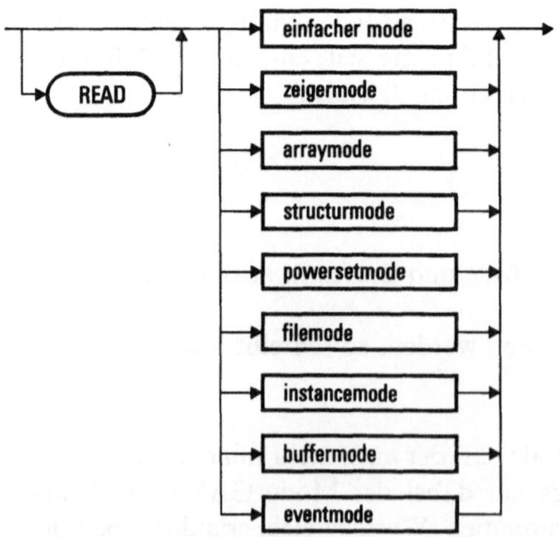

Bild 2.30. Modes

Ein Mode ist READ ONLY, wenn in der Mode-Vereinbarung das Schlüsselwort READ steht. Variablen, die mit einem READ-ONLY-MODE deklariert sind, können nicht mit einer Wertzuweisung verändert werden. Sie können lediglich in einer INIT-Klausel initialisiert werden.

Einfache Modes

Einfache Modes bestehen aus einer endlichen geordneten Menge von Literalen. Diese Literale sind in dem Sinne einfach, daß sie in sich nicht strukturiert sind. Die einfachen Modes zeigt Bild 2.31.

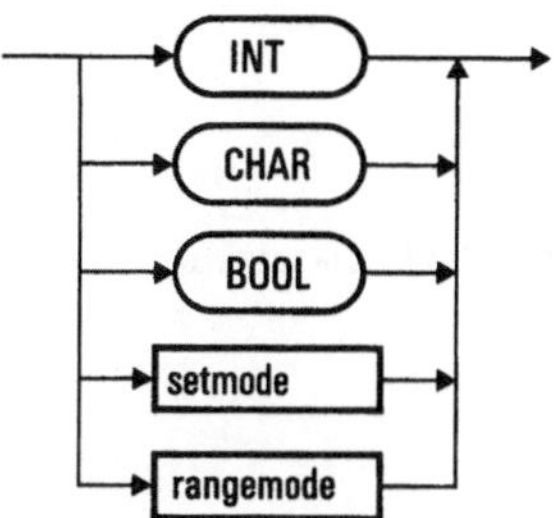

Bild 2.31. Einfacher Mode

INT-Mode

INT bezeichnet die Menge der positiven und negativen ganzen Zahlen (Integerdaten). Der Wertebereich von Integerdaten ist implementierungsabhängig.

Die Literale von ganzen Zahlen können in vierfacher Weise dargestellt werden:

- als Dezimalzahlen, z.B.

  127
  2889
  7_129_536

(Zur besseren Lesbarkeit können die Ziffern in Gruppen angeordnet werden, die durch das Unterstreichungszeichen getrennt sind. Das Unterstreichungszeichen hat keinen Einfluß auf den numerischen Wert.)

- als Binärzahlen, z.B.

  B'10101
  B'1101_1010_0001
  B'101_010_111

- als Oktalzahlen, z.B.

  0'1706
  0'775_310

- als Hexadezimalzahlen, z.B.

  H'1A7F
  H'15BA0D
  H'A1_B8_FF

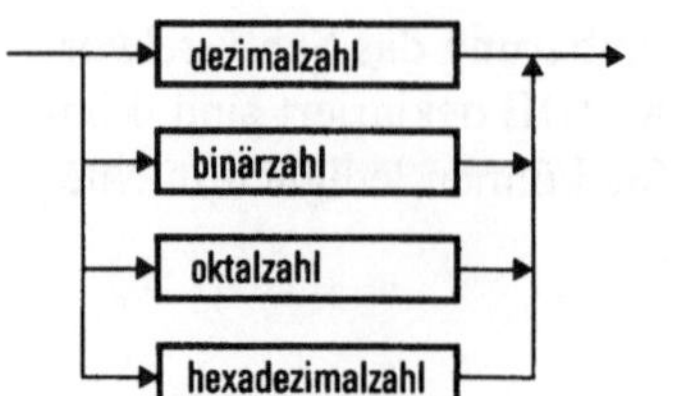

Bild 2.32. Ganzzahlliteral

Syntaxdiagramme für Binärzahl und Dezimalzahl zeigen die Bilder 2.11 und 2.12.

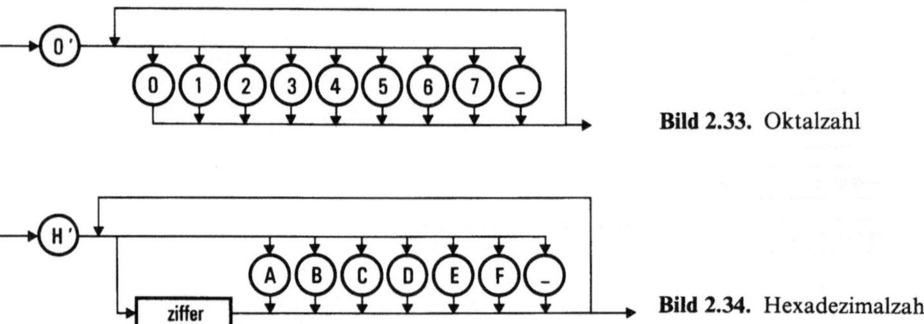

Bild 2.33. Oktalzahl

Bild 2.34. Hexadezimalzahl

CHAR-Mode

CHAR bezeichnet die alphabetischen Zeichen des CCITT-Alphabets Nr. 5. Die Zeichenliterale werden zwischen Apostrophen eingeschlossen, z. B.:

'A'
'X'
'7'
'8'

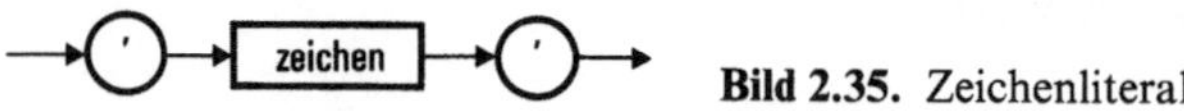

Bild 2.35. Zeichenliteral

BOOL-Mode

BOOL bezeichnet Boolesche Daten. Der Wertevorrat umfaßt die Booleschen Literale:

TRUE
FALSE.

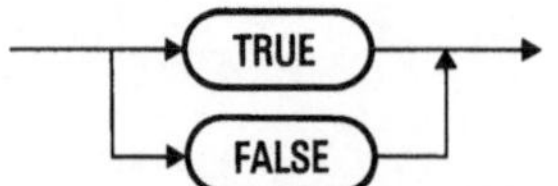

Bild 2.36. Boolsches Literal

SET-Mode

SET bezeichnet eine geordnete Folge von Daten, deren Werte durch symbolische Konstanten repräsentiert werden. Dem Schlüsselwort SET als Bezeichnung für den Mode folgt in Klammern die Menge der symbolischen Werte. Die Reihenfolge bestimmt die (aufsteigende) Ordnung.

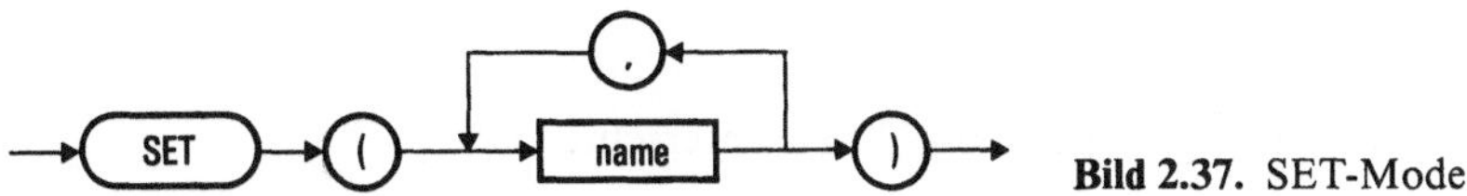

Bild 2.37. SET-Mode

RANGE-Mode

Der RANGE-Mode definiert eine Menge von Werten, die eine zusammenhängende Teilmenge einer umfassenderen Menge darstellt. Diese Obermenge ist häufig die Menge der ganzen Zahlen. Sie kann aber auch die Menge der Werte eines SET-Mode oder der Zeichenwerte CHAR sein.

Für den RANGE-Mode wird das Schlüsselwort RANGE benützt. Ihm folgt in Klammern die Angabe des Bereichs. Die allgemeine Schreibweise ist

RANGE (literal$_1$: literal$_2$)

wobei der Wert des literal$_1$ kleiner als der Wert des literal$_2$ ist.

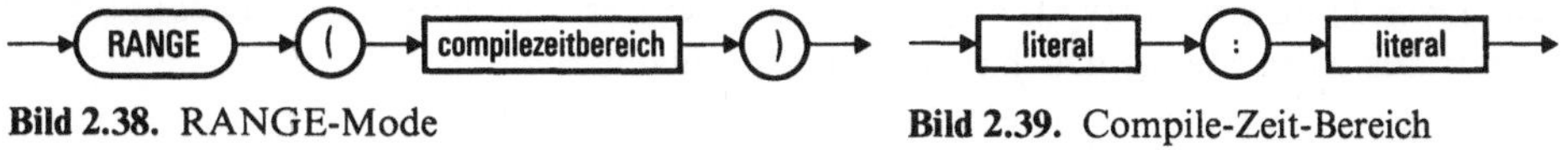

Bild 2.38. RANGE-Mode   **Bild 2.39.** Compile-Zeit-Bereich

Zeiger-Mode

Zeiger-Mode-Werte repräsentieren Adressen von Speicherplätzen. Eine Variable vom Zeiger-Mode ist also ein Speicherplatz, der als Inhalt Adressen von anderen Speicherplätzen aufnehmen kann.

Das Ansprechen von Speicherplätzen über Zeigervariable kann dynamisch vorteilhafter sein als das direkte Ansprechen über ihre Namen. In bestimmten Fällen ist die direkte Verwendung von Adressen unumgänglich; z.B. bei einer dynamischen Verwaltung von Speicherplätzen („heap"-Verwaltung).

Der Mode einer Zeigervariablen beginnt mit dem Schlüsselwort REF, dem der Mode der Speicherplätze folgt, auf welche die Zeigervariable zeigen soll. Soll eine Zeigervariable auf einen Speicherplatz mit einem beliebigen Mode zeigen, so ist das Schlüsselwort PTR zu verwenden.

In der Praxis kommt es vor, daß man Zeigervariablen auf Arrays mit gleichartigen Komponenten, aber unterschiedlicher Anzahl von Komponenten benötigt. Die Erklärung wird dann mit dem Schlüsselwort ROW durchgeführt.

Soll eine Zeigervariable keine Adresse enthalten (auf „nichts" zeigen), so kann ihr das Zeigerliteral NULL zugewiesen werden.

Die Operationen mit Zeigervariablen werden später erklärt.

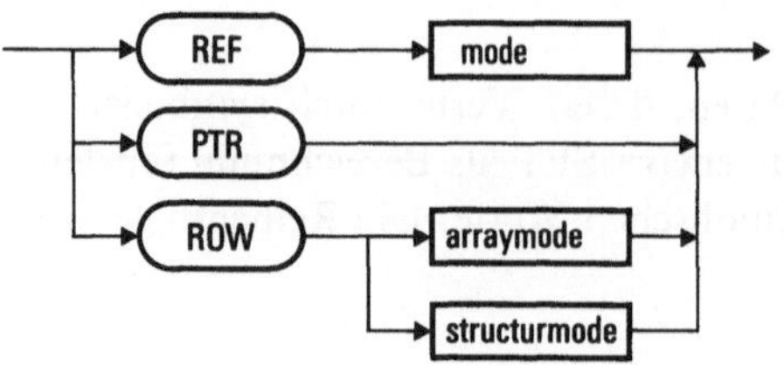

Bild 2.40. Zeiger-Mode

Zusammengesetzte Modes

Generell werden zwei Strukturtypen von Daten unterschieden:

- Arrays bestehen aus Komponenten mit gleichem Mode. Eine Komponente hat im einfachsten Fall einen nicht zusammengesetzten Mode oder ist selbst wieder ein Strukturtyp von Daten.
- Strukturen bestehen aus Komponenten, deren Mode unterschiedlich sein kann.

Es können auch beliebige Mischungen gebildet werden, wie mehrdimensionale Arrays, deren Komponenten also wieder Arrays sind, Arrays aus Strukturen, usw.

ARRAY-Mode

Der Mode eines Daten-Arrays beginnt mit dem Schlüsselwort ARRAY, dem in Klammern eine Angabe über die Indexmenge folgt. Danach wird der Mode der Array-Komponenten angegeben:

ARRAY (indexmenge) komponentenmode

Demnach kann ein Array als ein zusammengesetzter Speicherplatz aufgepaßt werden, der aus einer Menge gleichartiger Speicherplätze besteht.

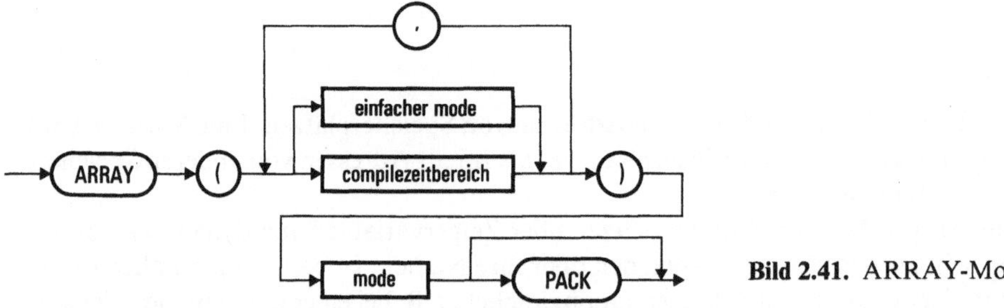

Bild 2.41. ARRAY-Mode

ARRAY-Literale

In der einfachsten Form ist bei eindimensionalen Feldern ein Feldliteral eine in Tupel-Klammern, "(:" und ":)", stehende Liste von Literalen, wobei jedes Literal einer Feldkomponenten entspricht. Die Literale werden durch Klammern getrennt. Die Schreibweise dafür zeigt Bild 2.42.

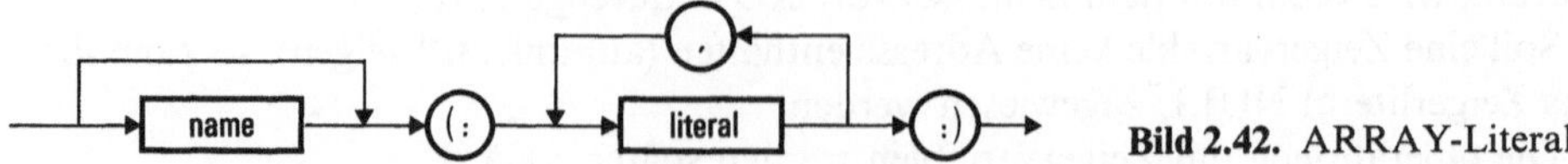

Bild 2.42. ARRAY-Literal

Zur Initialisierung großer Felder mit gleichen Werten kann eine vereinfachte Schreibweise verwendet werden, die sich aus Mischformen mit Literalangaben, Bereichsangaben und einem ELSE-Zweig zusammensetzen kann. Die Initialisierung mehrdimensionaler Felder erfolgt in adäquater Weise durch Schachtelung der Tupel-Klammern.

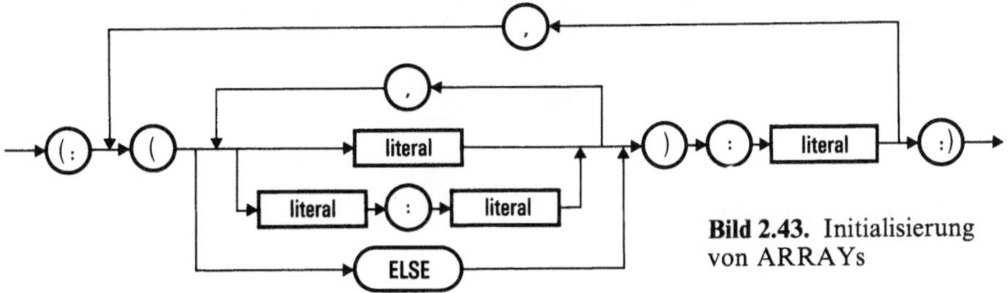

Bild 2.43. Initialisierung von ARRAYs

Die Komponenten einer Array-Variablen können als indizierte Variablen gemäß Bild 2.44 dargestellt werden.

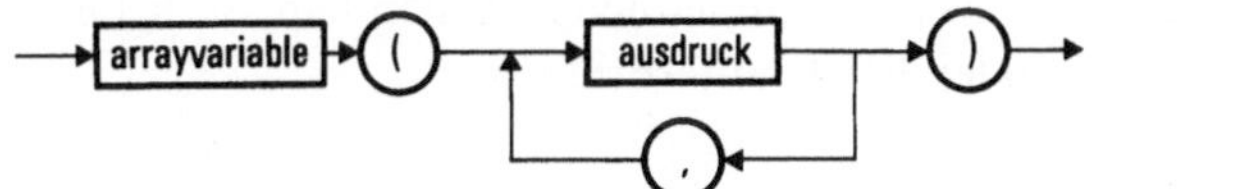

Bild 2.44. Indizierte Variablen

Das Attribut PACK bedeutet, daß der Speicherbedarf des ARRAY auf Kosten der Schnelligkeit des Datenzugriffs optimiert wird.

String-Modes werden als ARRAY vom Komponenten-Mode CHAR dargestellt. Stringliterale sind die in Apostrophe eingeschlossenen Zeichenketten, z.B.

'AX78'.

Struktur-Mode

Der Mode einer Datenstruktur beginnt mit dem Schlüsselwort STRUCT, dem in Klammern die Angabe der Strukturkomponenten folgt:

STRUCT (name mode, ...)

Demnach kann eine Datenstruktur als ein zusammengesetzter Speicherplatz aufgefaßt werden, der aus einer Menge, in der Regel *ungleicher* Speicherplätze besteht.

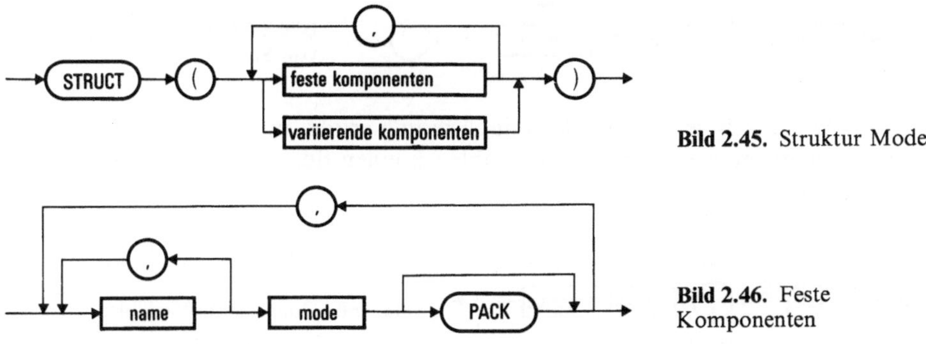

Bild 2.45. Struktur Mode

Bild 2.46. Feste Komponenten

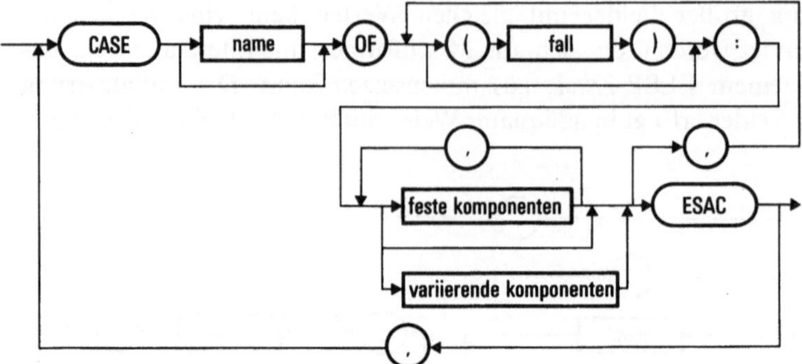

Bild 2.47. Variierende Komponenten

In CHILL besteht die Möglichkeit, Datenstrukturen so zu definieren, daß bestimmte Komponenten festgelegt sind, andere jedoch von Anwendungsfall zu Anwendungsfall variieren. Variieren können sowohl die Anzahl sowie die Modes der Komponenten. Mit Hilfe der variierenden Komponenten besteht die Möglichkeit, Variablen mit an sich *unterschiedlichen* Strukturen einheitlich zu behandeln. Sie lassen sich z. B. in ein gemeinsames ARRAY oder FILE unterbringen.

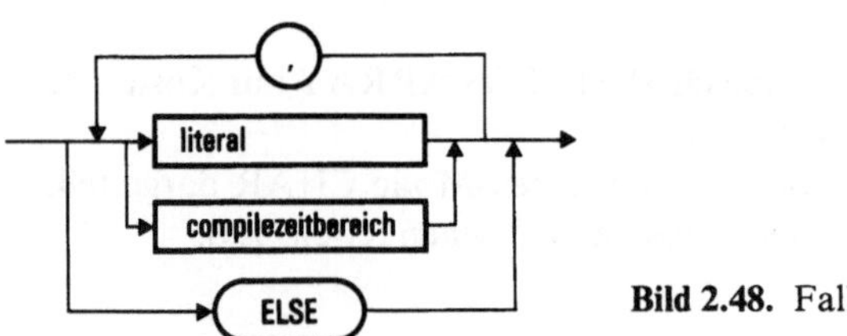

Bild 2.48. Fall

Strukturliterale

Datenstrukturen werden in ähnlicher Weise initialisiert wie Arrays. Dazu werden Listen von Literalen gebildet. Die Initialisierung zählt für alle Strukturen ein dem Mode entsprechendes Literal der Reihe nach auf.

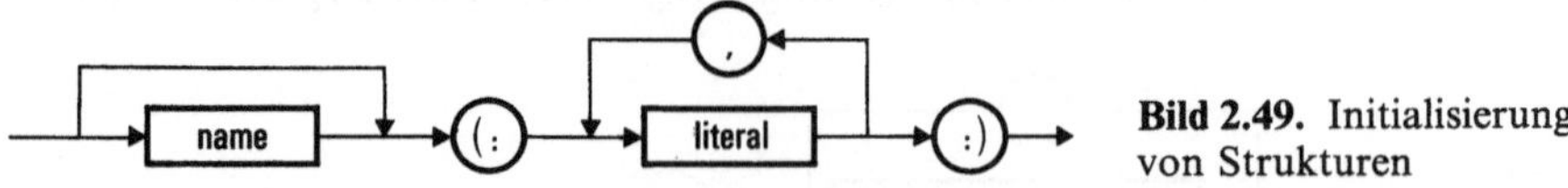

Bild 2.49. Initialisierung von Strukturen

Eine detaillierte Beschreibung der Initialisierung erfolgt in Abschnitt 3.5.
Die Komponenten einer Strukturvariablen können durch Qualifizierung gemäß Bild 2.50 angesprochen werden:

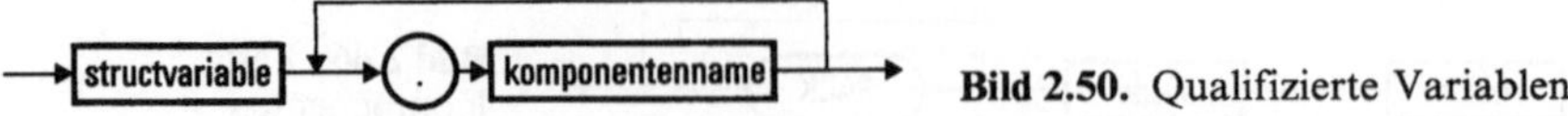

Bild 2.50. Qualifizierte Variablen

Das Attribut PACK bedeutet, daß der Speicherbedarf der Struktur auf Kosten der Dynamik des Datenzugriffs optimiert wird.

POWERSET-Mode

Variablen des Mode SET können jeweils einen der Werte der zugehörigen Menge annehmen. Es ist jedoch auch möglich, Variable zu erklären, deren Wert eine Untermenge der zugehörigen Menge ist. Diese Variablen heißen Mengenvariablen und ihr Wertebereich ergibt sich aus der Menge aller Untermengen der Grundmenge. Die Menge aller dieser Untermengen ist die Potenzmenge bzw. Powerset.

Der Wertevorrat des Powerset-Mode besteht also aus allen Untermengen, die aus dem Wertevorrat des zugehörigen einfachen Mode erzeugt werden können.

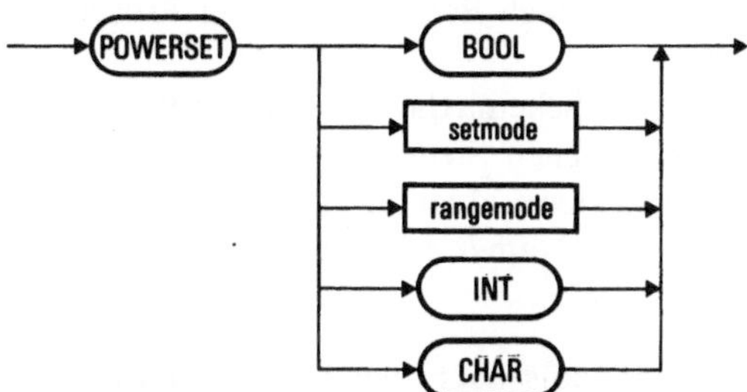

Bild 2.51. Potenzmengen-Mode

In der Sprache CHILL sind keine Grenzen bezüglich der Größe einer Mengenvariablen festgelegt. Bei einer Compiler-Implementierung ist jedoch die Vorgabe einer maximalen Größe für Mengenvariablen empfehlenswert. Für den Siemens-CHILL-Compiler wurde festgelegt, daß der Basis-Mode der Mengenvariablen höchstens 64 Werte enthalten kann.

Powersets werden durch Aufzählen der Elemente des Basis-Mode gebildet. Hierzu steht das Sprachkonstrukt Powersettuple zur Verfügung.

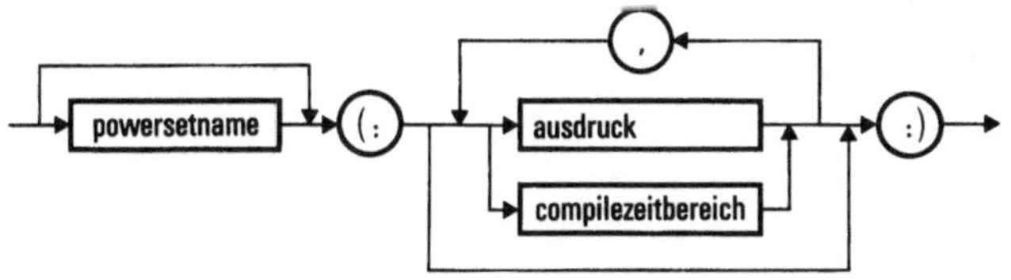

Bild 2.52. Powersettuple

Die leere Menge wird durch (::) oder powersetname (::) dargestellt.

Der File-Mode wird in Abschnitt 2.4.3, Instance-, Buffer- und Event-Mode werden in Abschnitt 2.5 ausführlich behandelt.

2.4.2 Verarbeitungsteil

2.4.2.1 Prozeduren

Prozeduren sind Programmteile, die von verschiedenen Stellen eines Programms aufgerufen werden können (Unterprogramme). Prozeduren werden im allgemeinen über

Parameter versorgt. Nach Ausführung der in einer Prozedur enthaltenen Aktionsanweisungen wird die Kontrolle an die Aufrufstelle zurückgegeben.

Es gibt Prozeduren, die einen Ergebniswert haben. Diese Prozeduren heißen Wertprozeduren. Sie können nur in einem Ausdruck aufgerufen werden. In anderen Programmiersprachen wird statt Wertprozedur auch die Bezeichnung Funktionsprozedur benutzt.

Für die Einführung eines Prozedurkonzeptes sprechen folgende Vorteile und Gründe:

- Die Benennung von Prozeduren führt zu einer kürzeren Schreibweise von Programmen. Somit lassen sich Programme übersichtlicher und besser strukturieren.
- Speicherplatz für den Code wird eingespart, da die Prozedur im allgemeinen nur einmal im Speicher abgelegt wird.
- Speicherplatz für die Daten wird eingespart, da nach Beendigung einer Prozedur ihre Stackregion wieder freigegeben wird.
- Eine Prozedur stellt ein wiederholt verwendbares Schema dar: Die mit der Prozedur vereinbarte Anweisungsfolge kann an verschiedenen Stellen des Programms mit verschiedenen Operanden, den Prozedurparametern, ablaufen.
- Mit Prozeduren werden Gültigkeitsbereiche von Namen festgelegt.

Prozedurerklärung

Prozedurerklärungen werden innerhalb eines Moduls nach den Datenerklärungen und vor den Aktionsanweisungen vorgenommen. Jede Prozedurerklärung besteht aus zwei Teilen:

- Der *Prozedurkopf* beschreibt alle Eigenschaften der Prozedur. Bei Wertprozeduren wird der Ergebniswert durch den mit Hilfe des Schlüsselwortes RETURNS angegebenen Mode übergeben.
- Der *Prozedurrumpf* enthält den inneren Vereinbarungsteil und die Aktionsanweisungen. Da Aktionsanweisungen auch Prozeduraufrufe sein können, sind auch geschachtelte Prozeduren möglich.

Die allgemeine Schreibweise für Prozeduren ist:

```
name:   PROC (formale parameter);
        anweisungen;
        END name;
```

Wertprozeduren

Die allgemeine Schreibweise für Wertprozeduren ist:

```
name:   PROC (formale parameter) RETURNS (mode);
        anweisungen;
        RESULT ausdruck;
        END name;
```

Zu diesen Prozedurerklärungen ist noch nachzutragen:

- Für „formale parameter" ist eine Liste von formalen Parametern einzusetzen. Jeder formale Parameter hat die gleiche Wirkung wie eine Variablenerklärung und besitzt die Form

  name mode

– Die Anweisung

RESULT ausdruck;

für das Ergebnis darf nur in einer Prozedur erscheinen, für die ein Ergebnis-Mode definiert ist. Der Ausdruck nach dem Schlüsselwort RESULT muß im Mode mit dem Ergebnis-Mode übereinstimmen.

Die Result-Anweisung muß nicht unmittelbar vor der END-Anweisung stehen. Es können auch mehrere RESULT-Anweisungen an verschiedenen Stellen der Prozedur stehen. Das Ergebnis wird dann durch die zuletzt durchlaufene RESULT-Anweisung bestimmt.

Prozeduraufruf

Der Prozeduraufruf ist eine Aktionsanweisung. Er wird in Abschnitt 2.4.2.4 beschrieben.

Parameterübergabe

Beim Aufruf einer Prozedur werden die Parameter von der rufenden Prozedur dem Unterprogramm übergeben. Es werden zwei Mechanismen bei der Parameterübergabe unterschieden:

– Aufruf mit Werten („call by value"): Hierbei werden die aktuellen Werte der Parameter an die Prozedur übertragen.
– Aufruf mit Speicherplätzen („call by location"): Hierbei werden nicht die direkten Werte der Parameter übergeben, sondern Ortsangaben zu Speicherplätzen, an denen die Werte stehen.

Beide Mechanismen können innerhalb derselben Prozedur verwendet werden.

Letztere Methode der Parameterübergabe ist dann von Vorteil, wenn die gerufene Prozedur den Inhalt der Speicherplätze — also die Eingabeparameter — verändert und die aufrufende Prozedur mit diesen Änderungen weiterarbeitet. Dies geschieht häufig bei der Übergabe von großen Datenmengen.

Um eine andere Behandlung als beim Aufruf mit Werten zu erreichen, muß den formalen Parametern bei der Prozedurerklärung als Attribut das Schlüsselwort LOC folgen. Schreibweise:

name mode LOC.

Rückkehr aus Prozeduren

Wird beim Durchlauf einer Prozedur das Ende erreicht, das durch das Schlüsselwort END gekennzeichnet ist, so wird die Kontrolle automatisch an die Aufrufstelle zurückgegeben.

Prozedurattribut INLINE

Bei kleinen Prozeduren ist der Aufruf- und Rückkehrmechanismus oft aufwendiger als der Anweisungsteil. Zur Vermeidung dieses Aufwandes kann bei der Prozedurerklärung das Attribut INLINE angegeben werden. Es bewirkt, daß an die Aufrufstelle der Prozedurrumpf physikalisch kopiert wird.

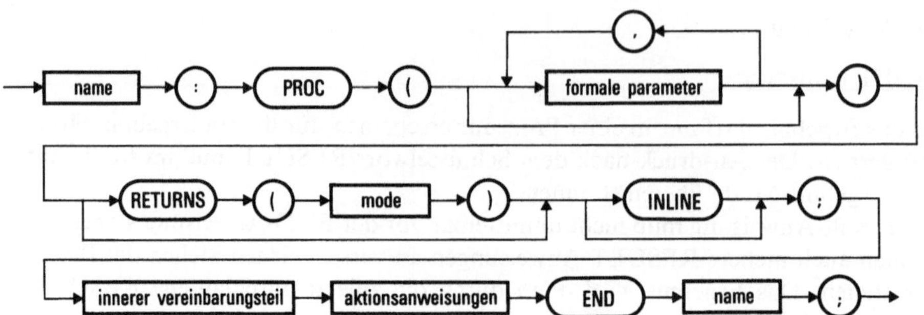

Bild 2.53. Prozedurerklärung

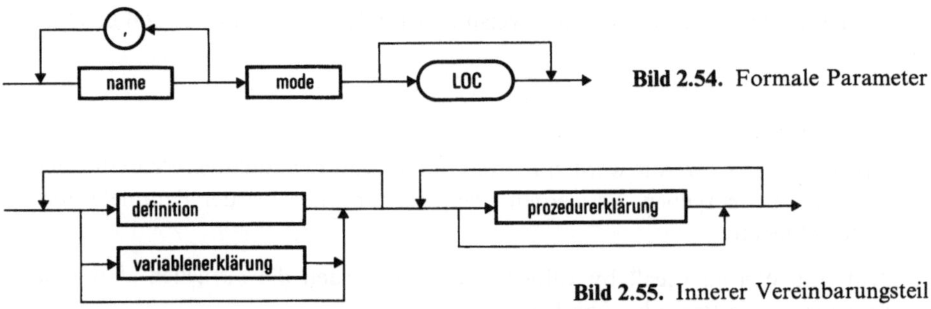

Bild 2.54. Formale Parameter

Bild 2.55. Innerer Vereinbarungsteil

Standardprozeduren

Standardprozeduren sind vordefinierte Prozeduren, die vom Anwender nur aufgerufen aber nicht definiert werden können. Ihre Bedeutung liegt für die Anwender fest. Es werden folgende zwei Klassen unterschieden:

– systemunabhängige Standardprozeduren,
– systemabhängige Standardprozeduren.

Systemunabhängige Standardprozeduren

– Absolutwert von Ganzzahlen:

ABS (I)

liefert den Absolutwert der Variablen I, die vom Mode INT sein muß. Die Routine wird benutzt, wenn für eine Variable, die auch negative Werte annehmen kann, der Absolutwert benötigt wird.

– Nachfolger von Werten:

SUCC (X)

liefert den Wert, der in der Ordnung auf X folgt. X kann eine Variable vom Standard-Mode INT, RANGE, SET, BOOL oder CHAR sein bzw. ein entsprechendes Literal. Die Funktion ist nur in dem zugehörigen Wertebereich gültig.

– Vorgänger von Werten:

PRED (X)

liefert den Wert, der in der Ordnung vor X liegt. Es gelten die entsprechenden Angaben wie zu SUCC (X)

— Adresse eines Speicherplatzes:

ADDR (name)

liefert die Adresse des Speicherplatzes, der den angegebenen Namen hat, als Zeigermode-Wert.
Der Speicherplatz muß auf Modulebene erklärt sein, d.h. er muß permanent (statisch) sein.

— Zahlenwerte für SET-, BOOL- und CHAR-Werte:

NUM (X)

liefert den Wert der internen Repräsentation eines SET-, BOOL- oder CHAR-Wertes.

— Zeichenwerte für Zahlenwerte:

CHR (I)

liefert den Zeichenwert, der dem Zahlenwert I in seiner internen Repräsentation entspricht.

— Positionswerte bei Powerset-Variablen:

MAX (V)

liefert den Wert des höchsten vorhandenen Elements der Menge V;

MIN (V)

liefert den Wert des niedrigsten vorhandenen Elements der Menge V;

CARD (V)

liefert die Kardinalzahl, d.i. die Anzahl der vorhandenen Elemente der Menge V.

— Speichergröße:

SIZE (name)

liefert die Speichergröße in Byte, welche zu dem angegebenen Mode- bzw. Variablen-Namen gehört.

Systemabhängige Standardprozeduren

Durch systemabhängige Standardprozeduren läßt sich der CHILL-Sprachumfang erweitern. Sinnvollerweise wurden solche definiert und aufgenommen, die sowohl zur Implementierung des Compilers als auch zur vollständigen Formulierung von Anwenderprogrammen benötigt werden.

Zu solchen Prozeduren zählen üblicherweise die Standardprozeduren für die Ein-/Ausgabe. Soweit sie im Siemens-CHILL-Compiler implementiert sind, werden sie in Abschnitt 2.4.3 beschrieben.

Ferner enthält der Siemens-CHILL-Compiler Standardprozeduren, die Funktionen des Betriebssystems betreffen. Im einzelnen sind dies die Standardprozeduren:

    SETSW (Set Switch)
    GETTIME
    GET_HEAP
    RELEASE_HEAP

2.4.2.2 Operatoren

Bei den Operatoren werden zwei Arten unterschieden:

– monadische Operatoren,
– dyadische Operatoren.

Monadische Operatoren

Drei monadische Operatoren sind definiert, nämlich:

– Das *Minuszeichen:* Es kann nur vor Operanden stehen, die Zahlenwerte darstellen.
  Das Minuszeichen ist von dem Subtraktionszeichen (einem dyadischen Operator)
  zu unterscheiden, obwohl beide mit dem gleichen Symbol "–" dargestellt werden.
  Das Minuszeichen negiert den Wert des folgenden Operanden.
– Das *NOT-Zeichen:* Es kann nur vor Operanden stehen, die Boolesche Werte oder
  Mengen (Potenzmengen-Mode) darstellen. Es negiert den Wert des folgenden
  Booleschen Operanden bzw. bildet das Komplement der Menge.
– Das *Dereferenzierungszeichen:* Es kann nur nach Zeigervariablen stehen. Es dient
  zum Ansprechen des Inhalts der Speicherplätze, auf die die Zeigervariable zeigt.
  Das Dereferenzierungszeichen wird durch das Symbol "→" dargestellt. Auf derefe-
  renzierte Zeigervariablen können die Operatoren vom Mode des referenzierten
  Speicherplatzes angewendet werden.

Dyadische Operatoren

Dyadische Operatoren, die grundsätzlich zwischen zwei Operanden stehen, sind:

– arithmetische Operatoren,
– Vergleichsoperatoren,
– Boolesche Operatoren,
– Mengenoperatoren,
– sonstige Operatoren.

Arithmetische Operatoren

Sie können nur zwischen Operanden stehen, die Zahlenwerte darstellen. Das Ergebnis
ist wieder ein Zahlenwert.
    Die folgenden arithmetischen Operatoren sind in CHILL verfügbar.

    Addition   +
    Subtraktion   −
    Multiplikation   *
    Division   /
    Modulo-Operation   MOD

Vergleichsoperatoren

Sie können nur zwischen Operanden des gleichen Mode stehen. Das Ergebnis ist ein Boolescher Wert. Die folgenden Vergleichsoperatoren sind in CHILL verfügbar:

Test für gleich	=
Test für ungleich	/ =
Test für größer	>
Test für größer oder gleich	> =
Test für kleiner oder gleich	< =
Test für kleiner	<

Der Test für Gleichheit oder Ungleichheit kann mit Operanden jedes beliebigen Mode durchgeführt werden. Die einzige Voraussetzung ist, daß beide Operanden den gleichen Mode haben.

Die übrigen Vergleichstests können nur mit solchen Operanden durchgeführt werden, deren Werte eine geordnete Menge darstellen.

Boolesche Operatoren

Sie können nur zwischen Operanden stehen, die Boolesche Werte darstellen. Das Ergebnis ist wieder ein Boolescher Wert. Die folgenden Booleschen Operatoren sind in CHILL verfügbar:

logisches UND	AND
logisches ODER	OR
exclusives ODER	XOR

Mengenoperatoren

Sie können nur zwischen Operanden stehen, die Mengen darstellen. Die folgenden Mengenoperatoren sind in CHILL verfügbar:

Operatoren		Ergebnis
Vereinigung	OR	eine Menge
Durchschnitt	AND	eine Menge
Differenz	—	eine Menge
disjunkte		
Vereinigung	XOR	eine Menge

Beispiel:

M1 XOR M2 = (M1 OR M2) – (M1 AND M2)

Untermenge < = ein Boolescher Wert
Obermenge > = ein Boolescher Wert

Sonstige Operatoren

IN   Durch "IN" kann die Zugehörigkeit von Elementen zu einer Menge überprüft werden.

//   Mehrere Zeichenketten können miteinander durch das Konkatenations-Zeichen "//" verkettet werden.

Prioritätenfolge der Operatoren

In gemischten Ausdrücken muß bei der Ausführung die Priorität der Operatoren beachtet werden. Mit Hilfe von Klammern kann die Priorität geändert werden. Ein in Klammern stehender Teilausdruck wird dabei wieder als einzelner Operand behandelt.

In Bild 2.57 sind die in CHILL möglichen Modes mit den jeweils möglichen Operatoren zusammengestellt.

höchste Priorität	monadische Operatoren	->						
		-	NOT					
	dyadische Operatoren	*	/	MOD				
		+	-	//				
		=	/=	<	<=	>=	>	IN
niedrigste Priorität		AND						
		OR	XOR					

Bild 2.56. Prioritätenfolge der Operatoren

Operatoren / Modes	Monadische Operatoren			Dyadische Operatoren														
	-	NOT	->	+	-	*	/	MOD	=	/=	>	>=	<=	<	AND	OR	XOR	IN	//
INT	+			+	+	+	+	+	+	+	+	+	+	+					
CHAR									+	+	+	+	+	+					+
BOOL		+							+	+	+	+	+	+	+	+	+		
SET									+	+	+	+	+	+					
REF			+						+	+									
PTR			+						+	+									
ROW			+						+	+									
ARRAY [1]									+	+	+	+	+	+					+
STRUCT									+	+									
POWERSET		+				+			+	+		+	+		+	+	+	+	
RANGE [2]									+	+	+	+	+	+					

[1] Konkatenation und Vergleichsoperatoren, die eine Ordnung voraussetzen, sind nur bei Strings möglich.

[2] Zusätzliche Operatoren des übergeordneten Mode sind möglich.

Bild 2.57. Modes und ihre zulässigen Operatoren

2.4.2.3 Ausdrücke

Ein Ausdruck ist eine Regel zur Berechnung eines Wertes mit Hilfe von Operanden und Operatoren. Aus Konstanten, Variablen, Prozeduraufrufen, Operatoren und Klammern können Ausdrücke gebildet werden, deren Auswertung zu einem neuen Wert führt. Dabei sind vor allem zwei Gesichtspunkte zu beachten:

– Die Operatoren dürfen nur auf verträgliche Datentypen angewendet werden.
– Die Reihenfolge der Ausführung von Operatoren ist wichtig.

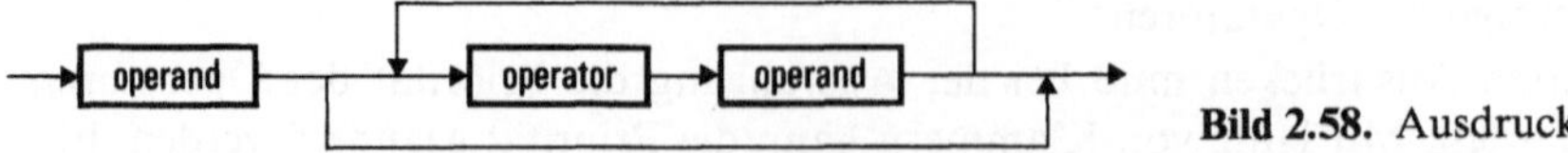

Bild 2.58. Ausdruck

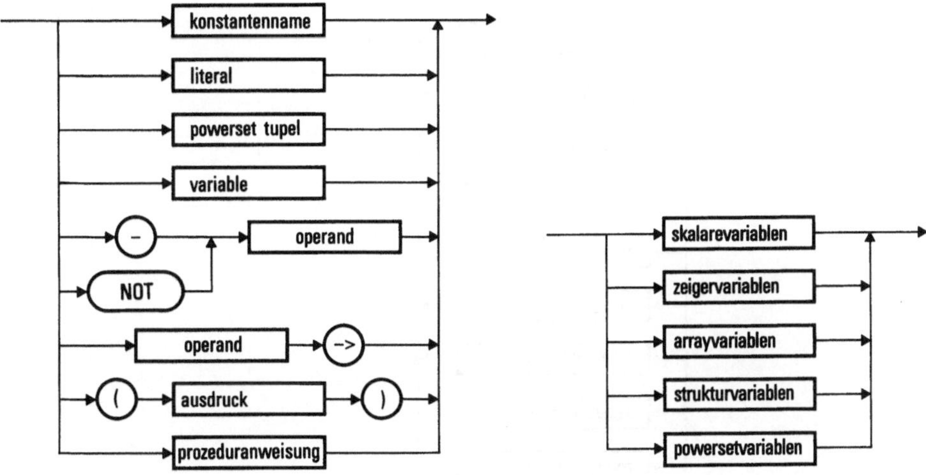

Bild 2.59. Operand

Bild 2.60. Variablen

Skalare Variablen sind Variablen von einfachem Mode.

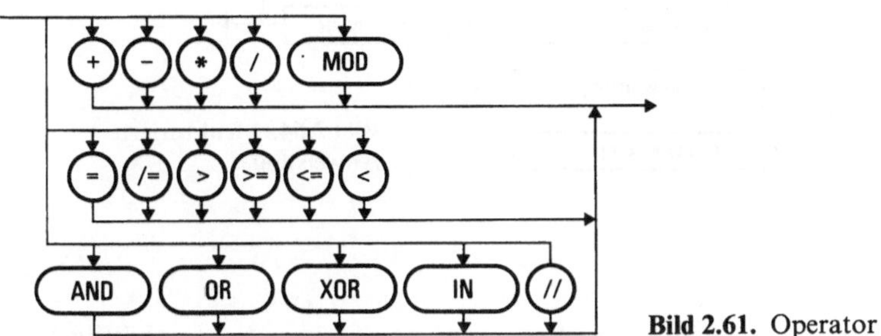

Bild 2.61. Operator

Bestehen die Operanden nur aus Literalen und symbolischen Konstantennamen, dann liegt ein Compilezeit-Ausdruck vor, dessen Wert also zur Compile-Zeit berechnet werden kann.

Enthalten die Operanden Elemente, die zur Laufzeit mit Werten versehen werden, so wird der Ausdruck ein Laufzeitausdruck genannt.

2.4.2.4 Aktionsanweisungen

Die Aktionsanweisungen bilden den algorithmischen Kern eines Programms. Sie beschreiben die Aktionen, die mit den im Vereinbarungsteil definierten Daten durchgeführt werden sollen.

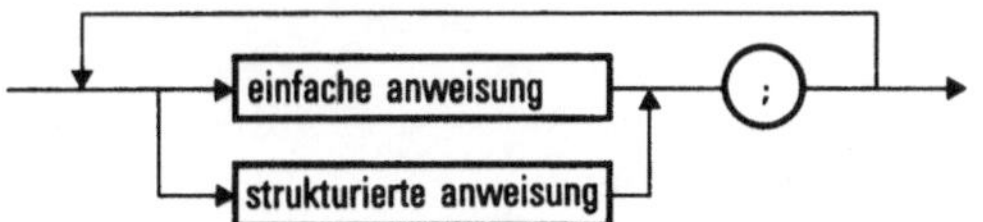

Bild 2.62. Aktionsanweisungen

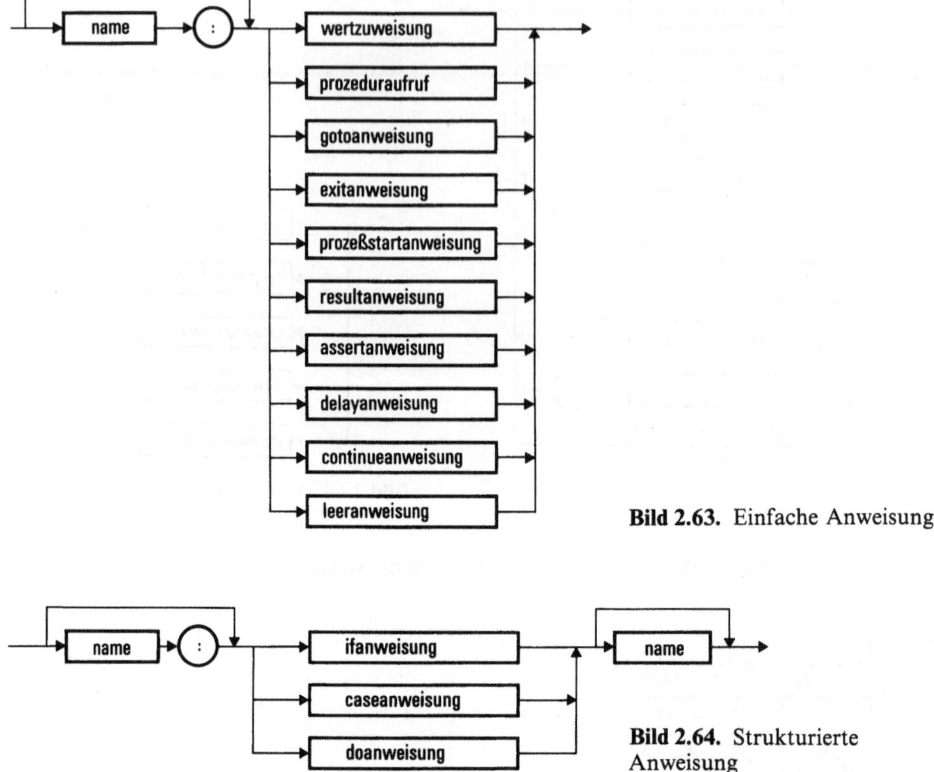

Bild 2.63. Einfache Anweisung

Bild 2.64. Strukturierte Anweisung

Wertzuweisung

Die Wertzuweisung ist in allen höheren Programmiersprachen die am häufigsten verwendete Anweisung. Sie ist die grundlegende Anweisung für den Datentransfer in Kombination mit Wertoperationen.

Die Wertzuweisung hat eine linke und eine rechte Seite. Beide Seiten sind durch das Wertzuweisungszeichen

$$":="$$

getrennt. Die linke Seite gibt eine oder mehrere Variablen an, die durch Kommata zu trennen sind. Die rechte Seite ist ein Ausdruck, dessen Wert berechnet und anschließend an den Speicherplätzen, die den Variablen der linken Seite zugeordnet sind, abgespeichert wird. Alle Variablen der linken Seite müssen den gleichen Mode wie der Ausdruck selbst haben. Allgemein schreibt man:

variablenliste := ausdruck;

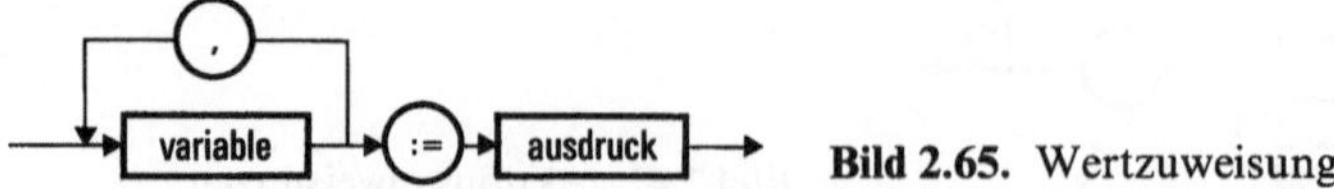

Bild 2.65. Wertzuweisung

Prozeduraufruf

Ein Prozeduraufruf veranlaßt die Ausführung einer Prozedur. Die auszuführende Prozedur wird durch ihren Namen identifiziert.

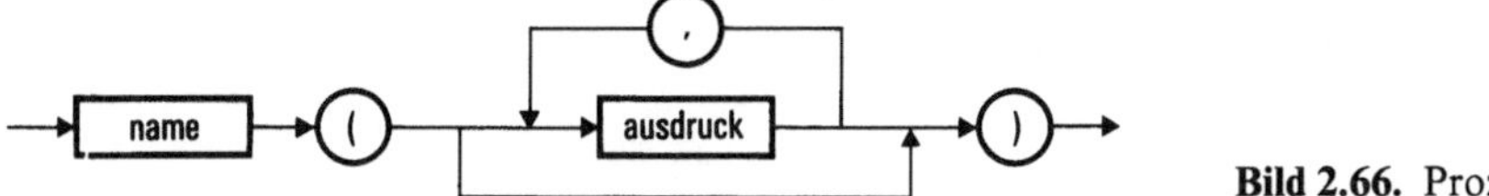

Bild 2.66. Prozeduraufruf

Der Prozeduraufruf enthält eine (möglicherweise leere) Liste von aktuellen Parametern. Diese werden entsprechend ihrer Reihenfolge für die formalen Parameter in der Prozedurdeklaration substituiert.

GOTO-Anweisung

Nach einer GOTO-Anweisung wird ein Programm mit derjenigen Anweisung fortgesetzt, die den angegebenen Namen trägt.

Bild 2.67. GOTO-Anweisung

EXIT-Anweisung

Mit der Aussprunganweisung können eine oder mehrere ineinandergeschachtelte, strukturierte Anweisungen beendet werden. Eine zu beendende Anweisung muß am Anfang und am Ende mit einem Namen markiert sein. Dieser Name wird auch in der Aussprunganweisung angegeben.

Mit EXIT können keine Prozeduren beendet werden.

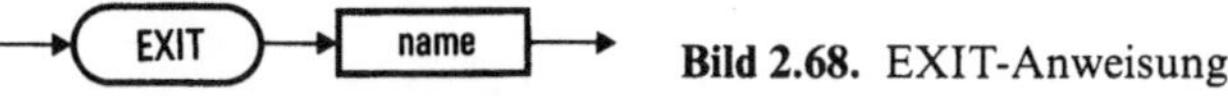

Bild 2.68. EXIT-Anweisung

Prozeß-Start-Anweisung

Diese Anweisung veranlaßt die Ausführung eines Prozesses. Ihr Aufbau entspricht der Prozeduranweisung und wird in Abschnitt 2.5 näher beschrieben.

Result-Anweisung

Diese Anweisung bewirkt die Zuweisung eines Funktionswertes zu einer Wertprozedur. Sie beendet jedoch nicht die Ausführung der Wertprozedur.

Bild 2.69. RESULT-Anweisung

Der Ausdruck hinter RESULT repräsentiert den Funktionswert.

ASSERT-Anweisung

Diese Anweisung liefert einen Booleschen Wert als Ergebnis einer Prüfbedingung. Ist das Ergebnis der Wert FALSE, so wird die Standardexception ASSERTFAIL eingeleitet.

Bild 2.70. ASSERT-Anweisung

DELAY- und CONTINUE-Anweisung

Beide Anweisungen sind nur im Zusammenhang mit Ereignisvariablen verwendbar.
Sie werden im Abschnitt 2.5 näher erläutert.

Leeranweisung

Die Leeranweisung dient z.B. dazu, die Aktionsanweisungen eines Moduls, der nur
aus Definitionen, Variablen- und Prozedurerklärungen besteht, zu repräsentieren, um
den Syntaxregeln zu genügen.

IF-Anweisung

Die IF-Anweisung beschreibt eine Zweiweg-Verzweigung und erlaubt die bedingte
Ausführung von Programmteilen. Die Schreibweise für die einfachste Form ist:

IF ausdruck THEN anweisungen FI;

Der Ausdruck hinter dem reservierten Schlüsselwort IF muß einen Booleschen
Wert ergeben. Nur, wenn der Wert TRUE ist, werden die hinter dem reservierten
Schlüsselwort THEN stehenden Anweisungen ausgeführt. Anderenfalls wird das Pro-
gramm hinter dem reservierten Schlüsselwort FI fortgesetzt.

Auch kann eine alternative Anweisung ausgeführt werden, abhängig davon, ob der
Ausdruck hinter IF den Wert TRUE oder FALSE hat. Die Schreibweise für diesen
Fall lautet:

IF ausdruck
THEN anweisung
ELSE anweisung
FI;

Wenn der Ausdruck hinter IF den Wert TRUE hat, werden die Aktionsanweisungen hinter THEN ausgeführt. Hat der Ausdruck den Wert FALSE, werden die
Aktionsanweisungen hinter dem reservierten Schlüsselwort ELSE ausgeführt.

Die Aktionsanweisungen hinter THEN und ELSE können beliebige Aktionsanweisungen sein, also insbesondere auch wieder IF-Anweisungen. Treten in einer IF-Anweisung weitere IF-Anweisungen auf, spricht man von geschachtelten IF-Anweisungen.

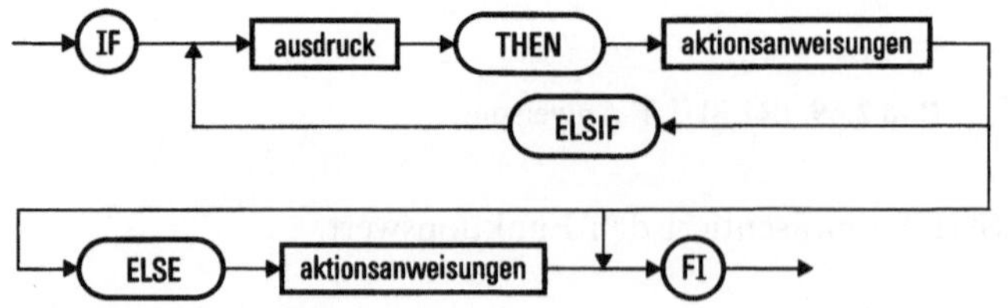

Bild 2.71. IF-Anweisung

Die Konstruktion ELSIF bedeutet Schachtelung von IF-Anweisungen. Schreibweise mit IF/ELSIF:

```
IF           ausdruck 1
THEN         anweisung 1;
ELSIF        ausdruck 2
THEN         anweisung 2;
....         ............
....         ............
ELSIF        ausdruck n
THEN         anweisung n;
ELSE         anweisung;
FI;
```

Die Ausdrücke 1 bis n müssen Boolesche Werte ergeben.

CASE-Anweisung

Die CASE-Anweisung ist eine Mehrfachverzweigung. Die Verzweigungsbedingungen können anders als bei der IF-Anweisung von beliebigem einfachem Mode sein. Schreibweise mit CASE:

```
CASE                   ausdruck OF
(wertebereich 1):      anweisung 1;
(wertebereich 2):      anweisung 2;
      .

      .

      .
(wertebereich n):      anweisung n;
ELSE                   anweisung;
ESAC;
```

Der Ausdruck hinter dem reservierten Schlüsselwort CASE wird berechnet. Liegt das Ergebnis in einem der Wertebereiche 1,..., n, werden die entsprechenden Aktionsanweisungen ausgeführt. Die Wertebereiche 1,..., n dürfen sich nicht überschneiden.

Liegt das Ergebnis in keinem der Wertebereiche 1,..., n, werden die Aktionsanweisungen hinter ELSE ausgeführt. Der ELSE-Teil wird dann und nur dann weggelassen, wenn der Wertebereich 1,..., n alle vorkommenden Werte für den Ausdruck hinter CASE darstellen. Die Anweisung wird mit dem reservierten Schlüsselwort ESAC abgeschlossen.

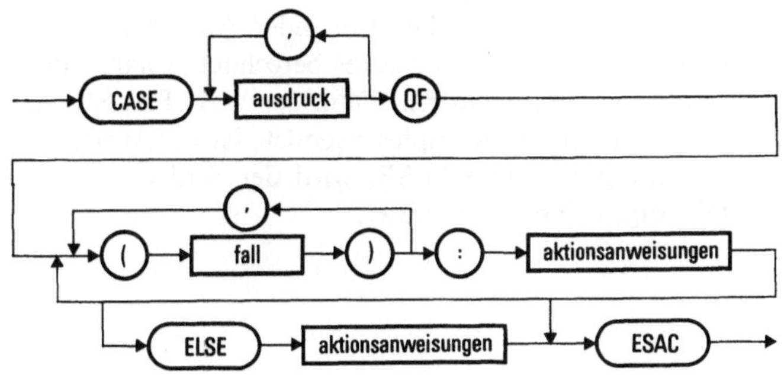

Bild 2.72.
CASE-Anweisung

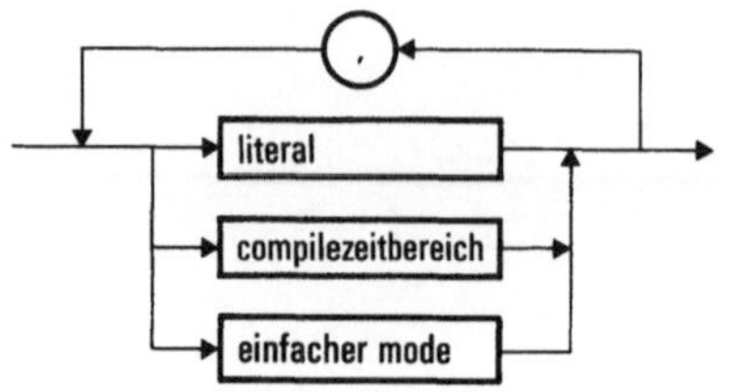

Bedingungen		Aktionen
Ampelfarbe	Bremsweg	
ROT	ohne Bedeutung	halten
GRUEN	ohne Bedeutung	fahren
GELB	ausreichend	halten
GELB	nicht· ausreichend	fahren

Bild 2.73. CASE-Fall   **Bild 2.74.** Entscheidungstabelle

Mit der CASE-Anweisung können auch Entscheidungstabellen in adäquater Form realisiert werden. An dem im Bild 2.74 gezeigten Beispiel einer vereinfachten Verkehrsampel (ohne den Zustand ROT-GELB) wird dies erläutert.

Die zugehörigen CHILL-Statements:

```
DCL       ampelfarbe       SET (rot, gruen, gelb),
          bremsweg         BOOL;
CASE      ampelfarbe,      bremsweg     OF
          (gruen),         (BOOL)     : FAHREN ();
          (gelb),          (FALSE)    : FAHREN ();
ELSE                                    HALTEN ();
ESAC;
```

DO-Anweisung

Schleifen ermöglichen eine wiederholte Ausführung von Programmteilen. Diese Programmteile können aus einer beliebigen Folge von Anweisungen bestehen. Diese Anweisungen werden Schleifenrumpf genannt. Schleifen werden mit dem reservierten Schlüsselwort DO begonnen und mit dem reservierten Schlüsselwort OD abgeschlossen. Hinter DO wird angegeben, wie oft der Schleifenrumpf durchlaufen werden soll. Dieser Teil wird Steuerteil der Schleifen genannt. Abhängig von der Art des Steuerteils werden drei Hauptformen bei den Schleifen unterschieden:

– die WHILE-Form, bei der ein Boolescher Ausdruck anzeigt, ob die Schleifendurchläufe zu beenden sind,
– die FOR-Form, bei der eine Variable für jeden Schleifendurchlauf von einem Anfangswert bis zu einem Endwert hoch- oder heruntergezählt wird (diese Variable wird Schleifenvariable genannt),
– die FOR-EVER-Form, mit der Endlosschleifen realisiert werden.

WHILE-Form

Bei der WHILE-Form besteht der Steuerteil der Schleife hinter DO aus dem Schlüsselwort WHILE, dem ein Boolescher Ausdruck folgt. Vor jeder Ausführung des Schleifenrumpfes wird der Wert des Booleschen Ausdruckes berechnet. Solange der Wert TRUE ist, wird der Schleifenrumpf durchlaufen. Wenn der Wert FALSE ist, wird die Schleife ohne weiteren Durchlauf des Rumpfes beendet. Ist der Wert des Booleschen Ausdruckes bereits beim erstenmal FALSE, wird der Schleifenrumpf überhaupt nicht durchlaufen. Die allgemeine Form lautet:

```
DO WHILE ausdruck;
anweisungen
OD;
```

FOR-Form

Bei der FOR-Form besteht der Steueranteil der Schleife hinter DO aus dem Schlüsselwort FOR, dem eine Schleifenvariable folgt. Dieser Schleifenvariablen wird ein Anfangswert gegeben. Der Anfangswert wird bis zu einem Endwert gezählt. Der Endwert ist vom Anfangswert durch das Schlüsselwort TO getrennt. Anfangswert und Endwert der Zählvariablen sind durch einen Ausdruck vom Mode INT, BOOL, CHAR, SET oder RANGE dargestellt. Bei jedem Zählschritt wird der Schleifenrumpf einmal durchlaufen.

Für die allgemeine Form gibt es zwei Schreibweisen:

anfangswert < endwert	DO FOR Zählvariable := anfangswert TO endwert; anweisungen; OD;
anfangswert > endwert	DO FOR Zählvariable := anfangswert DOWN TO endwert; anweisungen; OD;

FOR-EVER-Form

Mit dieser Form können Endlosschleifen realisiert werden, wie sie in Realzeitsystemen benötigt werden. Die Schreibweise lautet:

```
DO FOR EVER;
anweisungen;
OD;
```

Endlosschleifen können mit Hilfe von EXIT-Anweisungen verlassen werden.
Weitere Formen sind DO- und DO-WITH-Blöcke.

Zur übersichtlichen und sicheren Programmierung können mehrere Aktionsanweisungen zu einem DO-Block zusammengefaßt werden. Dies wird dadurch erreicht, daß die Anweisungen in eine DO-Schleife ohne Steuerteil eingebettet werden. Die Anweisungen werden als Schleifenrumpf ein einziges Mal durchlaufen. Mit der Aussprunganweisung kann nur vom Inneren des Schleifenrumpfes an das Ende des DO-Blocks gesprungen werden. Dadurch werden unübersichtliche GOTO-Anweisungen vermieden:

```
DO
anweisungen;
OD;
```

Zum einfacheren Umgang mit Strukturvariablen können mehrere Aktionsanweisungen, die sich auf einen bestimmten Teil einer Struktur beziehen, zu einem DO-WITH-Block zusammengefaßt werden. Der Steuerteil besteht dabei aus dem Schlüsselwort WITH, dem eine teilqualifizierte Strukturvariable (ohne Punkt hinter dem letzten Namen) folgt. Alle „tieferliegenden" Komponenten der Struktur werden innerhalb des DO-WITH-Blocks vom Compiler entsprechend identifiziert, ohne daß jedesmal die vollständige Strukturvariable aufgeschrieben werden muß:

DO WITH circle. center; y := x; OD;	hat die gleiche Wirkung wie	circle.center.y := circle.center.x;

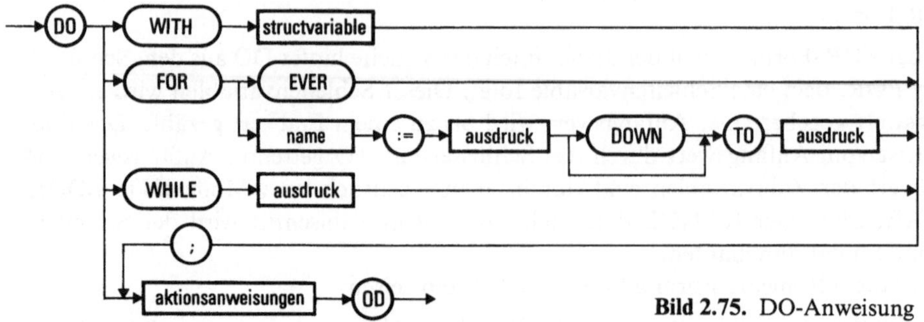

Bild 2.75. DO-Anweisung

2.4.3 Spezielle Ein-/Ausgabe-Elemente

Im CHILL-Sprachstandard des CCITT sind keine Definitionen für Ein-/Ausgabe-Sprachelemente enthalten. Deshalb ist für die praktische Anwendung die Definition spezieller Sprachelemente notwendig. Beim Siemens-CHILL-Compiler erfolgen diese als Erweiterungen der Mode-Erklärungen und Standardprozeduren. Im einzelnen werden definiert:

FILE-Modes

FILE-Modes werden durch periphere Speichermedien repräsentiert. Es sind drei Typen erklärt:

– sequentielle Files,
– indexsequentielle Files,
– temporäre Files.

Sequentielle Files

Die sequentielle Zugriffsmethode, bei der Dateien sequentiell verarbeitet werden, ist sehr vorteilhaft, wenn alle Sätze einer Datei durchsucht werden sollen.
   Blocken, Entblocken und Puffern der Daten wird automatisch durchgeführt.

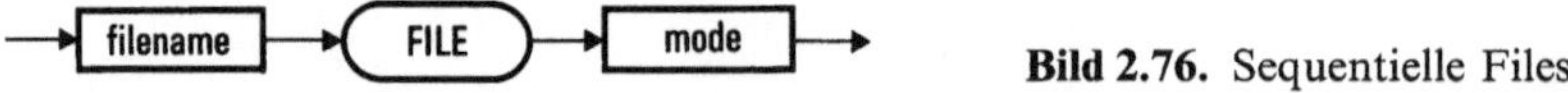

Bild 2.76. Sequentielle Files

Der Mode gibt die Satzform an.
Folgende Standardprozeduren sind definiert:

– EOF (filename) liefert den Wert FALSE solange das Dateiende nicht erreicht ist und den Wert TRUE, wenn das Dateiende gelesen wird.
– RESET (filename) bereitet die angesprochene Datei zum Lesen und Schreiben vor. Die Datei wird nicht gelöscht.
– REWRITE (filename) bereitet die angesprochene Datei zum Beschreiben vor. Die Datei wird gelöscht.
– GET (filename) liest einen (= den nächsten) Satz aus der Datei.
– PUT (filename) schreibt einen Satz in die Datei.

Indexsequentielle Files

Mit der Zugriffsmethode ISAM (*I*ndexed *S*equential *A*ccess *M*ethod) werden logische Sätze einer indiziertsequentiellen Datei verarbeitet. Eine ISAM-Datei besteht aus Daten- und Indexblöcken. Die Datenblöcke enthalten die logischen Sätze des Anwenders, die an einer bestimmten Stelle des Satzes einen Satzschlüssel beinhalten. Die logischen Sätze sind nach ihren Satzschlüsseln geordnet in den Datenblöcken abgespeichert.

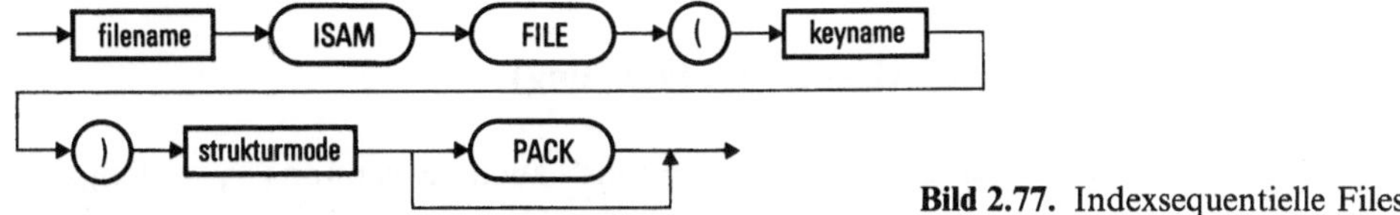

Bild 2.77. Indexsequentielle Files

Der Struktur-Mode beschreibt die Struktur des Satzes. Keyname bezeichnet den ISAM-Schlüssel, der als Komponente im Struktur-Mode vereinbart sein muß.
Folgende Standardprozeduren sind möglich:

- REREAD (filename) eröffnet die Datei zum Lesen.
- RESET (filename) bereitet die Datei zum Lesen und Schreiben vor. Die Datei wird nicht gelöscht.
- REWRITE (filename) bereitet die Datei zum Lesen und Beschreiben vor. Die Datei wird gelöscht.
- GET (filename, keyname) liest einen (= den durch keyname angegebenen) Satz aus der Datei.
- PUT (filename, keyname) schreibt einen Satz in die Datei an die durch keyname angegebene Stelle.
- FOUND (filename) liefert den Wert TRUE, wenn bei einem vorangehenden GET der gewünschte Satz gefunden wurde, ansonsten ist der Wert FALSE.
- DELETE (filename, keyname) löscht einen Satz aus der Datei.

Temporäre Files

EAM (*E*vanescent *A*ccess *M*ethod) ist eine einfache Zugriffsmethode, die speziell zur optimalen Verarbeitung von temporären Dateien entwickelt wurde. Bei dieser Zugriffsmethode sind Satz- und Blockgröße identisch und fest.

EAM-Dateien werden nicht katalogisiert und können nur auf gemeinschaftlichen Datenträger angelegt werden. Von einem Prozeß aus können mehrere EAM-Dateien eröffnet werden, wobei anstelle eines Dateinamens eine Zahl die Datei repräsentiert. Nach Beendigung des eröffnenden Prozesses werden die davon betroffenen EAM-Dateien automatisch gelöscht.

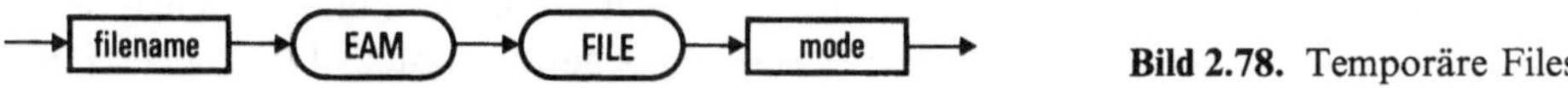

Bild 2.78. Temporäre Files

Folgende Standardprozeduren sind möglich:

- OPEN (filename) eröffnet eine neue EAM-Datei.
- REOPEN (filename) eröffnet eine bestehende EAM-Datei.

– CLOSE (filename) schließt die Datei.
– ERASE (filename) löscht und entfernt die Datei.
– GET (filename, pagename) liest eine Seite aus der Datei.
– PUT (filename, pagename) schreibt eine Seite in die Datei.

Ferner werden üblicherweise noch systemabhängige Standardprozeduren definiert, die bestimmten peripheren Geräten, wie Drucker usw. zugeordnet werden. Für deren Anwendung wird auf das entsprechende Benutzerhandbuch verwiesen.

2.4.4 Ausnahmenbehandlung (Exception Handling)

In CHILL können neben den Standard-„exceptions" auch „exceptions" vom Benutzer definiert werden. Und zwar werden sie mit der CAUSE-Anweisung ausgelöst.

CAUSE-Anweisung

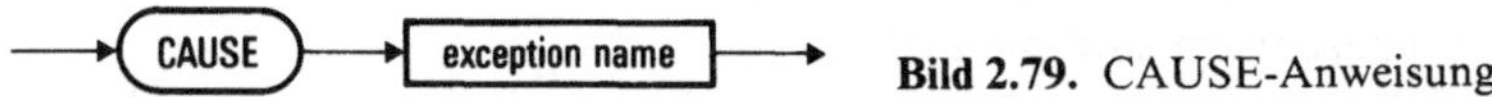

Bild 2.79. CAUSE-Anweisung

Die Standard-„exceptions" werden vom Laufzeitsystem ausgelöst, können aber auch durch eine CAUSE-Anweisung verursacht werden. Es gibt die folgenden Standard-„exceptions":

– EMPTY: Bei Verwendung der Standardprozeduren MAX und MIN wird mit leeren Mengen gearbeitet.
– MODEFAIL: Während des Ablaufs treten unzulässige Mode-Verknüpfungen auf., die während der Übersetzungszeit nicht festgestellt werden konnten.
– SPACEFAIL: Eine Speicherplatzanforderung kann nicht befriedigt werden.
– RANGEFAIL: Bei Verwendung der Standardprozeduren PRED und SUCC werden ARRAY-Grenzen überschritten, oder Indices, Strings usw. liegen außerhalb ihrer definierten Grenzen, oder Werte liegen außerhalb des Wertevorrats, oder unzulässige Prioritäten werden verwendet.
– EXTINCT: Zu einem bereits beendeten Prozeß wird ein Signal gesendet.
– DELAYFAIL: Die Ereigniswarteschlange läuft durch einen erneuten Eintrag über.
– ASSERTFAIL: Als Ergebnis einer ASSERT-Anweisung wird der Wert FALSE geliefert.
– OVERFLOW: Durch arithmetische Operationen oder durch die Standardprozeduren PRED und SUCC wird ein Datenüberlauf erzeugt.

Ausnahmezustände werden vom Benutzer in einem Ausnahmenbehandlungsteil (exception handler) behandelt. Der Ausnahmebehandlungsteil ist formal gemäß Bild 2.80 aufgebaut.

Tritt eine Ausnahmesituation auf, so wird der Programmablauf unterbrochen und an der Einsprungsstelle des zugehörigen Ausnahmebehandlungsteils fortgesetzt. Ein solcher kann bei folgenden Programmeinheiten angegeben werden:

– Modulerklärung,
– Prozedurerklärung,
– Prozeßerklärung,

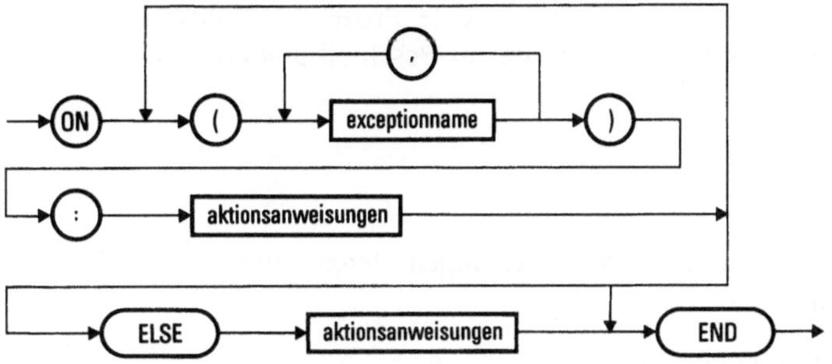

Bild 2.80. Ausnahmebehandlungsteil

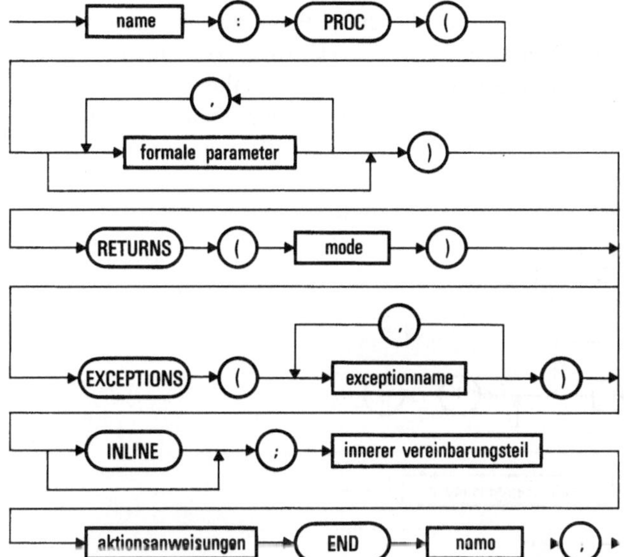

Bild 2.81. Prozedurerklärung mit „exception"-Liste

- REGION-Erklärung,
- Variablenerklärung,
- Aktionsanweisung.

Ist für eine Programmeinheit kein „exception handler" vorgesehen, so wird die „exception" an die übergeordnete Programmeinheit weitergereicht.

Wenn „exceptions" innerhalb von Prozeduren ausgelöst werden, ist es oft wünschenswert, sie an der Aufrufstelle der Prozedur zu behandeln. Diese „exceptions" müssen in einer „exception"-Liste in der Prozedurerklärung definiert werden. Der formale Aufbau einer Prozedurerklärung ergibt sich aus dem Syntaxdiagramm von Bild 2.81.

2.5 Sprachkonstrukte für konkurrierende Prozesse

Da CHILL in erster Linie für die Programmierung prozessorgesteuerter Vermittlungssysteme konzipiert wurde, die hauptsächlich Realzeitaufgaben zu bewältigen haben und in denen erfahrungsgemäß viele parallele Prozesse ablaufen, wurden zwangsläufig in die Sprache auch Sprachelemente zur Beschreibung konkurrierender Prozesse aufgenommen.

2.5.1 Prozeßerklärung

Eine Prozeßerklärung ist eine Einheit von Anweisungen, deren Aufbau einer Prozedurerklärung ähnlich sieht:

```
name:   PROCESS (formale parameter);
        anweisungen;
END name;
```

Anders als bei Prozedurerklärungen dürfen allerdings Prozeßerklärungen weder geschachtelt werden, noch dürfen sie in einer Prozedurerklärung erscheinen. Umgekehrt dürfen aber Prozeßerklärungen Prozedurerklärungen enthalten.

Prozeßerklärungen stehen daher bei Betrachtung der Programmebene nur auf einer Ebene, und zwar auf der ersten Ebene nach einer Moduleröffnung. Sie sind darin vergleichbar den globalen Daten.

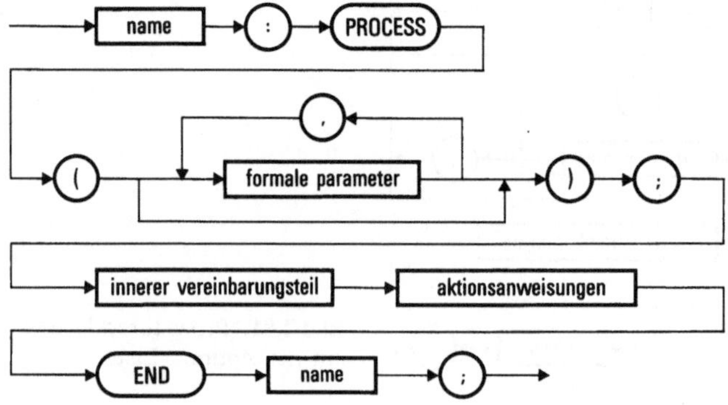

Bild 2.82. Prozeßerklärung

2.5.2 Prozeßinkarnierung

Als Prozeß wird der Ablauf der in einer Prozeßerklärung stehenden Aktionsanweisungen bezeichnet. Der Ablauf wird von einer Stelle außerhalb der Prozeßerklärung durch eine eigene Startanweisung gestartet:

```
START prozeßname (aktuelle parameter);
```

Ein Prozeß läuft parallel zu dem startenden Programm ab.

Für eine Prozeßerklärung können mehrere Inkarnationen, also mehrere Prozesse, gleichzeitig existieren. Für jede Inkarnation wird ein eigener Stack angelegt. Die aktuellen Parameter müssen mode-verträglich mit den formalen Parametern sein. Bei LOC-Parametern dürfen nur globale Variablen übergeben werden, d.h. Variablen, die auf Modulebene deklariert sind. Andernfalls könnten Variablen bereits nicht mehr existieren, wenn der gestartete Prozeß auf sie zugreift.

Ein Prozeß wird durch (dynamisches) Erreichen seiner END-Anweisung beendet.

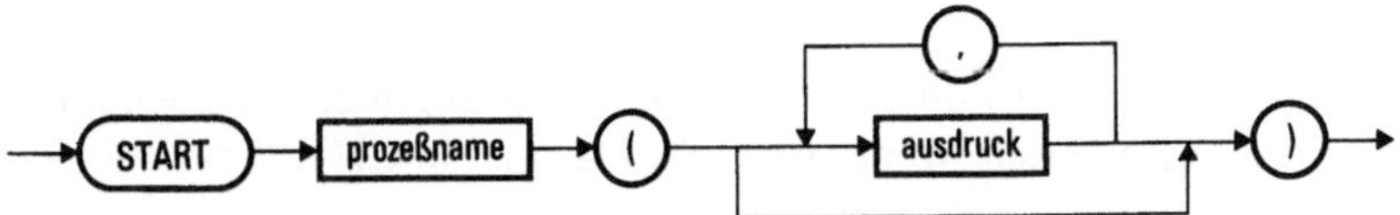

Bild 2.83. Prozeßstart-Anweisung

2.5.3 Interprozeßkommunikation

Gestartete Prozesse können untereinander kommunizieren. In CHILL sind asynchrone Kommunikationsverfahren vorgesehen, im gegensatz etwa zu ADA, wo es synchrone Kommunikationsmechanismen gibt. Die Nachrichten werden bei asynchroner Kommunikation in gemeinsame Datenbereiche eingetragen und ausgelesen. Der Zugriff auf diese Datenbereiche erfolgt über spezielle Aktionen.

2.5.3.1 Gemeinsame Datenbereiche

Da Prozesse parallel auf gemeinsame Datenbereiche zugreifen können, ist eine Synchronisationseinrichtung notwendig, die ihren exklusiven Zugriff auf gemeinsame Daten koordiniert. CHILL sieht hierfür das Modell des Monitors und das Pufferspeichers vor.

Kritische Regionen (Monitore)

Eine kritische Region enthält nur Definitionen, Daten- und Prozedurerklärungen. Schreibweise:

```
name:   REGION
        grantliste
        seizeliste
        definitionen
        datenerklärungen
        prozedurerklärungen
END name;
```

Eine kritische Region sieht formal wie ein Modul aus und kann auch getrennt übersetzt werden. Sie enthält jedoch keine Prozeßerklärungen und keine Aktionsanweisungen, d.h. sie ist passiv.

Innerhalb einer kritischen Region darf jeweils nur eine Prozedur für nur einen Prozeß ablaufen. Versuchen zur selben Zeit andere parallele Prozesse eine Prozedur in derselben kritischen Region aufzurufen, müssen diese Prozesse warten.

Kritische Regionen enthalten sowohl Daten, die mehreren Prozessen gemeinsam sind, als auch alle Prozeduren zum Modifizieren der gemeinsamen Daten.

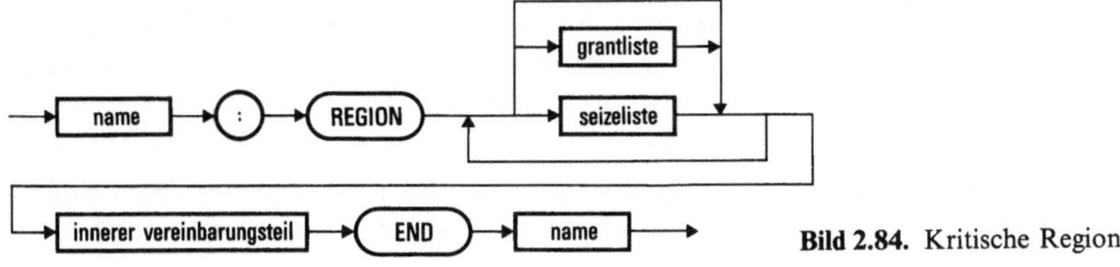

Bild 2.84. Kritische Region

Pufferspeicher

Die Interprozeßkommunikation wird durch Sende- und Empfangsmechanismen mit Pufferspeichern von beliebigen Daten-Modes geregelt. Dazu ist in CHILL der Mode BUFFER definiert.

Die Erklärung eines Pufferspeichers lautet:

DCL buffername BUFFER (länge) mode;

Auf eine Variable vom Mode Buffer wird mit den Anweisungen SEND und RECEIVE exklusiv zugegriffen.

2.5.3.2 Aktionen

Der Zugriff auf Daten in kritischen Regionen erfolgt durch Prozeduraufrufe, wobei die aufgerufenen Prozeduren innerhalb der kritischen Region erklärt sind und über GRANT-Listen der aufrufenden Stelle bekannt gemacht werden.

Die Prozeduren innerhalb der kritischen Region sind im Gegensatz zu den Anweisungen SEND und RECEIVE für Pufferspeicher beliebig programmierbar.

Kommunikationsanweisungen

SEND-Anweisung (Senden)

Die Anweisung SEND trägt eine Nachricht mit der angegebenen Priorität in den Pufferspeicher ein. Ist der Pufferspeicher voll, so wird der sendende Prozeß in den Wartezustand versetzt.

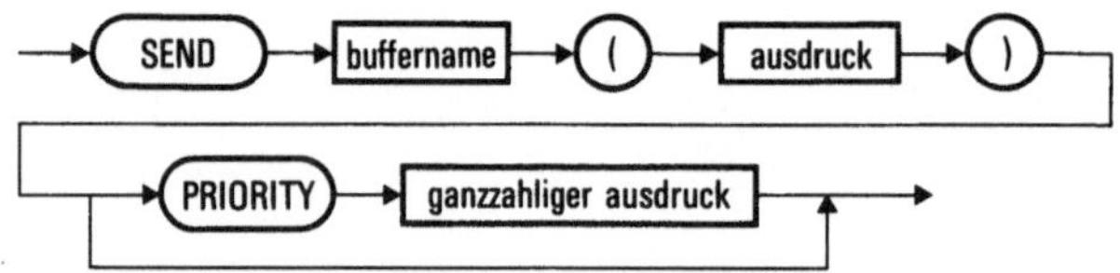

Bild 2.85. SEND-Anweisung

RECEIVE-Anweisung (Empfangen)

- Gezieltes Empfangen aus einem Pufferspeicher: Die Operation RECEIVE holt aus dem angegebenen Pufferspeicher die Nachricht mit der höchsten Priorität. Innerhalb gleicher Prioitätsklassen gilt das First-In-First-Out-Prinzip. Ist der Pufferspeicher leer, so wird der Prozeß in den Wartezustand versetzt.

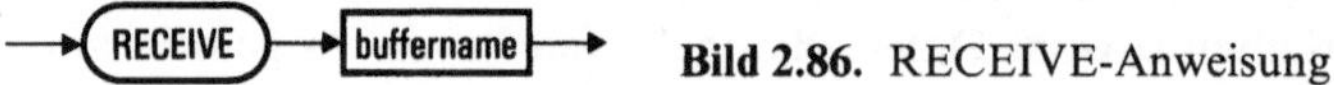

Bild 2.86. RECEIVE-Anweisung

- Alternatives Empfangen aus mehreren Pufferspeichern: Im Gegensatz zum gezielten Empfangen wird beim alternativen Empfangen aus mehreren Pufferspeichern der empfangsbereite Prozeß nicht in den Wartezustand versetzt werden, wenn die Pufferspeicher leer sind. Vielmehr wird dann der ELSE-Zweig einer CASE-Konstruktion durchlaufen.

Nur wenn kein ELSE-Zweig definiert ist und alle Puffer leer sind, wird der Prozeß in den Wartezustand versetzt. In diesem Falle der CASE-Konstruktion ist der Name eines Pufferspeichers angegeben, gefolgt vom Schlüsselwort IN und dem Namen einer Variablen, der die empfangene Nachricht zugewiesen wird. In jedem Falle ist — wie bei der gewöhnlichen CASE-Anweisung — eine Liste von Aktionsanweisungen erforderlich.

Liegt in wenigstens einem der Pufferspeicher eine Nachricht vor, so wird einer der nichtleeren Puffer ausgewählt, die Nachricht übermittelt und die Liste der zugehörigen Aktionsanweisungen durchlaufen. Die höchstpriorisierte Nachricht des Puffers wird sodann übertragen.

Der Auswahlmechanismus eines Pufferspeichers ist nicht festgelegt und bleibt der Implementierung überlassen.

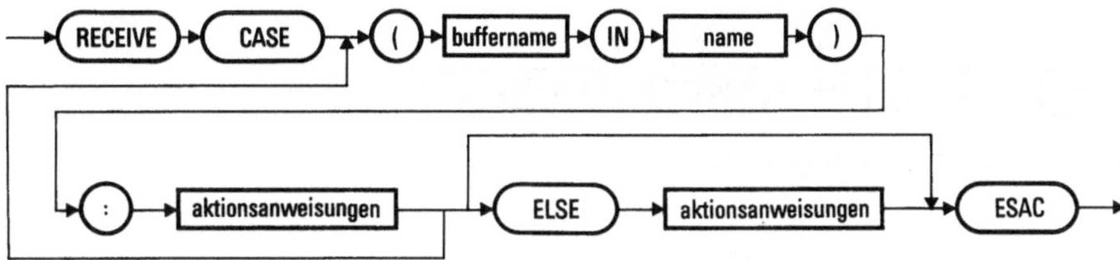

Bild 2.87. RECEIVE-CASE-Anweisung

2.5.4 Prozeßsynchronisation

2.5.4.1 Implizite Synchronisation

Damit ein Pufferspeicher nicht überläuft, besitzt er eine eingebaute „Voll"-Warteschlange, in die sich Prozesse einreihen, die in den Pufferspeicher senden wollen, solange er voll ist. Ebenso hat jeder Pufferspeicher eine eingebaute „Leer"-Warteschlange für Prozesse, die aus einem leeren Pufferspeicher Nachrichten lesen wollen. Falls die Voll- bzw. Leerwarteschlange Einträge enthält, so wird bei jedem nachfolgenden RECEIVE bzw. SEND jeweils ein Prozeß aus der Warteschlange „befreit".

2.5.4.2 Explizite Synchronisation

In CHILL gibt es den Mode EVENT. Jeder Variablen S vom Mode EVENT entspricht eine Warteschlange, in die sich die Prozesse einreihen, die auf das Eintreffen eines Ereignisses warten, welches durch S repräsentiert wird. Die Anweisungen für das Ein- und Austragen aus dieser Warteschlange gibt der Anwender mit der DELAY- bzw. CONTINUE-Anweisung explizit an.

Die Erklärung einer EVENT-Variablen lautet:

DCL eventname EVENT (eventlänge);

Event-Länge ist ein Compilezeit-Ausdruck, der eine positive ganze Zahl liefert. Die Zahl gibt die Anzahl der Prozesse an, die die Warteschlange maximal aufnehmen kann.

EVENT-Variablen, wie auch DELAY und CONTINUE, dürfen auch außerhalb einer REGION verwendet werden. Aus Konsistenzgründen müssen Prozesse jedoch exklusiv auf EVENT-Variablen zugreifen.

Warten auf Ereignis

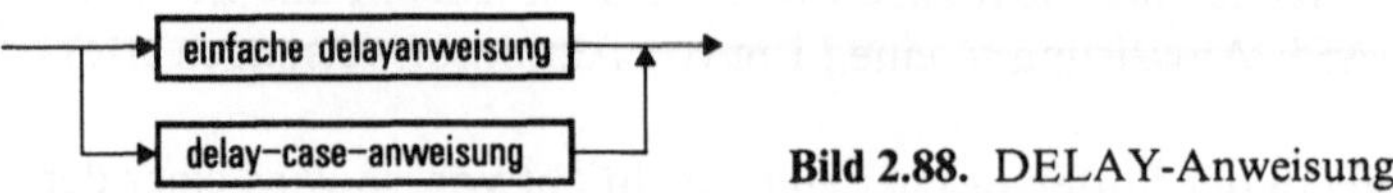

Bild 2.88. DELAY-Anweisung

Kommt ein Prozeß auf eine einfache DELAY-Anweisung, so reiht er sich in die dem
EVENT-Namen entsprechende Warteschlange unter der angegebenen Priorität ein.
Dieser Prozeß wird durch eine CONTINUE-Anweisung unter Angabe des entspre-
chenden Event-Namens wieder aktiviert.

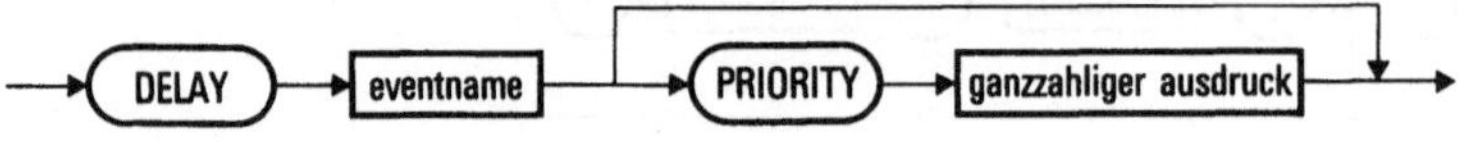

Bild 2.89. Einfache DELAY-Anweisung

Kommt ein Prozeß auf eine DELAY-CASE-Anweisung, so wird er ebenso in den
Ruhestand versetzt. Er kann jedoch wieder aktiviert werden, sobald bei einer
CONTINUE-Anweisung einer der in der DELAY-CASE-Anweisung definierten
Event-Namen angegeben wird. Ist der Prozeß aktiviert worden, so werden die dem
Event-Namen zugeordneten Aktionsanweisungen ausgeführt. Danach ist die
DELAY-CASE-Anweisung beendet.

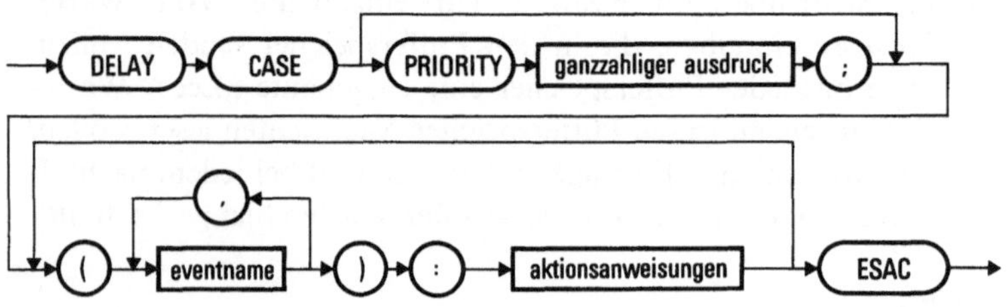

Bild 2.90. DELAY-CASE-Anweisung

Signalisieren des Eintreffens eines Ereignisses

Schreibweise:

    CONTINUE eventname;

Kommt ein Prozeß P auf eine CONTINUE-Anweisung und ist die dem Event-
Namen entsprechende Warteschlange leer, so fährt der Prozeß P fort. Die CON-
TINUE-Anweisung hat in diesem Fall keine Wirkung.

Befinden sich jedoch Prozesse in der Warteschlange, so geschieht folgendes: Der
Prozeß Q, der innerhalb der Warteschlange die höchste Priorität hat, wird aus der
Warteschlange ausgetragen. Er darf seine Aktivität nach der DELAY-Anweisung, die
ihn zum Warten veranlaßt hat, fortsetzen.

Bild 2.91. CONTINUE-Anweisung

Mit kritischen Regionen, EVENT-Variablen und den Anweisungen DELAY und CONTINUE können Synchronisationsaufgaben durchsichtiger und verständlicher dargestellt werden als mit Semaphoren und P- und V-Operationen.

2.5.5 Prozeßidentifikation und Signalisierung

Ohne näher darauf einzugehen, sei auf die Möglichkeit hingewiesen, Prozesse eindeutig zu identifizieren. Dazu werden Variablen vom Mode INSTANCE vereinbart. Bei jeder neuen Inkarnation eines Prozesses kann einer solchen Variablen ein Wert zugewiesen werden. Unter diesem INSTANCE-Wert kann der Prozeß eindeutig angesprochen werden. Das geschieht mit:

– einer Vereinbarung, ähnlich einer SYNMODE-Definition:
   SIGNAL signalname = (mode) TO prozeßname;
– mit einer SEND-TO-Anweisung:
   SEND signalname (ausdruck) TO instancewert;

Mit der SEND-TO-Anweisung wird dem Prozeß mit dem angegebenen INSTANCE-Wert eine Nachricht übermittelt. Dieser Prozeß kann die Nachricht mit einer (erweiterten) RECEIVE-CASE-Anweisung empfangen. Dabei kann er auch den INSTANCE-Wert des Senders erhalten.

Ein nicht anliegendes Signal wirkt auf den empfangsbereiten Prozeß wie ein leerer Pufferspeicher. Sendet umgekehrt ein Prozeß P ein Signal mit einer SEND-TO-Anweisung an einen Prozeß Q und ist Q nicht empfangsbereit, dann bleibt das Signal (und eine ggf. gesendete Nachricht) erhalten. Es wird in einem „Puffer" eingetragen, auf den der Programmierer jedoch keinerlei Einfluß hat.

P wartet nicht die Empfangsbereitschaft von Q ab, sondern fährt fort. Auch dieses gezielte Übermitteln von Nachrichten an einen bestimmten Prozeß erfolgt also „asynchron".

2.6 CHILL im Vergleich zu anderen Sprachen

2.6.1 Spezielle Sprachen der Vermittlungstechnik

Die Programmierung von SPC-Vermittlungssystemen erfolgte bis Ende der 60er Jahre ausschließlich mit Hilfe von Assemblersprachen. Erst nach und nach wurden mit Beginn der 70er Jahre im wachsenden Umfang „höhere Vermittlungssprachen" entworfen. Die aus der wissenschaftlichen und kommerziellen Datenverarbeitung bekannten, allgemein verwendbaren höheren Programmiersprachen FORTRAN und COBOL fanden keinen Anklang. Vielmehr wurden Sprachen geschaffen, die die Architektur und die anwendungsspezifischen Erfordernisse der jeweiligen Vermittlungssysteme widerspiegelten. Dadurch wollte man einen befürchteten statischen und dynamischen Effizienzverlust gegenüber Assemblersprachen weitgehend verhindern.

Die verbreiteste Methode: Man nahm sich eine bestehende Programmiersprache — häufig PL/1 — als Vorbild und magerte den Sprachumfang des Vorbilds möglichst ab. Durch das Streichen von Sprachkonstrukten, die für Vermittlungsaufgaben nicht erforderlich waren, konnte die Effizienz des Compilers normalerweise gesteigert werden. Das Verlangen nach Codeeffizienz konnte durch möglichst gutes Ausnutzen der Eigenschaften des zugrundeliegenden Prozessors erfüllt werden. Erweiterungen des Sprachvorbilds um maschinenabhängige Sprachelemente waren die Folge [2.4–2.11, 2.24].

Diese Methode brachte Sprachen wie beispielsweise TPL-1 [2.3] hervor. TPL-1 kennt keine Datentypen, keine Klammerausdrücke, keine Operatorprezedenzen, keine geschachtelten Prozedurdefinitionen, läßt nur einen Parameter pro Prozedur zu, kennt keine rekursiven Prozeduren und als einzige Datenstrukturen nur verkettete Listen. Zwei weitere Beispiele mögen das Bild abrunden:

- Die Sprache CDL [2.11] erlaubt u.a. keine Schleifen.
- Die Sprache ESPL-1 [2.8] besitzt u.a. keine Gleitpunktarithmetik.

Durch die maschinenabhängigen Sprachelemente — Assemblereinschübe, CPU-Instruktionen, Registervariablen, Akkumulatorvariablen u.ä. — sind diese „Vermittlungssprachen" zudem oft nur für einen speziellen Prozessortyp eines Herstellers geeignet.

Name	Entwickler	basiert auf
TPL 1	Univ. of Essex, BPO	ALGOL 60
TSPL	GTE Automatic Electric Laboratories	PL/1
DPL	NTT Japan	PL/1
ESPL-1	ITT Belgien	PL/1
LP 2 (PAPE)	CNET Frankreich	PL/1
CDL *)	ITT England	–

Bild 2.92. Spezielle Sprachen der Vermittlungstechnik

2.6.2 Moderne höhere Programmiersprachen

In der kommerziellen, technisch-wissenschaftlichen oder auch allgemeinen Datenverarbeitung begann Anfang der 70er Jahre ein neuer Trend. Immer häufiger wurde das Ziel der Universalität, wie es vor allem als Anspruch den „Universalsprachen" ALGOL 68 und PL/1 zugrunde lag, aufgegeben. Beim Entwurf von neuen Programmiersprachen trat ein anderes Ziel in den Vordergrund: Schlichtheit! Der Sprachumfang sollte überschaubar sein, nachträglich anwendungsspezifische Streichungen sollten nicht mehr erforderlich werden; von vornherein sollte die Sprache durch Beschränkung auf einige wesentliche konzeptionelle Grundideen ihre Mächtigkeit gewinnen. Ein typisches Beispiel für einen solchen Ansatz ist PASCAL [2.12].

Auch waren inzwischen die Methoden für den Entwurf formaler Sprachen und die Implementierung ihrer Compiler wesentlich verbessert worden. So konnten für moderne höheren Programmiersprachen Compiler mit zunehmend effizientem Output entwickelt werden. Der Verlust an Codeeffizienz gegenüber Assemblersprachen wurde so gering, daß selbst für stark effizienzabhängige Anwendungen — Realzeitanwendungen der Vermittlungstechnik zählen dazu — die Notwendigkeit von maschinennahen Sprachelementen entfiel. Das wiederum hatte als zusätzlichen Vorteil die erhöhte Portabilität der Programme zur Folge.

Die modernen höheren Programmiersprachen ermöglichen durch ihre Klarheit und Übersichtlichkeit dank ihrer ausgereiften Strukturkonzepte eine spürbar effizientere Programmierung. Dies wirkt sich besonders bei der Erstellung und Pflege komplexer und langlebiger Programmsysteme aus.

Im folgenden seien, um den Vergleich zu erleichtern, einige dieser Sprachen kurz vorgestellt.

Die Programmiersprache CONCURRENT PASCAL wurde 1975 von P. Brinch-Hansen zum Entwurf und zur Implementierung von Betriebssystemen entwickelt [2.1]. Die Sprache ist eine Erweiterung von PASCAL um ein Prozeßkonzept, wobei der ursprüngliche Teil von PASCAL etwas eingeschränkt wurde. CONCURRENT PASCAL besitzt wie PASCAL kein Modulkonzept, kennt dagegen abstrakte Datentypen.

MODULA (*Modu*lar Programming *La*nguage) wurde 1977 von N. Wirth in erster Linie für die Erstellung von Mehrprogrammsystemen konzipiert [2.2, 2.13, 2.14]. Das Typ- und Blockkonzept von MODULA ist mit dem von PASCAL nahezu identisch. Das Modulkonzept von MODULA stimmt im wesentlichen mit dem von CHILL überein.

Die Programmiersprache PEARL (*P*rocess and *E*xperiment *A*utomation *R*eal Time *L*anguage) dient vorwiegend zur Erstellung von Programmen für Aufgaben in der Prozeßsteuerung wie z.B.:

- Führung und Überwachung von industriellen Produktionsprozessen,
- Kommunikationsprozesse in Informationssystemen,
- Steuerung von wissenschaftlichen Experimenten.

PEARL ist eine Gemeinschaftsentwicklung von deutschen Prozeßrechnerherstellern, industriellen Anwendern, wissenschaftlichen Instituten, Softwarehäusern und Gremien des VDI bzw. VDE [2.18].

PEARL basiert auf ALGOL 68 und PL/1. Das Modulkonzept von PEARL entspricht annähernd dem von CHILL. Die Hauptunterschiede liegen beim Prozeßkonzept. In den nachfolgenden Sprachvergleich wurde Basic PEARL, eine einfachere Version aufgenommen, da es weiter verbreitet ist als Full PEARL.

Das US-Verteidigungsministerium hat sich zum Ziel gesetzt, in einigen Jahren nur noch eine Programmiersprache für die gesamte dort erstellte oder in Auftrag gegebene Software zu verwenden. Diese Sprache ist ADA. Nach ausführlichen Diskussionen ist das Design von ADA im Mai 1981 abgeschlossen worden [2.3, 2.15, 2.16]. Zur Zeit entstehen gerade die ersten Compiler für ADA [2.17].

Das Modulkonzept von ADA unterscheidet sich in einigen Punkten von dem in CHILL. Die separate Übersetzbarkeit von Programmteilen wurde in ADA auf Prozeduren und Prozesse ausgedehnt. Auch die Schnittstellendefinition ist anders gestaltet als in CHILL. Das Prozeßkonzept ist in ADA anders realisiert als in CHILL.

Der folgende Vergleich der Prozeßkonzepte der vorgestellten Sprachen zeigt:

Prozeßdefinition

CHILL: Syntaktisch ähnlich einer Prozedurdefinition.

CONCURRENT PASCAL: Als abstrakter Datentyp.

MODULA: Siehe CHILL; Prozeßdefinitionen dürfen nur auf Modulebene und nicht in Prozessen oder Prozeduren erfolgen.

Basic PEARL: Siehe CHILL; eine Prozeßdefinition darf keine Prozeß- oder Prozedurdefinitionen enthalten.

ADA: Es gibt Prozesse und Prozeßtypen.

Interprozeßkommunikation

CHILL: Asynchron; mit Hilfe von benutzerprogrammierten Prozeduren in REGIONs; mit Hilfe der Standardoperationen SEND und RECEIVE über deklarierte Puffervariablen (Prozesse bleiben anonym); mit den Stanardoperationen SEND-signal und RECEIVE-signal gezielt zwischen Inkarnationen (Puffer bleiben anonym).

CONCURRENT PASCAL: Asynchron über Monitore, die als abstrakte Datentypen realisiert sind.

MODULA: Asynchron über Monitore, die als spezielle Module dargestellt sind.

Basic PEARL: Prozesse können mit Hilfe von Signalen unterbrochen und zu bestimmten Reaktionen veranlaßt werden (z.B. zum Lesen eines Datums); Prozesse können sich aber auch mit Hilfe von Semaphoren synchronisieren.

ADA: Synchron nach der Rendezvousstrategie [2.3].

Prozeßende

Die Beendigung von Prozessen wirft Zugriffsprobleme auf. Ein Prozeß P darf aus dem System nicht verschwinden, solange es noch andere Prozesse gibt, die Zugriff auf Objekte haben, die in P erklärt sind. In den verschiedenen Sprachen ist das Problem unterschiedlich gelöst.

CHILL: Die Prozeßbeendigung bleibt der Implementierung überlassen.

CONCURRENT PASCAL: Prozesse finden erst mit Systembeendigung ihren Abschluß.

MODULA: Das Problem tritt hier nicht auf, da Prozesse nur auf der untersten Ebene definiert werden dürfen.

Basic PEARL: Kommt ein Prozeß zu seinem Ende, so werden automatisch alle von ihm inkarnisierten Prozesse beendet.

ADA: Der Laufzeitstack des Prozesses wird erst dann freigegeben, wenn alle von ihm abhängigen Prozesse ihren eigenen Laufzeitstack freigegeben haben.

3 Aspekte der Compilerimplementierung

3.1 Implementierungsaspekte für einen CHILL-Compiler

3.1.1 Compileraufbau

Compiler übersetzen Programme von einer höheren Programmiersprache in den Maschinencode einer Zielmaschine.

Jeder Compiler ist in eine bestimmte Umgebung eingebettet. Deshalb müssen bei Entwurf und Entwicklung des Compilers die besonderen Anforderungen dieser Umgebung berücksichtigt werden. Diese Anforderungen formen den Compiler und bestimmen seinen Entwicklungsprozeß.

Die Umgebung eines CHILL-Compilers wird einerseits von den Herstellern und andererseits von den Betreibern von fernmeldetechnischen Vermittlungssystemen geprägt.

Vermittlungssysteme müssen ein breites Leistungsspektrum abdecken. Es reicht von Anlagen für einige zehn Anschlußeinheiten bis zu Großanlagen mit mehr als 100 000 Einheiten. In den Vermittlungssystemen werden Prozessoren unterschiedlicher Architektur, Leistung und technischer Ausführung eingesetzt. Das Spektrum reicht von Mikroprozessoren mit 8-Bit-Verarbeitungsbreite und weniger als hundert KOPS Leistung bis zu Prozessoren mit 32-Bit-Verarbeitungsbreite und mehreren MOPS Leistung. Um die gesamte Breite abzudecken, ist eine ganze Compilerfamilie notwendig, mit der aus CHILL-Text für die verschiedenen Zielmaschinen Code erzeugt werden kann.

Als weitere Zielsetzung kommt hinzu, daß CHILL-Programme zwischen den einzelnen Prozessortypen portierbar sind. Ein und dieselbe Aufgabe sollte nicht mehrfach programmiert werden müssen, nur weil sie auf unterschiedlichen Prozessoren ablaufen soll. Die Compilerfamilie ist deshalb durch ein exakt übereinstimmendes Sprachvolumen sowohl hinsichtlich der Syntax als auch der Semantik zwischen allen Familienmitgliedern geprägt. Die Erfahrung lehrt, daß diese strenge Portabilität von Programmen durch Absprachen allein nicht zu erreichen ist. Vor allem die immer gegebenen implementierungsbedingten semantischen Einschränkungen bei unterschiedlichen Compilern führen dazu, daß Anwenderprogramme „prinzipiell" nicht portabel sind, solange nur Absprachen zugrundeliegen.

Als weitere Zielsetzung schließlich kommt hinzu, daß die Software für Vermittlungssysteme üblicherweise auf kommerziellen Universalcomputern entwickelt und auch dort getestet wird. Universalcomputer bieten in der Regel den größeren Benutzungskomfort für den Entwickler. Die Schaffung eines vergleichbaren Bedienungskomforts für das Spezialgebiet „Vermittlungstechnik" ist schlecht zu rechtfertigen.

Deshalb werden CHILL-Compiler gebraucht, die für Universalcomputer als Hostcomputer Code erzeugen. Auch kann nicht davon ausgegangen werden, daß Prozessoren in Vermittlungssystemen hinsichtlich ihrer Peripherie — Sekundärspeicher und Drucker — so ausgestattet sind, daß dort Compiler effizient ablaufen könnten. Für diese Prozessoren sind deshalb Crosscompiler notwendig, die auf den Hostcomputern ablaufen.

Aus der vorstehend beschriebenen Compilerumgebung lassen sich die folgenden zwei Anforderungen hervorheben:

– Um ein übereinstimmendes Sprachvolumen zu gewährleisten, müssen alle Mitglieder der Compilerfamilie einen gemeinsamen, die akzeptierte Sprache bestimmenden Kern haben. Dies kann dadurch erreicht werden, daß jeder Compiler der Familie aus einem *maschinenunabhängigen Teil* und einem *maschinenabhängigen Teil,* im folgenden *Parser* und *Codegenerator* genannt, besteht. Der Parser ist bei allen Compilern gleich. Compiler, die nach diesem Prinzip strukturiert sind, nennt man gewöhnlich adaptible Compiler. Sie erfordern einen relativ geringen Umstellungsaufwand beim Übergang auf eine neue Zielmaschine.
– Um den Compiler sowohl auf dem Hostcomputer als auch dem Zielcomputer (mit wenig Änderungsaufwand) ablauffähig zu erhalten, muß er portabel sein. Portabilität kann erreicht werden, wenn neben der Aufspaltung des Compilers in Parser und Codegenerator als Implementierungssprache die eigene Quellsprache verwendet wird.

Die Aufspaltung des Compilers in Parser und Codegenerator und die Wahl der Quellsprache als Implementierungssprache bringen neben der Reduzierung der Entwicklungskosten noch folgende Vorteile:

– Der Compiler ist wartungsfreundlich: Da der Compiler unabhängig von einer fremden Implementierungssprache ist, können sich Änderungen einer fremden Sprache oder eines fremden Compilers nicht auf ihn auswirken. Daher ist der Wartungsaufwand geringer. Wegen des gemeinsamen Parsers ist der Gesamtumfang der Compilerfamilie gerechnet in Anzahl „lines of code" erheblich kleiner. Da die Wartungskosten eines Softwareproduktes mindestens proportional der Anzahl der „lines of code" steigen, ergibt sich auch dadurch eine beträchtliche Verringerung des Aufwandes.
– Der Compiler ist schnell verfügbar: Die Verringerung des Entwicklungsaufwandes durch den vielfach verwendbaren Parser bedeutet in der Regel auch eine Verkürzung der Entwicklungszeit. Ebenso wirkt sich die einfachere Adaption des Compilers an neue Zielmaschinen letztlich in einer Verkürzung der Entwicklungszeit aus. Insgesamt bedeutet dies, daß die benötigten Compiler früher verfügbar sind. Der Zeitgewinn läßt sich üblicherweise auch in ökonomischen Nutzen ummünzen.
– Der Compiler ist zuverlässig: Durch die spezielle Wahl der Implementierungssprache kann der Compiler sich selbst übersetzen. Er ist als sein eigenes Testprogramm zu gebrauchen. Da ein Compiler ein sehr komplexes Programm darstellt, das nahezu alle seine Sprachkonstrukte auch selbst verwendet, können fast alle Compilerfehler während der Entwicklung mit großer Sicherheit entdeckt werden. Zuverlässigkeit und Stabilität eines so strukturierten und entwickelten Compilers sind erfahrungsgemäß groß.

Die Entwicklung eines adaptiblen und portablen Compilers setzt eine angemessene Zerlegung des Compilers mit wohldefinierten Schnittstellen voraus. Von zentraler Bedeutung ist die Schnittstelle zwischen Parser und Codegenerator. Sie ist als Maschinensprache einer hypothetischen Maschine definiert und im folgenden Zwischensprache oder auch IL (*I*ntermediate *L*anguage) genannt.

Verschiedene Vorstellungen, auf welcher Abstraktionsebene diese Sprache angesiedelt werden sollte, sind in der wissenschaftlichen Diskussion. Eine „vernünftige" Zielsetzung ist, die Zwischensprache *zielmaschinennahe,* aber noch *maschinenunabhängig* zu wählen. Dann wird dem Parser ein Maximum an maschinenunabhängigen Aufgaben übertragen. Eine Einbeziehung der Parser-Tabellen in die Zwischensprache sollte auf alle Fälle vermieden werden. Denn dann könnten parserinterne Änderungen auf die Codegeneratoren Rückwirkungen haben. Eine Verletzung des Prinzips des „information-hiding" kann dann nicht garantiert vermieden werden.

Zweckmäßigerweise wird die Zwischensprache so entworfen, daß für sie mit geringem Aufwand ein Interpretierer geschrieben werden kann. Der Parser kann dann bereits in Betrieb genommen werden, wenn noch kein Codegenerator bereitsteht. Er kann also auch unabhängig vom Codegenerator getestet werden. Besondere Bedeutung kommt dieser Unabhängigkeit zu, wenn man den Compiler durch das Verfahren des „Bootstrapping" erzeugt [3.1, 3.2].

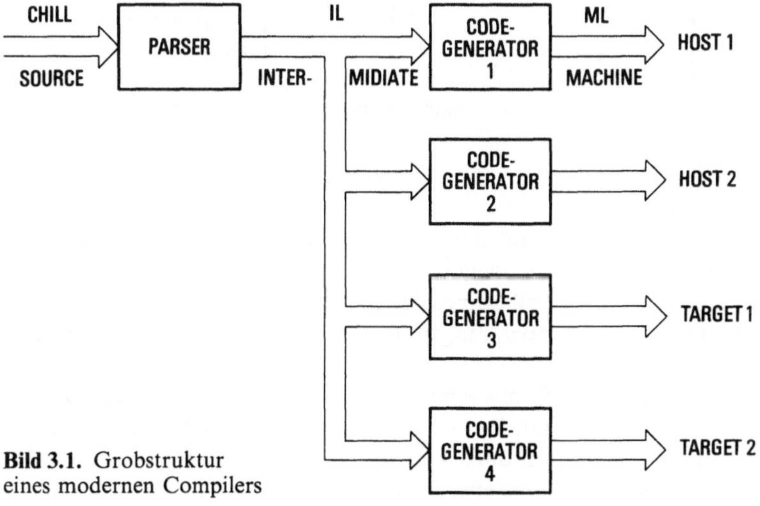

Bild 3.1. Grobstruktur eines modernen Compilers

Zur Erläuterung von Bild 3.1 sei angemerkt, daß der Parser die Quellsprache CHILL in die maschinenunabhängige Zwischensprache IL übersetzt. Hierauf setzen die verschiedenen Codegeneratoren auf und übersetzen weiter in die Sprache ML (*M*aschine *L*anguage) der jeweiligen Zielmaschine.

3.1.2 Implementierungstechnik

Bei der Implementierung eines Compilers ist die erste Hürde dann genommen, wenn ein Compiler für irgendeine Maschine vorhanden ist. Dann nämlich läßt sich der Compiler an eine neue Zielsprache durch einen Codegenerator für die neue Maschine anpassen. Will man den Compiler auf eine neue Maschine portieren, so ist auch dann nur ein Codegenerator für diese Maschine nötig. In beiden Fällen muß also nur der Codegenerator entwickelt werden. Der Parser bleibt von Adaptierung und Portierung unberührt. Der Adaptierungs- und Portierungsprozeß wird zweckmäßigerweise mit Hilfe von T-Diagrammen erläutert: Für die Adaptierung liege ein Codegenerator vor, der die Zwischensprache IL in die Maschinensprache ML′ übersetzt und in CHILL geschrieben ist.

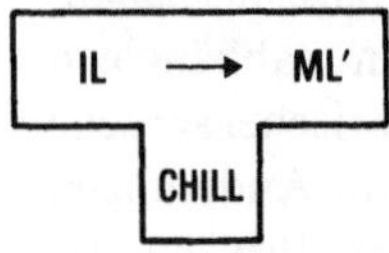

Bild 3.2. Bootstrap-Verfahren Schritt 1

Auf dieses Programm wird zunächst der vorhandene Parser angewandt. Er ist auf der Maschine mit der Sprache ML ablauffähig und übersetzt CHILL in IL. Als Ergebnis liegt der neue Codegenerator in der Zwischensprache IL vor. Hierauf wird nun der alte Codegenerator angewandt.

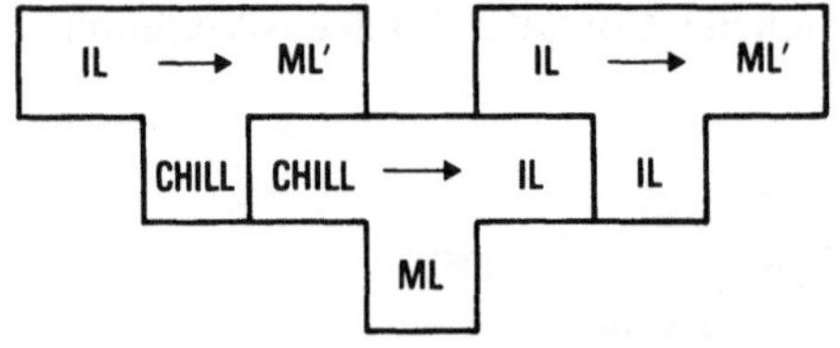

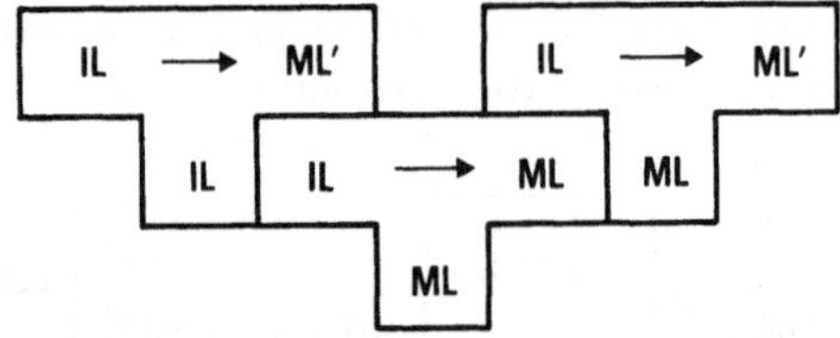

Bild 3.3. Bootstrap-Verfahren Schritt 2   **Bild 3.4.** Bootstrap-Verfahren Schritt 3

Man erhält so einen Crosscompiler, der einerseits den Code ML′ erzeugt und anderseits in ML abläuft.

Will man den Compiler zusätzlich auf die neue Maschine portieren, so muß man lediglich den Parser und den neuen Codegenerator mit dem neuen Codegenerator noch einmal übersetzen. Hierzu wird allerdings der Parser in der Zwischensprache IL benötigt. Diese Voraussetzung ist aber aufgrund der Entwicklungsgeschichte des Compilers stets erfüllt.

Man erhält so das Übersetzungsschema gemäß Bild 3.5. Die Übersetzungsprozesse sind kaskadenartig aufeinandergesetzt. Die Übersetzung, die als erste durchgeführt wird, ist im Schema unten links angeordnet. Der neue Codegenerator übersetzt sich selbst und liegt danach in der Maschinensprache der neuen Maschine vor. Anschließend kann dieser Codegenerator den Parser von der Zwischensprache IL in die neue Maschinensprache ML′ übersetzen.

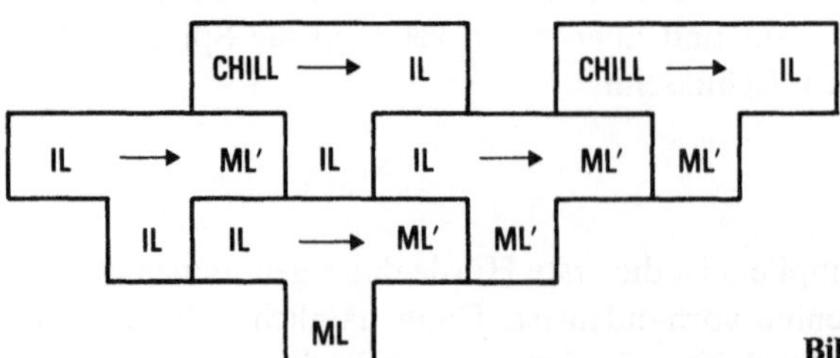

Bild 3.5. Bootstrap-Verfahren Schritt 4

Die Entwicklung des ersten Compilers der Familie erfolgte durch Bootstrapping. Bei der Entwicklung des Siemens-CHILL-Compilers vollzog es sich in folgenden Schritten:

- Für einen eingeengten Sprachumfang wurde ein Parser in PASCAL geschrieben. Der Parser wurde mit einem bereits verfügbaren PASCAL-Compiler in die Maschinensprache ML übersetzt. Damit lag ein ablauffähiger Parser vor.
- Der Parser wurde in CHILL umgeschrieben, wobei der Sprachumfang ausgeweitet wurde. Das Umschreiben wurde halbautomatisch durchgeführt, indem die aufwendigsten Arbeiten von einem Programm erledigt wurden. Gewisse spezielle Sprachkonstrukte wurden manuell verändert.
- Ein Codegenerator für die Zielsprache ML wurde in CHILL geschrieben.
- Ein Interpretierer für die Zwischensprache IL wurde geschrieben. Nach Übersetzung des Codegenerators durch den Parser konnte damit der Codegenerator interpretativ ablaufen. Der Entwicklungsaufwand für einen Interpretierer liegt erfahrungsgemäß bei einem Bruchteil des Aufwandes für die Entwicklung eines Codegenerators.

Stellt man die Übersetzungen mit Hilfe von T-Diagrammen dar, so lassen sich die Einzelschritte der Entwicklung durch eine Kaskade gemäß Bild 3.6 darstellen. Einigen T-Diagrammen ist unten ein M oder I angefügt, abhängig davon, ob der entsprechende Übersetzer auf der Maschine M oder dem Interpretierer I ablauffähig ist.

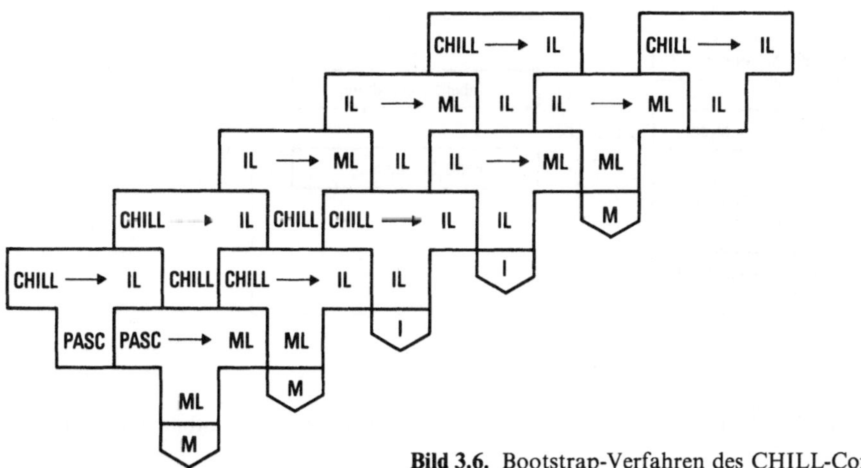

Bild 3.6. Bootstrap-Verfahren des CHILL-Compilers

Die Kaskade verdeutlicht, wie letztlich die beiden ablauffähigen Komponenten Parser und Codegenerator gewonnen werden.

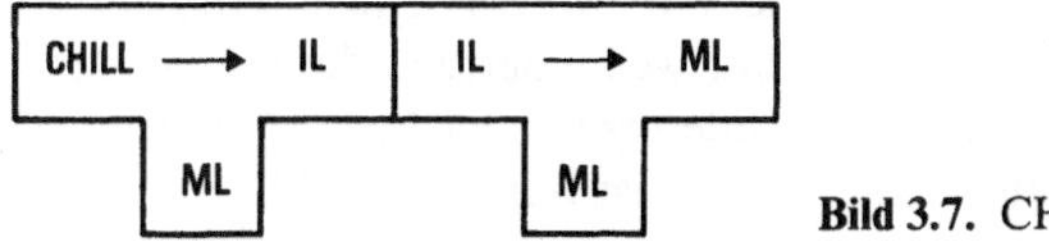

Bild 3.7. CHILL-Parser und -Codegenerator

Bild 3.6 gibt die prinzipielle Vorgehensweise einer Compiler-Entwicklung wieder. Tatsächlich vollzieht sich die Ausdehnung des Sprachumfangs in vielen Einzelschritten, die jeweils mit neuen Übersetzungen und natürlich auch vielfältigen Tests verbunden sind. Hinzu kommt, daß die Anwendergemeinde eines Compilers sehr schnell neue Sprachmerkmale wünscht und nicht gewillt ist, sich bis zum Endausbau zu gedulden. In der Praxis führt dies dazu, daß mehrere aufwärtskompatible Versionen des Compilers in kurzen Zeitabständen ausgeliefert werden müssen.

3.2 Entwicklungs- und Strukturprinzipien für einen CHILL-Parser

Ein Parser hat die Aufgabe, ein Quellprogramm zu analysieren und in eine maschinenunabhängige Zwischensprache IL zu übersetzen, die als Eingabe für den Codegenerator dient.

Üblicherweise besteht ein Parser aus den in Bild 3.8 angegebenen Komponenten.

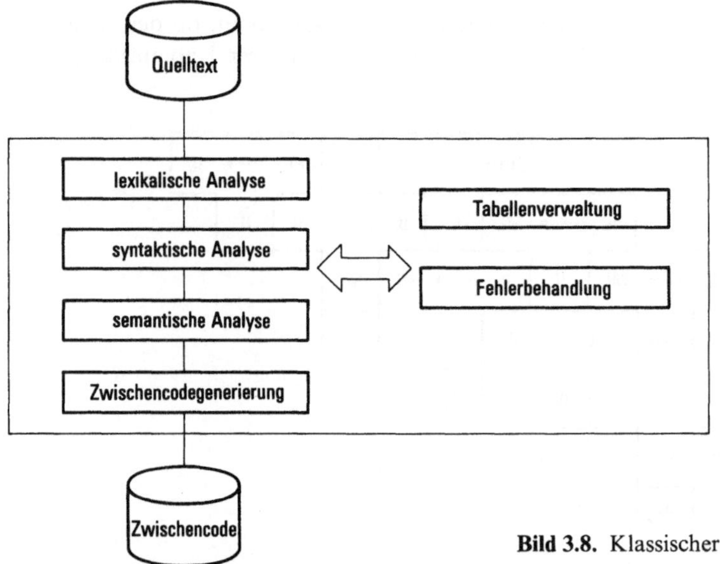

Bild 3.8. Klassischer Aufbau eines Parsers

Ein weiteres wichtiges Strukturmerkmal eines Parsers ist die Anzahl der Durchläufe (Passes) des Parsers, die benötigt werden, ein Programm in die Zwischensprache zu übersetzen. In einem Durchlauf wird der Quelltext oder ein Zwischentext des zu übersetzenden Programms gelesen und bearbeitet.

Der Parser des Siemens-CHILL-Compilers ist so strukturiert, daß ein Durchlauf zur Analyse des Programms ausreicht. Man spricht dann von einem One-Pass-Parser.Dieses Strukturprinzip wurde deshalb gewählt, weil einerseits die Syntax des implementierten CHILL-Subset dies erlaubt, und andererseits der Parser effizienter wird. Denn die Anzahl der Hintergrundspeicherzugriffe ist minimal. [2.2].

Die zentrale Komponente im CHILL-Parser ist die syntaktische Analyse. Sie steuert alle anderen Funktionen. Sie wurde nach der Methode des „recursive descent" implementiert.

3.2.1 Die lexikalische Analyse

Der vom Programmierer geschriebene Text (das Quellprogramm) besteht aus einer Kette von abdruckbaren Zeichen, die nach den syntaktischen Regeln der Programmiersprache aufgebaut sind. Diese Zeichenkette wird zunächst von der lexikalischen Analyse (Scanner) verarbeitet. Hierbei werden gewisse Teilketten als lexikalische Einheiten (Tokens) erkannt und an die syntaktische Analyse weitergereicht.

Ein Scanner kann entweder zunächst das gesamte Quellprogramm in eine Token-Zwischenform übersetzen oder, nach Aufruf durch die syntaktische Analyse, jeweils nur das nächste Token lesen (Scanning on Demand). Im Parser des Siemens-CHILL-Compilers wurde das letztgenannte Prinzip verwirklicht.

Typische Tokens in CHILL sind: Identifizierer, Integerkonstanten, Stringkonstanten, Schlüsselwörter, Operationszeichen, Trennzeichen, usw.

Der Scanner liest den Source-Text zeilenweise ein, erzeugt ein Listing und setzt Fehlermeldungen ab. Außerdem werden vom Scanner die Comilerdirektiven analysiert und verarbeitet. Diese steuern Umfang und Format der Ausgabetexte von Parser und Codegenerator. Auch erlauben sie variable Zusatzfunktionen:

So kann z. B. das Listing unterdrückt werden oder im Listing können Leerzeilen eingefügt werden. Weitere Wahlmöglichkeiten sind: auf einer neuen Seite zu beginnen, Titelzeilen auszudrucken, ein ausführliches Crossreference-Listing zu erzeugen. Auch kann angegeben werden, ob das zu erzeugende Maschinenprogramm mit einer interaktiven Testhilfe zusammenarbeiten soll und der Parser dafür z. B. die Symboltabellen aufbereiten und ausgeben soll. Ferner ist es möglich, bei der Compilation eines CHILL-Programms auf einer Anlage mit EBCDIC-Code im Crossbetrieb Maschinencode für eine Anlage mit USASCII-Code zu generieren. Die notwendigen Konvertierungen werden dabei vom Parser erledigt.

Auch kann angegeben werden, ob Maschinencode generiert werden soll, ob Laufzeitprüfungen eingefügt werden sollen, und ob statt des Maschinenprogramms ein Assemblerprogramm generiert werden soll, usw.

3.2.2 Die syntaktische Analyse

Der Eingabetext für die syntaktische Analyse besteht aus einer Kette von Tokens. Die Aufgabe der syntaktischen Analyse besteht darin, die syntaktische Struktur eines Programms aufzudecken und zu überprüfen, ob die syntaktischen Regeln der Programmiersprache eingehalten wurden.

Neuere Analyseverfahren, wie die LR- und LL-Verfahren [3.3], sind den älteren Verfahren vorzuziehen, da sie zwei wesentliche Vorteile bieten [3.4, 3.5]:

- Sie arbeiten sehr zeiteffizient. Die Bearbeitungszeit ist proportional zur Länge des Eingabetextes.
- Sie erkennen syntaktische Fehler zum frühestmöglichen Zeitpunkt, was der Fehlerbehandlung zugute kommt.

Welches Verfahren — ob LR- oder LL-Verfahren — gewählt wird, hängt zum einen von den syntaktischen Regeln der Sprache ab. Unter diesem Gesichtspunkt sind beide Verfahren für CHILL gleichermaßen geeignet. Zum anderen hängt die Wahl des Verfahrens vom Implementierungsaufwand ab. Dazu einige Anmerkungen: LR-Verfahren kennen nur Steuerungsalgorithmen, denen Tabellen zugrunde liegen. Die Tabellen können dabei sehr groß oder schwer änderbar werden. LL-Verfahren können zwar auch mit tabellengesteuerten Algorithmen arbeiten. Sie können aber auch nach dem Konzept des „recursive descent" arbeiten. Ein Recursive-Descent-Algorithmus besteht aus einer Menge sich gegenseitig rekursiv aufrufender Prozeduren. Dieser Algorithmus ist sehr änderungsfreundlich und erfordert daher einen geringen Entwicklungsaufwand. Er wurde für die syntaktische Analyse beim Siemens-CHILL-Compiler gewählt.

Die Syntax von CHILL wird durch eine Menge von Syntaxdiagrammen beschrieben. Den Syntaxanalysator für CHILL nach der Methode des „recursive descent" erhält man dadurch, daß man zu jedem Syntaxdiagramm die zugehörige Analyseprozedur schreibt, wie in den Bildern 3.9 und 3.10 vereinfacht dargestellt: Jedem Knoten des Diagramms, der entweder ein Token (Kreis) oder ein weiteres Diagramm (Rechteck) ist, entspricht in der Prozedur ein Scanneraufruf (d.h. das nächste Zeichen soll gelesen werden) bzw. der Aufruf einer weiteren Analyseprozedur. Das Syntaxdiagramm stellt sozusagen das Flußdiagramm der zugehörigen Prozedur dar. Auf die Fehlerbehandlung wird später eingegangen.

Bild 3.9. Vereinfachtes Syntaxdiagramm für die Wertzuweisung

```
assignment: PROC ();
IF token = identifier
THEN scan ();
ELSE syntaktische_Fehlerbehandlung ();
FI;
IF token = ":="
THEN scan ();
ELSE syntaktische_Fehlerbehandlung ();
FI;
expression ();
END assignment;
```

Bild 3.10. Syntaktische Analyseprozedur für die Wertzuweisung

Aus Effizienzgründen wurde — wie erwähnt — für den CHILL-Parser ein One-Pass-Parser gewählt. Dies hat zur Folge, daß die semantische Analyse und die Zwischencodegenerierung nicht erst nach der syntaktischen Analyse des gesamten Programms erfolgen, sondern zusammen mit der syntaktischen Analyse erledigt werden. Dazu sind in die syntaktische Analyseprozedur Anweisungen eingefügt, welche diese Aufgaben durchführen.

3.2.3 Die Tabellenverwaltung

Die Tabellenverwaltung führt Buch über die deklarierten Objekte, über deren Attribute und Gültigkeitsbereiche. Die Objekte (Modes, Variablen, Konstanten, usw.) werden durch ihre Namen identifiziert. Diese Namen werden in einer „identifier table" geführt. Über die Namen sind die Attribute der Objekte zugänglich, die in einer weiteren Tabelle, der „attribute table", verzeichnet sind. Für die Implementierung beider Tabellen kommen Hash-Tabellen oder binäre Bäume in Frage.

Hash-Tabellen ermöglichen einen äußerst effizienten Zugriff auf die Eintragungen. Andererseits benötigen sie jedoch einen Speicherbereich fest vorgegebener Größe. Dies hat den Nachteil, daß einerseits die Anzahl der Eintragungen beschränkt ist und andererseits bei wenigen Eintragungen der Speicherbereich zum großen Teil ungenutzt bleibt.

Im Parser des Siemens-CHILL-Compilers werden daher die Namen jedes Blocks zu einem lexikographisch geordneten binären Baum verkettet. Die Operationen des Eintragens und Suchens (Prozeduren enter-ident, search-ident) lassen sich auch bei diesem Ansatz effizient implementieren.

Zur Komponente Tabellenverwaltung gehören auch die Buchführung über exportierte und importierte Objekte eines Moduls und die Aufbereitung der Symboltabellen für die interaktive Testhilfe.

Aufbau und Abfrage der Tabellen erfolgt durch Funktionen, die von der semantischen Analyse aufgerufen werden (Bild 3.11).

3.2.4 Die semantische Analyse

Bei der semantischen Analyse wird geprüft, ob die angesprochenen Objekte eindeutig und im betreffenden Gültigkeitsbereich definiert sind, ebenso bei Datenverknüpfungen die Typverträglichkeit. Auch wird bei Prozeduraufrufen kontrolliert, ob Art und Anzahl der aktuellen Paremeter mit den formalen Parametern übereinstimmen. Sie verhindert, daß Schleifeneinsprünge vorgenommen werden. Bei Verwendung von externen Objekten wird geprüft, ob diese Objekte richtig verwendet werden usw. Im vorliegenden CHILL-Compiler wurden die Funktionen der semantischen Analyse durch Einfügen zusätzlicher Anweisungen in die syntaktischen Analyseprozeduren implementiert.

Im Beispiel von Bild 3.11 gehören dazu z.B. die Aufrufe der Tabellenverwaltung (search_ident) die Anweisungen zum Zwischenspeichern der Modes der linken und der rechten Seite der Zuweisung (mode_left_side, mode_right_side) und der anschließende Test auf Verträglichkeit (compare_modes).

3.2.5 Die Zwischencodegenerierung

Als Ausgabetext produziert der CHILL-Parser einen Zwischencode. Dieser Zwischencode ist eine Art polnische Notation und in Abschnitt 3.6 ausführlich beschrieben.

Die Zwischencodegenerierung wird wie alle anderen Funktionen ebenfalls von der syntaktischen Analyse gesteuert. Ihre Funktionen sind durch Einfügen von Befehlen zur Zwischencodegenerierung in die syntaktische Analyseprozedur (Bild 3.11) implementiert.

```
assignment: PROC ( );
IF token = identifier
THEN search_ident (identifier);
  IF identifier_is_found
  THEN mode_left_side : = identifier_mode;
  Generiere_Zwischencode ( ); /* Laden der Adresse der linken Seite */
  ELSE semantische_Fehlerbehandlung ( );
  FI;
  scan ( );
ELSE syntaktische_Fehlerbehandlung ( );
FI;
IF token = ":="
THEN scan ( );
ELSE syntaktische_Fehlerbehandlung ( );
FI;
expression ( );
IF identifier_is_found and expression_is_correct
THEN Generiere_Zwischencode ( ); /* Laden des Ausdrucks */
  mode_right_side : = expression_mode;
  IF compare_modes (mode_left_side, mode_right_side)
  THEN Generiere_Zwischencode ( ); /* für die Zuweisung */
  ELSE semantische_Fehlerbehandlung ( );
  FI;
FI;
END assignment;
```

Bild 3.11. Vereinfachte syntaktische Analyseprozedur für Wertzuweisungen, einschließlich Tabellenverwaltung, semantische Analyse und Zwischencodegenerierung

Der bei der Übersetzung eines Blocks (Modul, Region, Prozedur, Prozeß) erzeugte Zwischencode wird zunächst in einem Bereich des Parsers zwischengespeichert und erst am Blockende auf eine Datei geschrieben. Dies hat den Vorteil, daß nachträgliche Änderungen des Zwischencodes, soweit sie den letzten Block betreffen, ohne Dateizugriffe erfolgen können.

So können z. B. Vorwärtssprünge (GOTO, EXIT) effizient implementiert werden. Sprünge über Blockgrenzen hinweg sind in CHILL nicht erlaubt. Auch kann die leichte Änderbarkeit des Zwischencodes für einige Optimierungsmaßnahmen vorteilhaft genutzt werden, z. B. für eine laufzeiteffiziente Übergabe der Botschaft bei SEND und RECEIVE.

Änderungen des Zwischencodes, der bereits auf einer Datei abgelegt ist, sind nur zur Aktualisierung der Startadressen von Prozeduren, die schon vor ihrer Deklaration verwendet werden, erforderlich sowie zum Absetzen des PROLOGS.

Der Parser führt bei der Generierung des Zwischencodes noch weitere Optimierungen durch. So wird z. B. der Zugriff auf gepackte Daten optimiert durch Verwendung effizienter Befehle, wenn das gepackte Datum (zufällig) auf einer Byte- oder Wortgrenze liegt. Um dies zu erkennen, muß der Parser detailliert über die Adressen buchführen.

3.2.6 Die Fehlerbehandlung

Eine der wichtigsten Funktionen des Parsers ist die Behandlung syntaktischer und semantischer Fehler eines Programms. Als Hauptaufgaben fallen an:

- möglichst früh Fehler zu erkennen und zu melden,
- nach der Fehlererkennung durch die syntaktische oder semantische Analyse wieder vernünftig aufzusetzen, um möglichst keine Folgefehler zu erzeugen.

Aufgrund des gewählten syntaktischen Analyseverfahrens bereitet die Erkennung syntaktischer Fehler keinerlei Schwierigkeiten. Das Hauptproblem liegt bei einem vernünftigen Wiederaufsetzen der syntaktischen Analyse.

Da eine individuelle Behandlung eines jeden Fehlertyps den Entwicklungsaufwand für den Parser und auch seinen Umfang selbst in unzulässiger Weise vergrößern würde, wurde ein universelles Verfahren verwendet. Es erkennt in einem Programm mit durchschnittlicher Fehlerdichte alle Fehler in einem Durchlauf.

Bei diesem Verfahren werden, grob gesagt, nach einem syntaktischen Fehler so viele Tokens überlesen, bis ein Token gefunden wird, mit dem die Analyse sinnvoll fortgesetzt werden kann. Die Menge dieser sinnvollen Aufsetzzeichen ist nicht konstant. Sie setzt sich zusammen aus einer Menge global sinnvoller Aufsetzzeichen (z. B. MODULE, PROC, . . .), die bei der Analyse bestimmter Sprachkonstrukte um zusätzliche lokale Aufsetzzeichen erweitert wird (z. B. : = bei der Analyse von assignment).

Die Erkennung semantischer Fehler bereitet bei einem One-Pass-Parser ebenfalls keine Schwierigkeiten, da im implementieren CHILL-Subset alle Namen — von wohldefinierten Ausnahmen abgesehen — vor ihrer Verwendung deklariert werden müssen.

Ein sinnvolles Wiederaufsetzen der semantischen Analyse nach semantischen Fehlern wird auf zwei Arten erreicht. Entweder wird bei einem Fehler eine Art Dummy-Attribut angelegt, das bei weiteren Attributabfragen und -vergleichen keine Folgefehlermeldungen verursacht. Oder es wird, vor allem auf lokaler Ebene, nach einem semantischen Fehler auf weitere semantische Abprüfungen verzichtet. So wird etwa in Bild 3.11 die Mode-Verträglichkeit von linker und rechter Seite nur dann geprüft, wenn vorher bei der Analyse beider Seiten kein Fehler entdeckt wurde.

Wird ein syntaktischer oder semantischer Fehler entdeckt, so werden im Listing zwei Fehlermeldungszeilen ausgegeben: In der ersten Zeile wird (genau unter der Fehlererkennungsstelle) eine Fehlernummer gedruckt. In der nächsten Zeile erfolgt die Fehlermeldung im Klartext. Der Text für die Fehlermeldungen wird aus der Datei ERRDAT gelesen.

3.2.7 Aufbau des Ein-/Ausgabe-Systems des CHILL-Parsers

Bild 3.12 zeigt die Ein-/Ausgabe-Dateien des CHILL-Parsers. Neben den bereits erwähnten Dateien gibt es die Datei DATASEGMENT. In ihr hinterlegt der Parser nach der Übersetzung eines Moduls zur Weitergabe an den Codegenerator:

- die initialisierten globalen Daten,
- die Informationen über exportierte und importierte Objekte des Moduls.

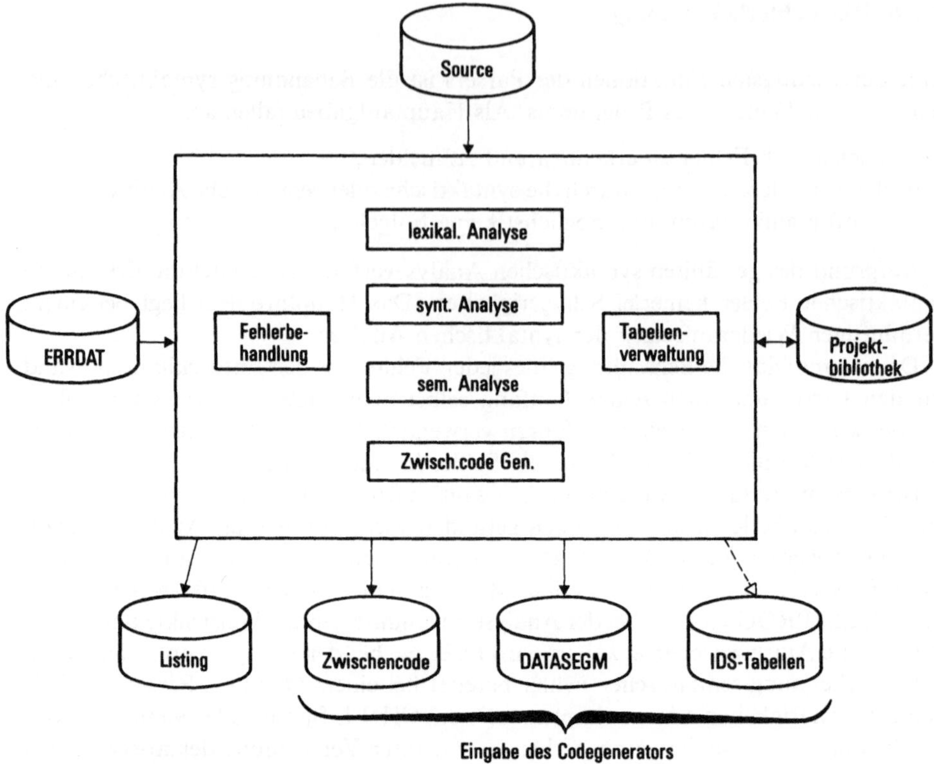

Bild 3.12. Ein-/Ausgabe-System des CHILL-Parsers

3.3 Auswirkungen des Konzepts der Daten-Modes

CHILL ist eine Sprache mit Typenkonzept. Typen werden in CHILL Modes genannt. Beide Begriffe werden hier gleichbedeutend nebeneinander verwendet.

Zur Erinnerung: Unter einem Mode versteht man eine Wertmenge zusammen mit den auf dieser Wertmenge zugelassenen Operationen. Die in CHILL möglichen Modes sind in Kapitel 2 ausführlich beschrieben.

In einer Programmiersprache mit Mode-Konzept können Operationen auf Operanden nur dann ausgeführt werden, wenn die Modes der Operanden miteinander verträglich sind. Zwei Modes sind verträglich, wenn sie äquivalent sind, oder wenn der eine Mode durch implizite Mode-Konvertierung in den anderen Mode überführt werden kann.

Die Äquivalenz von Typen oder — im Falle von CHILL — von Modes wird auf unterschiedliche Weisen definiert.

3.3.1 Arten der üblichen Mode-Äquivalenz

Grundsätzlich sind zwei Arten von Äquivalenz zu unterscheiden:

- *Äquivalenz „by name"*: Zwei Modes sind genau dann äquivalent, wenn sie den gleichen Namen haben, oder wenn sie in der gleichen Deklaration erscheinen.

– *Äquivalenz „by structure"*: Zwei Modes sind genau dann äquivalent, wenn sie die gleiche Struktur haben und ihre Komponenten äquivalent sind.

Beide Arten von Mode-Äquivalenz seien in dem folgenden Beispiel zum besseren Verständnis erläutert. Dabei sind außer dem Schlüsselwort MODE alle Deklarationen in CHILL-Syntax formuliert:

```
MODE    monate  = ARRAY (1:12) int;
        stunden = ARRAY (1:12) int;
DCL     a         monate,
        b         monate,
        c         stunden,
        d, e      ARRAY (1:12) int;
        f         ARRAY (1:10) int;
```

Beispiel 3.1. Mode-Äquivalenz

Die Mode-Äquivalenz „by name" führt zu folgenden Äquivalenzklassen:

(a, b)
(c)
(d, e)
(f)

Die Mode-Äquivalenz „by structure" führt zu folgenden Äquivalenzklassen:

(a, b, c, d, e)
(f)

Beide Arten von Mode-Äquivalenz bieten Vor- und Nachteile. Gegen die Äquivalenz „by structure" und für die Äquivalenz „by name" spricht folgendes:

– Im Falle Äquivalenz „by name" hat der Programmierer explizit die Möglichkeit, bestimmte Modes, die in ihrer Struktur übereinstimmen, für unverträglich zu halten. Im obigen Beispiel gilt etwa: *monate* ist nicht äquivalent zu *stunden.* Dadurch sind unbeabsichtigte Mode-Äquivalenzen ausgeschlossen.
– Die Implementierung der Äquivalenz „by name" ist einfacher als die Implementierung der Äquivalenz „by structure".

Die Äquivalenz „by name" hat dagegen folgende Nachteile:

– Die Namen der Modes der formalen Parameter einer Prozedur müssen auch an der Aufrufstelle der Prozedur bekannt sein. Insbesondere sind keine anonymen Parameter-Modes möglich.
– Semantisch sinnvolle Verknüpfungen zwischen Objekten, deren Modes verschiedene Namen haben, sind nicht möglich: z. B. kann der Gesamtpreis nicht als Produkt ANZAHL * STÜCKPREIS angegeben werden. Um die Berechnung des Gesamtpreises bei Äquivalenz „by name" durchführen zu können, müssen ANZAHL und STÜCKPREIS mit Hilfe des gleichen Mode-Namens deklariert werden. Damit geht aber der Nutzen der Selbstdokumentation durch verschiedene Mode-Namen verloren.

– Die Verwendung von allgemeinen Bibliotheksroutinen wird gegebenenfalls nicht
  möglich: Sei etwa in der Programmbibliothek ein Modul vereinbart, der Sortiero-
  perationen für Variablen von Mode ARRAY (1:1000) INT definiert. Z.B.:

```
sortieren: MODULE
   GRANT vector, sortiere;
   SYNMODE vector = ARRAY (1:1000) INT;
   sortiere: PROC ( × vector LOC);
   .

   .
END sortieren;
```

Ein weiterer Modul sei vereinbart, der Variablen vom Mode ARRAY (1:1000)
ausdruckt, z.B.

```
drucken: MODULE
   grant tabelle, drucke;
   SYNMODE tabelle = ARRAY (1:1000) INT;
   drucke: PROC ( × tabelle);
   .

   .
END drucken;
```

Ein Benutzer, der Variablen von Mode ARRAY (1:1000) INT sowohl sortieren als
auch drucken will, kann diese Variablen jedoch nur entweder als *vector* oder als *tabelle*
vereinbaren und somit entweder die Prozedur *sortieren* oder die Prozedur *drucke*
verwenden, jedoch niemals beide Prozeduren zusammen.

Nach dieser grundsätzlichen Diskussion der Vor- und Nachteile der beiden üblichen Mode-Äquivalenzen wird im folgenden ein Mittelweg, der einige der genannten
Nachteile vermeidet und bei CHILL gewählt ist, erläutert.

3.3.2 Mode-Äquivalenz in CHILL

In CHILL ist ein Mode-Konzept gewählt, das zwar die Vorteile der Mode-
Äquivalenz „by name" nutzt, aber seine Nachteile vermeidet. Mode-Deklarationen
können in CHILL auf zwei verschiedene Weisen vorgenommen werden: als SYN-
MODE oder als NEWMODE.

Eine SYNMODE-Definition führt lediglich einen neuen Namen, ein Synonym, für
einen Mode ein. Linke und rechte Seite der SYNMODE-Definition sind äquivalent.

Durch eine NEWMODE-Definition wird dagegen ein neuer Name und ein neuer
Mode eingeführt. Linke und rechte Seite der NEWMODE-Definition sind nicht
äquivalent.

Die Deklarationen im Beispiel 3.1 werden für CHILL syntaktisch korrekt, wenn
MODE durch SYNMODE oder NEWMODE ersetzt wird. Wählt man SYNMODE,
so erhält man genau die Klasseneinteilung der Mode-Äquivalenz „by structure".
Wählt man NEWMODE, so erhält man genau die Klasseneinteilung der Mode-
Äquivalenz „by name".

3.3.3 Maschinenunabhängigkeit von Daten-Modes

Die Implementierung eines Daten-Modes durch den Compiler muß maschinenunabhängig sein. Im anderen Falle sind die Programme, welche den Mode verwenden, nicht portabel. Andererseits soll der Compiler einen möglichst effizienten Code für die Zielmaschine liefern. Dazu müssen die Eigenschaften jeder Zielmaschine maximal berücksichtigt werden. Ein Kompromiß ist notwendig.

Der Siemens-CHILL-Compiler erzeugt den Maschinencode sowohl für 32-Bit-Prozessoren als auch für 16-Bit-Prozessoren. Würde auf allen Prozessoren nur 32-Bit-Arithmetik durchgeführt, so würde dies für 16-Bit-Prozessoren aufwendige Doppelwortarithmetik bedeuten. Wünschenswert ist deshalb, daß in den Fällen, in denen die Operanden und das zu erwartende Ergebnis „kleiner" als 16 Bits sind, auf 16-Bit-Prozessoren nur 16-Bit-Arithmetik durchgeführt wird. Beispiel:

```
DCL a, b, c RANGE (1..12),
a := 7;
b := 3;
c := a - b;
```

In diesem Beispiel kann bereits der Parser feststellen, daß 16-Bit-Arithmetik ausreicht.

Der Parser des Siemens-CHILL-Compilers prüft daher bei der Analyse von Wertzuweisungen, Parameterübergaben oder arithmetischen und Booleschen Ausdrücken, ob die Operanden Subranges vom Mode INT sind und im Bereich $-2^{15}\ldots2^{15}-1$ liegen. In diesem Fall generiert er im Zwischencode für den Transfer spezielle Halbwortbefehle, bzw. gibt bei arithmetischen Operationen und ganzzahligen Vergleichsoperationen durch einen zusätzlichen Parameter an, daß eine 16-Bit-Operation möglich ist. Der jeweilige Codegenerator kann dann, je nachdem für welchen Prozessor er Maschinencode generiert, entweder 32-Bit-Befehle oder 16-Bit-Befehle absetzen.

Allerdings ist damit das Problem der Portabilität noch nicht vollständig gelöst.

Folgende Fälle sind denkbar:

– Range-Variablen, die eigentlich nur Werte kleiner als 16 Bits enthalten dürfen, enthalten zur Laufzeit größere Werte.
– Bei der Berechnung von 16-Bit-Ausdrücken treten größere Zwischenergebnisse auf.

In beiden Fällen würde die 16-Bit- und die 32-Bit-Arithmetik verschiedene Ergebnisse liefern, d.h. die Programme wären nicht portabel.

Das erste Problem kann dadurch gelöst werden, daß der Compiler generell bei RANGE-Operanden dynamische Laufzeitkontrollen einführt. Das zweite Problem kann ebenfalls nur durch dynamische Kontrolle gelöst werden, und zwar dadurch, daß geprüft wird, ob jedes Zwischenergebnis zu weniger als 16 Bits führt. Allerdings geht durch diese dynamischen Kontrollen der Zeitgewinn, der durch die Verwendung der 16-Bit-Arithmetik erzielt werden soll, weitgehend wieder verloren, jedenfalls dann, wenn solche dynamischen Kontrollen nicht durch die Hardwareroutinen des Prozessors unterstützt werden.

3.4 Konzept der separaten Compilation

Große Programmsysteme werden in der Regel von vielen Programmierern erstellt. Oftmals reichen sie von mehreren Hundert bis über Tausend. Mit dem Umfang eines Programmsystems, insbesonders mit der Anzahl der Beteiligten, wachsen die Probleme der Koordination und der Kommunikation. Die Kommunikation zwischen den einzelnen Bearbeitern und damit zwischen den Systemkomponenten wird zu einer verantwortungsvollen Aufgabe. Aber auch die Verwaltung der Absprachen, der fertiggestellten Moduln, ihrer Versionen, die Freigabe von Mitteln, die Kontrolle des Erreichten usw. werden zu einem großen Managementproblem.

Um diese Schwierigkeiten in den Griff zu bekommen, sind Sprachmittel, welche die Modularisierung von Programmsystemen durch Zerlegung in wohldefinierte Programmeinheiten unterstützen, entwickelt worden (SIMULA [3.6], MODULA [2.2]). Die modularen Programmeinheiten — bereits früher Moduln genannt — solcher Systeme haben explizit definierte Schnittstellen, die von einem Compiler geprüft werden. Interne Details eines Moduls sind nach außen nicht sichtbar. Bei klassischen Compilern ist dieser Vorteil jedoch durch den Nachteil erkauft, daß stets das gesamte Programmsystem übersetzt werden muß. Nur dann können die Zugriffsrechte und Schnittstellen kontrolliert werden.

Bei sehr großen Programmsystemen hat diese Vorgehensweise einen unvertretbaren Übersetzungsaufwand zur Folge. Für große Programmsysteme hat sich deshalb die getrennte Übersetzbarkeit von einzelnen Systemmoduln als unbedingt notwendig erwiesen. Die meisten der heute kommerziell beziehbaren Compiler für die am weitest verbreiteten Programmiersprachen — wie ASSEMBLER, COBOL, FORTRAN, PL/1 — ist die separate Übersetzbarkeit zwar gegeben, allerdings werden weder die Schnittstellenprüfung noch die Zugriffskontrolle unterstützt.

Eine Verbindung der getrennten Übersetzbarkeit von Programmteilen und der Fähigkeit zur Schnittstellenkontrolle wird im folgenden separate Compilation genannt. Sie stellt einen wesentlichen Fortschritt dar. Sowohl die Entwicklung und Wartung als auch die Zuverlässigkeit komplexer Programmsysteme wird durch Compiler mit der Fähigkeit der separaten Compilation entscheidend erleichtert und verbessert. Ihre Unterstützung ist deshalb bei neueren Sprachentwicklungen — wie bei ALPHARD [3.7], CLU [3.8], MODULA [2.2], MESA [3.9], ADA [2.16] — ein wichtiges Entwurfsziel und Sprachcharakteristikum.

Andere Sprachen, die dieses Merkmal ursprünglich nicht hatten — z. B. PASCAL [3.10, 3.11] — wurden in dieser Richtung erweitert.

Der folgende Abschnitt behandelt eingehend die bei der Implementierung des CHILL-Compilers realisierte separate Compilation. Sie beruht im wesentlichen auf dem Modulkonzept von CHILL. Ihre Diskussion umfaßt aber vor allem dessen Einfluß auf die Programmiertechnik. Aber auch die Probleme, die mit dem Prinzip der separaten Compilation verbunden sind, werden aufgezeigt, die gewählten Lösungsstrategien erläutert und schließlich die Implementierungsaspekte der separaten Compilation im Siemens-CHILL-Compiler detailliert behandelt.

3.4.1 Modulkonzept und Sichtbarkeit

3.4.1.1 Modulstruktur von CHILL-Programmen

Ein CHILL-Programm besteht aus einer Sequenz von Moduln. Jeder Modul wird durch

modulname: MODULE

eingeleitet und durch

END modulname;

abgeschlossen.

Ein CHILL-Konstrukt REGION unterscheidet sich von einem Modul syntaktisch nur durch das Schlüsselwort REGION anstelle des Schlüsselwortes MODULE, semantisch allerdings durch seine unterschiedliche Wirkung für Prozeßkommunikation und -synchronisation. Zur Vereinfachung wird im weiteren der Begriff „Modul" sowohl für eine Programmeinheit, die als MODULE, als auch für eine solche, die als REGION definiert ist, verwendet.

Jeder Modul besteht aus einem Vereinbarungsteil für Daten und Prozedurdefinitionen und einem Verarbeitungsteil. Beide Teile können leer sein. Zur Laufzeit wird der Verarbeitungsteil genau eines Moduls durchlaufen.

Man kann sich ein CHILL-Programm als eine Sequenz von Moduln denken, die von einem imaginären äußeren Modul umgeben ist.

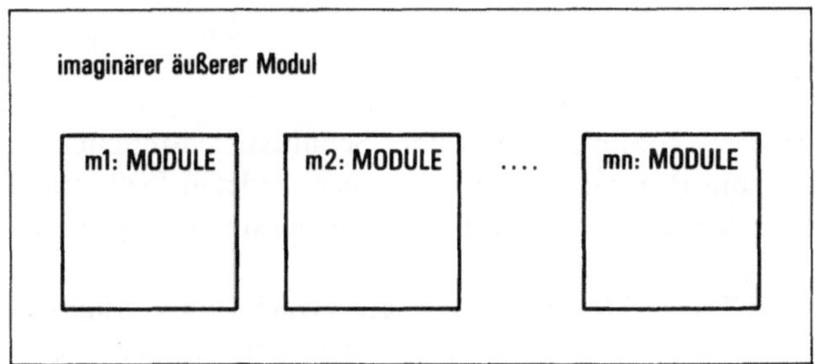

Bild 3.13. Imaginärer äußerer Modul

In CHILL ist die Einheit Modul die umfassendste Struktureinheit. CHILL kennt mit dieser Interpretation in Übereinstimmung mit der Erläuterung aus Kapiel 2 drei Ebenen der Strukturierung:

- Moduln,
- Blöcke (Prozeduren, Prozesse),
- Strukturierungseinheiten durch Steuerflußanweisungen einschließlich der mit DO...OD geschachtelten Anweisungssequenzen.

3.4.1.2 Lebensdauer, Sichtbarkeit

Die Lebensdauer von Objekten — das sind alle Programmelemente, die mit Namen versehen werden können — und die Sichtbarkeit von Objektnamen — das ist der

Zugriff auf Objekte — werden durch die vorgenannten Struktureinheiten bestimmt. Eine Ausnahme bilden dynamisch angeforderte Speicherplätze. Diese leben vom Zeitpunkt der dynamischen Anforderung bis zum Ende des Programmlaufs. Der Zugriff auf solche Speicherplätze wird über Zeiger geregelt.

Für die Strukturierungsebenen gilt bezüglich Lebensdauer und Sichtbarkeit folgendes:

- Die DO-WITH-Anweisungen regeln die Sichtbarkeit der Komponentennamen von Strukturen.
- Blöcke begrenzen sowohl die Lebensdauer als auch die Sichtbarkeit der in ihrem Bereich definierten Objekte bzw. Objektnamen nach außen. Dieser Bereich ist der Teil eines Blocks, der nicht in einem inneren Block liegt. Die Blöcke begrenzen nicht die Sichtbarkeit außerhalb definierter Objekte nach innen. Außerhalb eines Blocks kann also auf Objekte dieses Blocks nicht zugegriffen werden. Umgekehrt kann jedoch in einem inneren Block auf Objekte, die in der umgebenden Gruppe (Block oder Modul) sichtbar sind, zugegriffen werden, falls deren Namen im inneren Block nicht redefiniert sind. Diese Regelung entspricht dem allgemeinen Blockkonzept von höheren Programmiersprachen.
- Moduln begrenzen die Sichtbarkeit sowohl von innen nach außen als auch von außen nach innen, aber nicht die Lebensdauer. Da der gewählte CHILL-Subset Moduln nur auf globaler Ebene kennt, bedeutet dies, daß die auf Modulebene definierten Objekte während der gesamten Laufzeit des Programms leben, aber vor unerwünschten Zugriffen von anderen als dem definierenden Modul aus geschützt sind.

3.4.1.3 Erweiterung der Sichtbarkeit

Die Modulen eines Programmsystems kommunizieren über Schnittstellen miteinander. Diese Schnittstellen müssen vom Programmierer in der verwendeten Programmiersprache explizit formuliert werden, um vom Compiler verwaltet und kontrolliert werden zu können.

Die Schnittstelle zwischen zwei CHILL-Moduln besteht aus gemeinsam verfügbaren Objekten. Damit ein Objekt eines Moduls in einem anderen Modul angesprochen und verwendet werden kann, muß dieses Objekt in letzterem sichtbar sein. Der Programmierer hat deshalb in CHILL die Möglichkeit, die durch die Moduln gegebene Begrenzung der Sichtbarkeit aufzuheben, d.h. die Sichtbarkeit zu erweitern. Durch die Anweisung

GRANT objektname;

kann ein Modul die Sichtbarkeit und damit den Zugriff auf ein Objekt ausdehnen. Dies wird als Exportieren eines Objekts bezeichnet. Damit allein ist dieses Objekt in einem anderen Modul jedoch noch nicht verfügbar, da Modulgrenzen die Sichtbarkeit in beiden Richtungen einschränken. Erst durch ein explizites Sichtbarmachen (Importieren) durch

SEIZE objektname;

im anderen Modul ist das Objekt dort verfügbar.

Im Gegensatz dazu ist dies in der Programmiersprache ADA nicht so [2.16]: Dort gibt es nur ein Exportieren durch den Definitionsteil eines Packages. Die Definitionen dieses Packages sind dann überall dort verwendbar, wo das Package gesehen werden kann. Die in ADA mögliche USE-Klausel hat nur die Wirkung einer Verkürzung der Schreibweise.

Da durch Exportieren und Importieren Objekte über Modulgrenzen hinweg transferiert werden, sind die gewünschten Beziehungen zwischen den Moduln syntaktisch erkennbar und somit vom Compiler kontrollierbar.

3.4.1.4 Programmieren in Datenabstraktionen

CHILL unterstützt durch das Modulkonzept das Prinzip der Datenabstraktionen: Ein Datum wird zusammen mit den darauf zugelassenen Operationen in einem Modul definiert, der nur die für einen Benutzer relevanten Operationen exportiert. Ein Benutzermodul kann dieses Datum nur über die wohldefinierten Zugriffsoperationen manipulieren. Für ihn sind sowohl die innere Struktur des Datums als auch die spezielle Implementierung der Zugriffsfunktionen ohne Belang. Von Interesse sind lediglich Aufruf und Resultat der Operationen. Im Beispiel von Bild 3.14 soll dies erläutert werden [3.12].

```
tabellenverwaltung: MODULE
   GRANT kreiere, trage_ein, drucke, alpha;
   SYNMODE tabellenmode = STRUCT (name alpha);

   DCL tabelle tabellenmode;
   kreiere: PROC ();
   ...
   trage_ein: PROC (name alpha);
     ...
   drucke: PROC (name alpha);
     ...
END tabellenverwaltung;

benutzer: MODULE
   SEIZE kreiere, trage_ein, drucke, alpha;
   DCL name 1, name 2 alpha;
   .

   .
   kreiere ();
   trage_ein (name 1);
   trage_ein (name 2);
   .

   .
   drucke (name 1);
END benutzer;
```

Bild 3.14. Datenabstraktion

Der Benutzermodul kennt die Struktur der Tabelle nicht, er kann auch nicht direkt auf sie zugreifen. Dadurch ist die Tabelle vor nicht erlaubten Manipulationen geschützt. Darüber hinaus berührt eine Änderung von Inhalt oder Struktur der Tabelle (z. B. Listen- oder Baumstruktur) den Benutzermodul nicht. Nur eine Anpassung der Zugriffsoperationen ist nötig. Die notwendigen Änderungen beschränken sich also auf die Tabellenverwaltung. Das gleiche gilt für Änderungen der Operationen. Betreffen diese nur die Interna, so berühren sie den Benutzer überhaupt nicht. Wird im vorangehenden Beispiel die Tabelle, die zunächst als Liste realisiert ist, später als Baum organisiert, etwa um kürzere Zugriffszeiten zu den Elementen zu erreichen, müssen die Zugriffsoperationen „kreiere", „trage_ein", „drucke" entsprechend geändert werden. Die Schnittstelle nach außen, also der Aufruf, z. B.

   drucke (name),

ändert sich nicht. Der Benutzermodul wird von der Änderung also nicht berührt.

3.4.2 Separate Compilation von Moduln

Separate Compilation bedeutet die getrennte Übersetzung von Programmeinheiten oder -moduln mit Überprüfung der Schnittstellen zwischen den Einheiten oder Moduln.

Die Grundlage der separaten Compilation in CHILL ist, wie erwähnt, das Modulkonzept:

- Übersetzungseinheit ist die Einheit Modul.
- Die Schnittstellen sind durch die GRANT- und SEIZE-Anweisungen und die Objektdefinitionen in den exportierenden Moduln exakt definiert.

3.4.2.1 Schnittstellenprüfung

Die Schnittstellenobjekte sind Modes, Konstanten, Variablen, Prozeduren und Prozesse. Bei der Schnittstellenprüfung kontrolliert der Compiler bei der Übersetzung eines Moduls, der ein gegebenes Objekt importiert (SEIZE), ob dieses Objekt entsprechend seiner Definition verwendet wird. Diese Prüfung erfolgt nach den gleichen Kriterien wie bei Objekten, die innerhalb des Moduls definiert sind. Dadurch wird die Sicherheit, die Sprache und Compiler innerhalb eines Moduls gewährleisten, auf die Schnittstellen zwischen den Moduln und damit auf das Gesamtsystem erweitert. Die wesentliche Information, die der Compiler für das Mode-Checking benötigt, ist in den Symboltabellen enthalten. Bei der separaten Übersetzung eines Moduls sind jedoch nur dessen Symboltabellen bekannt, d. h. die Tabelleneinträge für importierte Objekte sind nicht bekannt. Um ein korrektes Mode-Checking bei der Übersetzung durchführen zu können, müssen deshalb die Tabelleneinträge für die importierten Objekte rekonstruiert werden. Die dazu nötige Information wird deshalb bei der vorangehenden Übersetzung des exportierenden Moduls in eine permanente Datei, die Projektbibliothek eingetragen. Sie nimmt auch andere für die Verwaltung und Kontrolle der Schnittstellen nötige Informationen auf.

3.4.2.2 Erzeugung des Objektprogramms

Aus jedem getrennt übersetzten Modul wird ein Objektmodul erzeugt. Die Objektmoduln werden vom Binder zu einem ladbaren Objektprogramm gebunden.

Die Externbezüge der Moduln auf Objektcodeebene werden dabei über Entry- und Extern-Namen realisiert, die vom Binder in relative Maschinenadressen umgesetzt werden.

3.4.2.3 Recompilation, Versionenkontrolle

Eine Recompilation eines Moduls kann aus mehreren Gründen notwendig sein:

- Die frühere Version des Moduls enthält exportierte Prozeduren, deren Verarbeitungsteil leer ist (Dummy-Prozeduren), so daß nun die Implementierung nachgeholt werden muß.
- Die Implementierung wird geändert (Fehlerkorrektur, Verbesserung des Algorithmus).
- Die Objekte, die der Modul exportiert, ändern sich.

Während die beiden ersten Punkte unkritisch sind, beeinflußt der dritte Grund auch andere Moduln. Bei einer Recompilation muß deshalb neben der Prüfung der Schnittstelle von außen (d.h. der korrekten Verwendung der SEIZE-Objekte) auch geprüft werden, ob die Schnittstelle auch außen, die durch eine frühere Übersetzung festgelegt ist, eingehalten wird. Ist dies nicht der Fall, muß gewährleistet werden, daß die Moduln, die Objekte mit geänderten Attributen verwenden, angepaßt werden.

Dies wird durch eine Versionenkontrolle nach folgendem Prinzip erreicht: Die aktuelle Version eines Objekts wird durch eine Versionsnummer bestimmt. Beim Übergang zu einer neuen Version wird diese Versionsnummer fortgeschrieben. Dazu vergleicht der Übersetzer die Definition jedes Objekts mit der in der Projektbibliothek gespeicherten Definition. Wird bei einem Objekt eine Änderung der Definition festgestellt, entspricht dies dem Übergang zu einer neuen Version dieses Objekts. In diesem Fall wird, neben der Erhöhung der Versionsnummer, auch die alte Definition des Objekts in der Projektbibliothek durch die neue ersetzt. Dem Binder wird die Versionsnummer als Bestandteil der Entry- bzw. Extern-Namen des Maschinencodes übergeben. Er findet deshalb zu einem Extern-Namen nur dann den zugehörigen Entry-Namen, wenn die Namen übereinstimmende Versionsnummern enthalten. Wird versucht, einen Modul anzubinden, der auf ein geändertes Objekt zugreift, ohne daß sein Quellcode angepaßt und neu übersetzt ist, wird ein Bindefehler gemeldet. Dadurch wird eine Neuübersetzung des zugreifenden Moduls mit angepaßter Verwendung des geänderten SEIZE-Objekts erzwungen.

Dem Programmierer wird die Erhöhung der Versionsnummer und damit der Übergang zu einer neuen Version eines Objekts auf dem Übersetzungsprotokoll mitgeteilt. Daraus kann er ersehen, welche Moduln von einer Änderung betroffen sind und deshalb neu übersetzt werden müssen. Die Vergleichskontrolle zwischen Entry- und Extern-Name durch den Binder zwingt den Programmierer, die Neuübersetzungen tatsächlich durchzuführen.

Die Versionskontrolle gewährleistet also einerseits, daß die Sicherheit in einem Programmsystem auch bei Recompilationen einzelner Moduln gegenüber einer monolithischen Übersetzung des Systems nicht abgeschwächt wird. Andererseits wird der durch eine Änderung bedingte Übersetzungsaufwand minimiert: Die objektbezogene Versionskontrolle bedingt, daß die und nur die Moduln neu übersetzt werden müssen, die von einer Änderung betroffen sind.

3.4.2.4 Übersetzungsreihenfolge, zyklisches Exportieren und Importieren

Im allgemeinen müssen im Subset des Siemens-CHILL-Compilers — von wohldefinierten Ausnnahmen abgesehen — Namen vor ihrer Verwendung definiert sein.

Innerhalb eines Moduls ist die Einhaltung dieser Regel eindeutig aus dem Programmtext entscheidbar.

Bei separater Compilation mehrerer Moduln ist dies in Bezug auf GRANT- und SEIZE-Objekte nicht mehr gegeben: Exportiert ein Modul m1 ein Objekt v und ein Modul m2 importiert v, so ist die Regel erfüllt, falls zuerst m1 und dann m2 übersetzt wird. Wird aber zuerst m2 und dann m1 übersetzt, ist die Regel nicht erfüllt. Das bedeutet, daß die Entscheidung nicht nur vom Programmtext, sondern auch von der Übersetzungsreihenfolge abhängt.

Eine formale Ausdehnung der Namensregel auf GRANT- und SEIZE-Objekte hätte also zwei Nachteile:

- Die Verwendung von GRANT-Objekten wird eingeschränkt: das unten angegebene Beispiel wäre nicht möglich.
- Der Anwender müßte die Übersetzungsreihenfolge genau spezifizieren. Dies bedeutet sowohl zusätzlichen Aufwand für den Anwender als auch häufigere Übersetzungen: Bei einer Recompilation eines Moduls müßten alle in der Übersetzungsreihenfolge später aufgeführten Moduln ebenfalls recompiliert werden.

Deshalb ist es für exportierte Objekte zulässig, daß sie in jedem Modul des Programmsystems unabhängig von der Übersetzungsreihenfolge importiert werden dürfen.

Diese Regelung verträgt sich mit der Struktur eines Gesamtprogramms gemäß der CHILL-Sprachkonzeption: Ein von einem Modul exportiertes Objekt wird von einem importierenden Modul so gesehen, als sei es in dem umfassenden imaginären Modul definiert. Es kann also von jedem Modul gleichermaßen importiert werden. Deshalb ist die für GRANT- und SEIZE-Objekte eingeführte Regelung über Definition und Verwendung von Objektnamen kein Bruch der ursprünglichen Regel, sondern eine logische Ausdehnung auf das Gesamtprogramm.

Für die Schnittstellenprüfung ergeben sich dadurch allerdings zusätzliche Probleme: Wird ein Objekt importiert, das erst von einem später zu übersetzenden Modul exportiert wird, so kann die korrekte Verwendung dieses Objekts im importierenden Modul nicht geprüft werden. Der Compiler weiß zu diesem Zeitpunkt noch nicht, ob das Objekt später tatsächlich exportiert wird. Deshalb wird in diesem Fall zunächst eine Meldung erzeugt, die dem Anwender mitteilt, daß das betreffende Objekt noch nicht definiert ist. Außerdem wird für den importierenden Modul kein Maschinencode erzeugt. Dadurch wird der Programmierer gezwungen, den importierenden Modul nach der Übersetzung des exportierenden Moduls nochmals zu übersetzen. Dabei kann dann eine komplette Schnittstellenprüfung durchgeführt werden.

Gemäß diesen Darlegungen können Moduln auch wechselseitig exportieren und importieren. Beispiel:

- Programm-Moduln

```
m1: MODULE              m2: MODULE
   GRANT a;                GRANT b;
   SEIZE b;                SEIZE a;
   .      /* def a */      .      /* def b */
   .      /* use b */      .      /* use a */
   .                       .
END m1;                 END m2;
```

– Übersetzungsstrategie

  – – Der Modul m1 wird übersetzt, dabei wird das Objekt a exportiert. b ist jedoch noch nicht definiert, deshalb wird kein Maschinencode für m1 erzeugt.

  – – Der Modul m2 wird übersetzt, dabei wird a importiert, b exportiert. Es kann sofort Maschinencode erzeugt werden.

  – – Der Modul m1 wird nochmals übersetzt. Jetzt ist die Definition von b bekannt. Wird b entsprechend seiner Definition verwendet, wird auch für m1 Maschinencode erzeugt.

Betrachtet man eine GRANT- und SEIZE-Beziehung zwischen zwei Moduln als Pfeil und die Moduln als Knoten, so ergibt sich für das Beispiel Bild 3.15.

Bild 3.15. GRANT- und SEIZE-Beziehung zwischen zwei Moduln

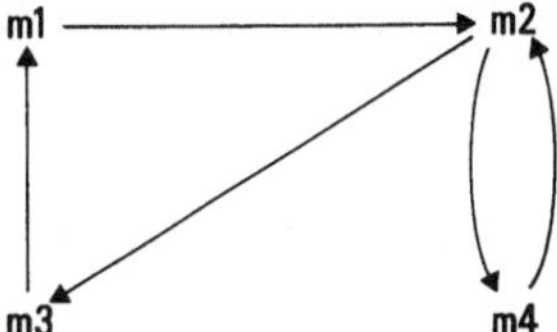

Bild 3.16. GRANT- und SEIZE-Beziehung zwischen vier Moduln

Die durch die GRANT- und SEIZE-Beziehungen definierten gerichteten Graphen lassen Zyklen zu, die als direkte oder als indirekte Zyklen auftreten können (Bild 3.16). (m1, m2, m3) ist ein indirekter Zyklus, (m2, m4) ist ein direkter Zyklus. Eine gut gewählte Übersetzungsreihenfolge, d.h. eine Übersetzungsreihenfolge mit einer möglichst geringen Anzahl von Übersetzungen, wäre in diesem Fall m1, m2, m3, m1, m4, m2.

Für den Anwender ist eine optimale Übersetzungsreihenfolge zwar erstrebenswert, da sie den Aufwand minimiert, jedoch nicht unbedingt notwendig. Auch eine beliebige, nicht optimale Reihenfolge führt, mit erhöhtem Aufwand, zum Ziel.

Um einen minimalen Übersetzungsaufwand zu erreichen, muß der Anwender zwei Punkte beim Entwurf eines Programmsystems beachten:

– Die Anzahl der Zyklen muß möglichst gering gehalten werden, d.h. die Moduln müssen weitgehend hierarchisch hinsichtlich der GRANT- und SEIZE-Beziehungen konzipiert sein.
– Eine optimale Übersetzungsreihenfolge muß gefunden werden.

Enhält der Graph des Programmsystems keine Zyklen, muß jeder Modul nur einmal übersetzt werden.

Unzulässige Zyklen entstehen bei wechselseitigem GRANT- und SEIZE durch allgemeine rekursive Definitionen:

```
SYNMODE                 SYNMODE
a = ARRAY (1:10) b;     b = ARRAY (1:10) a;
```

Innerhalb eines Moduls werden solche Definitionen durch die Regel, daß Namen vor ihrer Verwendung definiert sein müssen, verhindert. Liegen die beiden Definitionen jedoch in getrennten Moduln, muß die bisherige Strategie verfeinert werden: Jedes Objekt erhält eine Markierung, je nachdem ob es korrekt definiert ist oder nicht.

Korrekt ist ein Objekt dann und nur dann, wenn:

- die Definitionsanweisung keinen Fehler enthält,
- die zur Definition des Objekts verwendeten Objekte korrekt sind (Standardobjekte sind a priori korrekt).

Exportiert werden bei der Übersetzung eines Moduls nur korrekt definierte Objekte.

Ein nicht definiertes Objekt wird genauso behandelt wie ein nicht korrektes Objekt. Im obigen Fall werden weder a noch b exportiert, auch nicht bei mehrfachem Übersetzen. Dadurch wird erreicht, daß modulübergreifende rekursive Definitionen ausgeschlossen werden, ohne daß für korrekte Definitionen Einschränkungen gemacht werden müssen.

3.4.2.5 Auswirkungen der separaten Compilation auf die Programmentwicklung

Die separate Compilation von CHILL hat den Vorteil, daß der Programmierer einerseits nur mit dem einfachen und deshalb leicht verständlichen und handhabbaren Modulkonzept konfrontiert wird. Andererseits ist sie dennoch mächtig, denn sie erlaubt bei maximaler Sicherheit des Gesamtprogramms:

- Das Top-down-Prinzip der Programmentwicklung: Programmteile, die zu einem aktuellen Zeitpunkt noch nicht ausprogrammiert sind, können in separate Moduln ausgelagert werden, wo ihre Schnittstellen definiert werden, aber die Implementierung offen bleibt. Wird zu einem späteren Zeitpunkt die Implementierung nachgeholt, muß nur der entsprechende Modul neu übersetzt werden. Der Compiler prüft dabei, ob die bei der ersten Übersetzung definierte Schnittstelle eingehalten ist.
- Das Bottom-up-Prinzip der Programmentwicklung: Eine Hilfsfunktion wird implementiert und zur Verfügung gestellt. Sie kann dann an den verschiedensten Stellen eines oder mehrerer Programmsysteme benutzt werden.

3.4.3 Implementierungsgesichtspunkte

3.4.3.1 Projektbibliothek

Das zentrale Hilfsmittel bei der Implementierung des Prinzips der separaten Compilation ist die Projektbibliothek. Sie enthält die Informationen über externe Objekte, die bei einem Zugriff auf ein solches Objekt in einem zeitlich unabhängigen Übersetzungslauf benötigt werden.

Die Projektbibliothek und das Abspeichern und Wiedergewinnen der Tabelleninformation sollen so implementiert sein, daß beim Übersetzen eines importierenden Moduls die und nur die Tabelleneinträge der tatsächlich importierten Objekte aufgebaut werden. Dadurch werden die Tabellen bei den einzelnen Übersetzungen möglichst klein gehalten.

Die Projektbibliothek ist im Siemens-CHILL-Compiler als indexsequenzielle Datei mit alphanumerischem Schlüssel organisiert. Sie enthält vier Satztypen:

– Einen Organisationssatz, der beim Initialisieren der Projektbibliothek erstellt und bei jedem Übersetzungslauf aktualisiert wird.
– Modulsätze: Für jeden Modul, der durch „GRANT" Objekte exportiert, existiert ein Modulsatz.
– Objektsätze: Für jedes exportierte Objekt existiert ein Objektsatz.
– Beschreibungssätze: Sie dienen der näheren Beschreibung der exportierten Objekte.

Die Schlüssel der Modul- bzw. Objektsätze sind die jeweiligen Modul- bzw. Objektnamen. Da CHILL-Namen stets mit einem Buchstaben beginnen, werden zur Unterscheidung die Schlüssel für die Beschreibungssätze so vergeben, daß sie stets mit einer Ziffer beginnen. Diese Schlüsselvergabe wird vom Compiler mit Hilfe des Organisationssatzes durchgeführt.

Die Beziehungen zwischen den Bibliothekssätzen sind in Bild 3.17 dargestellt.

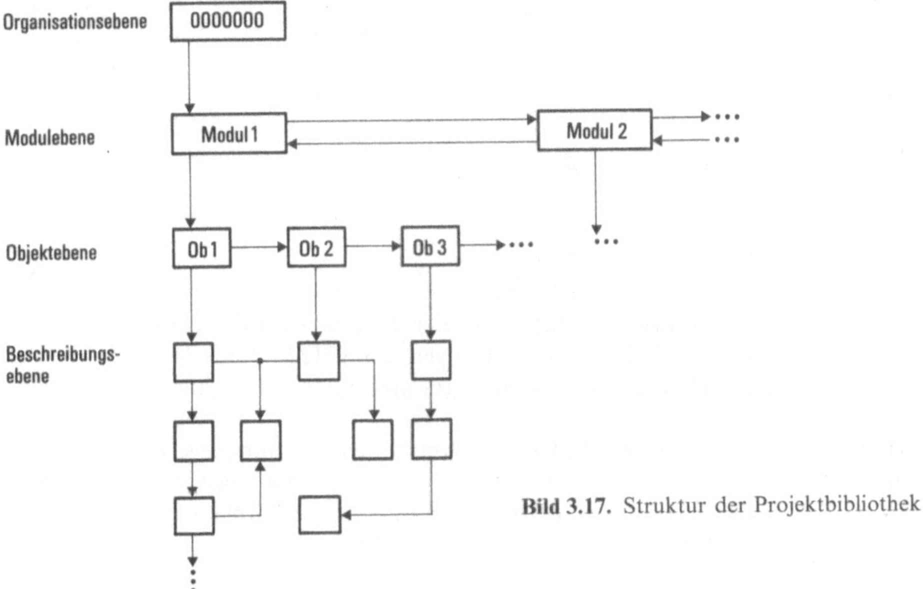

Bild 3.17. Struktur der Projektbibliothek

Die Information der Sätze der 1. und 2. Stufe besteht im wesentlichen aus den aus Bild 3.17 hervorgehenden Verweisen. Die Sätze der 3. und 4. Stufe enthalten die Informationen, die notwendig ist, um die Einträge in die Symboltabellen der exportierten Objekte rekonstruieren zu können. Die Beziehungen zwischen den Beschreibungssätzen sind ein Abbild der Verweise, die zwischen den Attributen der Objekte in den Symboltabellen existieren. Die exakte Rekonstruktion der Tabellen beim Importieren von Objekten ist Voraussetzung für korrektes Mode-Checking bei diesen Objekten und damit ein wesentlicher Punkt bei der Schnittstellenkontrolle.

3.4.3.2 Schnittstelle zwischen Parser und Codegeneratoren

Der Codegenerator erzeugt für die vom Parser geprüften und zugelassenen externen Bezüge den diese Bezüge realisierenden Objektcode. Die dazu nötigen Informationen werden übergeben durch:

– den Zwischencode,
– das externe Symboladreßbuch (ESAB).

Das ESAB ist im Datensegment realisiert. Bild 3.18 zeigt seinen Aufbau. Für jedes GRANT- und SEIZE-Objekt des zu compilierenden Moduls wird ein solcher Eintrag angelegt. Das Feld „Adesse" ist nur bei GRANT-Objekten (diese sind aus der GRANT- und SEIZE-Kennung ersichtlich) besetzt. Die Adresse kann in Abhängigkeit von der durch die Objektkennung spezifizierte Objektklasse ein Code-, Stack-, oder Konstantenpooladresse sein. Modes und Konstante mit Ganzzahlwerten haben keine Adresse.

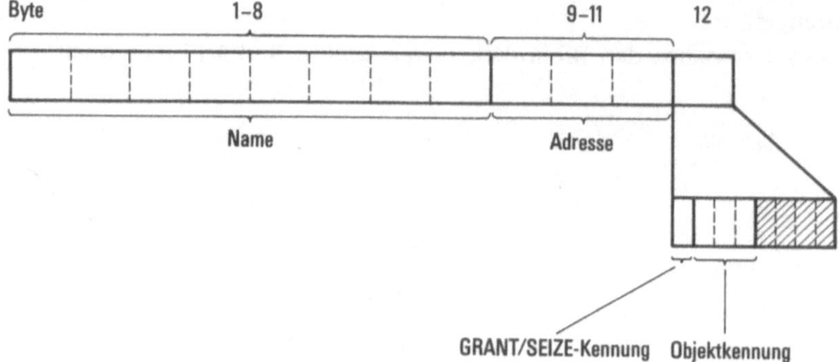

Bild 3.18. Aufbau eines ESAB-Eintrages

Aus den ESAB-Einträgen erzeugt der Codegenerator ENTRY-Anweisungen (für GRANT-Objekte) und EXTERN-Anweisungen (für SEIZE-Objekte), die der Binder des Systems beim Binden des Maschinenprogramms (aus den einzelnen Codemoduln) verarbeitet.

Da Objekte ohne Adresse (Modes und Konstanten mit Integerwert) zur Laufzeit nicht mehr relevant sind (sie können im Maschinencode nicht angesprochen werden), sind die ENTRYs und EXTERNs dieser Objekte für den Ablauf des Programms nicht nötig. Sie sichern aber die Versionenkontrolle.

3.4.4 Bemerkungen zur separaten Compilation

Das Kernstück der Implementierung des Prinzips der separaten Compilation ist das Abspeichern der Tabelleninformation der exportierenden Moduln und das Rekonstruieren der Tabelleneinträge in den importierenden Moduln. In dem realisierten Compiler werden dafür die Tabelleneinträge der GRANT-Objekte schrittweise durchlaufen und ihre Information in die Projektbibliothek eingetragen. Dieser Aufwand hätte zwar dadurch verringert werden können, daß der Speicherbereich der Tabellen als ganzer Block abgespeichert würde. Aber andere größere Nachteile wären entstanden:

– Bei den importierenden Moduln hätten sich die Tabellen stark vergrößert.
– Alle durch Pointer realisierten Verweise in den Tabellen hätten relativiert werden müssen.

Zusammenfassend kann festgestellt werden, daß die wichtigsten Vorteile der separaten Compilation für den Anwender gegeben sind durch:

- optimale Sicherheit, gemessen an einer „monolithischen" Compilation;
- Einfachheit der sprachlichen Mittel mit geringem Aufwand für den Programmierer;
- Flexibilität bei der Programmentwicklung: Möglichkeit sowohl des Top-down- als auch des Bottom-up-Programmentwurfs sowie des Programmierens in Abstraktionsebenen, die bereits aufgezeigt wurden;
- Schnittstellenkontrolle zur Übersetzungszeit: Die Funktion des Binders wird lediglich benutzt, um eine Umgehung der Schnittstellenkontrollen nach Änderungen zu verhindern. Dazu ist keine Erweiterung des Binders nötig;
- objektbezogene Versionenkontrolle: Sie ermöglicht, daß bei Schnittstellenänderungen nur die tatsächlich betroffenen Moduln neu übersetzt werden müssen.

Prinzip und Verwirklichung, wie die vorgestellte separate Compilation, wurden nach ihrer Implementierung auch für den Compiler selbst angewandt. Dies erwies sich als eine wesentliche Hilfe für das Austesten. Umittelbar meßbar war die Verkürzung der Übersetzungszeiten, da bei Änderungen oder Erweiterungen nur die betroffenen Komponenten neu übersetzt werden mußten.

3.5 Problematik der Initialisierung

Die Sprache CHILL erlaubt die Initialisierung, d.h. die Vorbesetzung von Variablen im Vereinbarungsteil. Das Programm wird dadurch lesbarer. Auch wird seltener vergessen, Variablen im Vereinbarungsteil vorzubesetzen, so daß das Programm auch zuverlässiger wird. Außerdem gewinnt das Programm in den Fällen an Effizienz, bei denen eine Initialisierung bereits zur Compile-Zeit durchgeführt wird. Kein Laufzeitcode muß generiert zu werden, um die zu initialisierenden Variablen mit ihren Anfangswerten vorzubesetzen.

Neben dieser expliziten, vom Programmierer steuerbaren Initialisierung gibt es bei der Verwendung von FILE- oder BUFFER-Variablen noch eine implizite Initialisierung: Wird z.B. in einem Programm eine Datei vereinbart, so muß vom Compiler ein Steuerblock angelegt werden, der mit gewissen Daten vorbesetzt wird. Der Programmierer hat darauf keinen Einfluß. Der Steuerblock enthält u.a. einen vorzubesetzenden Zeiger, der auf die Puffervariable einer Datei verweist. Weitere wichtige Einträge sind die maximale Länge eines Satzes oder Länge und Position des Schlüssels bei ISAM-Dateien. Die hierfür benötigten Daten können zur Compile-Zeit aus der Mode-Analyse der FILE-Variablen gewonnen werden. Ähnliches gilt für BUFFER-Variablen.

Die Möglichkeit zur „expliziten Initialisierung" ist das eigentlich Neue in CHILL. Deshalb wird sie ausschließlich in diesem Abschnitt behandelt.

3.5.1 Möglichkeiten der Initialisierung

Die Syntax der Initialisierung hat allgemein die Form:

    DCL name mode INIT := ct-expression;

Der Ausdruck auf der rechten Seite der Zuweisung muß zur Compile-Zeit berechenbar sein. Im Beispiel

DCL a int INIT := 0;

erhält a zu Beginn der Laufzeit des entsprechenden Programms den Wert 0. In

DCL else_event bool INIT := false;

wird die Variable else_event mit dem Booleschen Wert false vorbesetzt.

Die Sprache CHILL erlaubt auch die Vorbesetzung nichtklarer Größen, d.h. die Initialisierung von ARRAYs und STRUCTUREs:

DCL vect ARRAY (1:3) int INIT := (:1, 0, 0:);

Hier wird die erste Komponente vect (1) des ARRAYs vect mit 1 vorbesetzt, die übrigen Komponenten mit 0.

DCL   rec STRUCT (i int, b bool)
        INIT := (:0, false:);

Die geklammerten Ausdrücke der Form (:...:) heißen Tuple. Die Klammern "(:" oder ":)" heißen dementsprechend Tuple-Klammern.

ARRAYs und STRUCTUREs können auch geschachtelt werden. Entsprechend sind dann bei der Initialisierung die Tuples geschachtelt:

DCL   str STRUCT (norm int, vec ARRAY (1:2) int)
        INIT := (:X1 * X1 + X2 * X2, (:X1, X2:):);

Bei der Initialisierung von großen ARRAYs mit einer Vielzahl von Elementen, von denen viele mit dem gleichen Wert vorbesetzt werden sollen, hat man die Möglichkeit, durch Verwendung sogenannter Labels das Tuple zu verkürzen. („labeled tuples"):

DCL vect ARRAY (1:1000) int INIT := (: (1:1000):0:);

Alle tausend Komponenten werden hier mit 0 vorbesetzt.
Auch diese Labeled-Tuples lassen sich schachteln:

DCL   mat ARRAY (1:10) ARRAY (1:10) int
        INIT := (:(1:10):(:(1:10):0:):);

Im folgenden werden einige Hinweise zur Prolematik der Implementierung der Initialisierung gegeben. Dabei wird vorausgesetzt, daß alle Ausdrücke und Tuples zur Compile-Zeit berechenbar sind.

3.5.2 Datensegment

Die zur Initialisierung von Variablen benötigten Informationen müssen zur Compile-Zeit aufbereitet werden: Sie werden zunächst vom Parser in einer Datei DATASEGM abgelegt, die im folgenden auch Datensegment genannt wird. Man beachte, daß keine Verwechslungen mit dem später beschriebenen Datensegment entstehen. Der Parser benötigt für diese Maßnahme mindestens drei Arten von Daten:

– Adresse der Variablen,
– Speicherplatzbedarf der Variablen,
– Wert der Variablen.

Der Umgang mit diesen Daten ist bei skalaren Variablen nicht problematisch. Die eigentlichen Probleme treten erst bei der Behandlung „vektorieller" Größen und hier insbesondere bei den Labeled-Tuples auf.

Zweckmäßig ist die Zerlegung von ARRAYs oder STRUCTUREs in ihre einzelnen Elemente, die dann jeweils für sich auf dem Datensegment abgelegt werden. Am Datensegment selbst läßt sich dann nicht mehr erkennen, ob es sich bei den aufgeführten Werten um Werte von ARRAY-Elementen handelt oder nicht.

Einen Eintrag der Form (Adresse, Speicherplatz, Wert) einer skalaren Variablen oder eines skalaren Elements im Datensegment heißen Atom.

Beispiel 3.2. Initialisierung

Betrachtet wurde das folgende Programmstück, bestehend aus einem Deklarationsteil:

```
. . . .

DCL i int INIT := 1;
DCL a ARRAY (1:3) int INIT := (:3, 6, 9:),

. . . .
```

Nimmt man einmal an, daß i die Anfangsadresse 16 hat und INTEGER-Größen einen Speicherplatzbedarf von 4 Bytes benötigen, erhält man die im Bild 3.19 gezeigten Einträge (Atome) im Datensegment. Es sähe allerdings genauso aus, wenn anstelle des ARRAYs drei einzelne INTEGER-Variablen sukzessive mit 3, 6 oder 9 initialisiert worden wären.

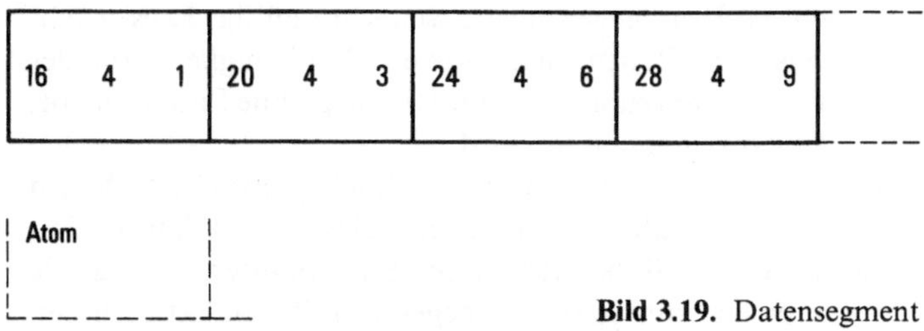

Bild 3.19. Datensegment

Mit Hilfe der im Datensegment gespeicherten Informationen wird vom Codegenerator ein Speicherbereich „vorfabriziert", der beim Laden des Programms so in den aktuellen Speicherbereich kopiert wird, daß die den Variablen zugeordneten Speicherplätze mit den gewünschten Werten vorbesetzt werden. Bei dem Beispiel 3.2 würde sich Bild 3.20 ergeben.

Eine der Hauptaufgaben liegt in der Berechnung der Adressen der einzelnen Atome.

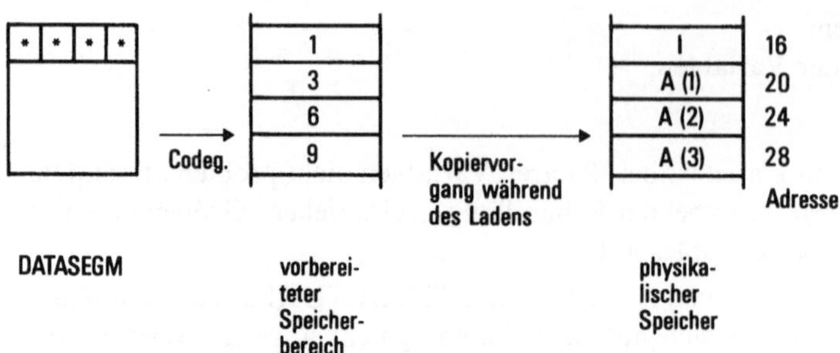

Bild 3.20. Datensegment und Speicher

3.5.3 Analyse der Compile-Zeit-Ausdrücke

Die Analyse derjenigen Ausdrücke, mit denen Variable initialisiert werden, geschieht in einer eigenen Prozedur und wird bei geschachtelten Tuples durch rekursives Aufrufen dieser Prozedur durchgeführt.

Dabei werden alle Daten für das Datensegment aufbereitet. Bei der Analyse von Tuples kommen also zusätzlich zum Wert und Speicherplatzbedarf vor allem die (relativen) Adressen der einzelnen skalaren Elemente hinzu.

Beispiel 3.3. Initialisierung von Tuples

DCL a ARRAY (1:10) ARRAY (0:9) int INIT: =
(:(1:2):(:(0:3):1, (4:9):0), (3:10):(:(0:4):0, (5:9):1:):);
    1.   2.   3.   4.   5.   6.

Bevor man hier zur Analyse des ersten skalaren Elementes „1" der Matrix a kommt, müssen die beiden Intervalle (1:2) und (0:3) ausgewertet werden. Sie bestimmen mit, wie oft und wohin die „1" zu speichern ist.

Zur Berechnung des Speicherplatzes der ersten „0" sind die Intervalle (1:2) und (4:9) relevant. Gegenüber dem vorangehenden Berechnungsschritt wird also (0:3) durch (4:9) ersetzt, das Intervall (1:2) hingegen bleibt weiterhin gültig. Dies macht deutlich, daß die in den Labels enthaltenen Intervalle in Abhängigkeit von der Schachtelungstiefe verschieden lang bereitzuhalten sind. Hier liegt eine Situation vor, in der das „last in, first out"-Prinzip angewendet wird.

Während der Analyse werden die Intervalle in einem Stack gespeichert, dessen Segmente den Schachtelungstiefen der Labels entsprechen. Dieser Stack hat im Beispiel 3.3 das Aussehen gemäß Bild 3.21. SP bezeichnet den Stackpointer. Er zeigt die Schachtelungstiefe an, in der man sich zum jeweils angegebenen Zeitpunkt befindet. Die zusätzlich im Stack gespeicherten Daten, wie S_1 oder S_2, bezeichnen den Speicherplatzbedarf des inneren ARRAYs bzw. einer INTEGER-Konstanten. Sie werden ebenfalls für die Berechnung der (relativen) Adressen der ARRAY-Elemente benötigt.

Nach der Analyse und Berechnung der jeweiligen Werte der ARRAY-Elemente an den Stellen 2., 3., 5. und 6. werden diejenigen Unterprozeduren aufgerufen, die zugehörigen (relativen) Adressen mit Hilfe der im Stack abgelegten Informationen explizit berechnen. In diesen Unterprozeduren werden auch die restlichen Daten für das Datensegment, wie Werte und Speicherplatzbedarf, bereitgestellt.

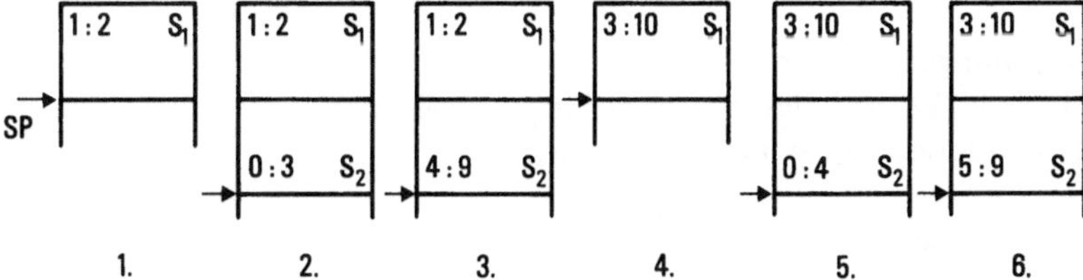

Bild 3.21. Stackzustand bei Initialisierung von Tuples

Im Beispiel 3.3 ergeben sich die relativen Adressen für die erste „1" wie folgt: Die Differenzen der Elemente in den Intervallen (1:2) bzw. (0:3) werden mit den unteren Grenzen der entsprechenden ARRAY-Indexbereiche (im Beispiel also 1 bzw. 0) gebildet. Die so gefundenen Relativ-Indizes werden alsdann jeweils mit S_1 bzw. S_2, dem Speicherplatzbedarf, multipliziert und zueinander addiert.

In CHILL-Notation sieht der Algorithmus folgendermaßen aus:

DO FOR i:= 1 *TO* 2;   /* von unterer bis oberer Grenze des Label_Intervalls (1:2) */

rel_indizes (1):= i−1;   /* untere Grenze des Indexbereichs (1:10) abziehen */

DO FOR k:= 0 *TO* 3;   /* von unterer bis oberer Grenze des Label_Intervalls (0:3) */

   rel_indizes (2):= k−0;   /* untere Grenze des Indexbereichs (0:9) abziehen */

   relativ_adresse:= rel_indizes (1) * S_1 + rel_indizes (2) * S_2;

. . .

OD;

OD;

Tatsächlich werden die relativen Indizes in einer eigenen Unterprozedur gebildet. Dazu werden zu Anfang die den Schachtelungsebenen entsprechenden Elemente des Vektors rel_indizes mit den kleinstmöglichen relativen Indizes besetzt. Danach werden diese sukzessiv „von unten nach oben", d.h. in Abhängigkeit von den Label-Intervallen und ARRAY-Indexbereichen der entsprechenden Schachtelungsebenen, erhöht.

Die beiden Routinen haben in CHILL-Notation folgende Form:

berechne_adressen: PROC ();

first_address := true;

/* Die Information, ob first_address true oder false ist, wird von der Unterprozedur „berechne_relativ_indizes" benötigt: im Falle „true" wird rel_indizes mit den kleinstmöglichen Werten initialisiert.*/

last_address := false;

/* „berechne_relativ_indizes" setzt last_address auf true, nachdem sämtliche in Frage kommenden relativen Indizes errechnet wurden.*/

loop: *DO FOR EVER;*

  berechne_relativ_indizes;

  IF last_address

  THEN

    EXIT loop;

```
    ELSE
        address := anfangsadresse_des_arrays;
        DO FOR k := 1 TO tuple_level; /* tuple_level ist SP */
          address := address + rel_indizes (k) * S_k;
        OD;
        first_address := false;

        ...

        beschreibe_datensegment

        ...

    FI;
OD loop;
END berechne_adressen;


berechne_relativ_indizes: PROC ();
IF first_address
THEN /* initialisiere rel_indizes */
  DO FOR k := 1 TO tuple_level;
      rel_indizes (k) := min_label (k) — min_range (k);
      /* min_label (k) bzw. max_label ist das kleinste bzw. größte Element in den
      Label-Intervallen und min_range (k) die untere Grenze des ARRAY-In-
      dexbereichs der Schachtelungstiefe k */

  OD;
ELSE /* erhöhe sukzessive relativen Indizes */
  k := tuple_level;
  loop: DO FOR EVER;
      IF min_range (k) + rel_indizes (k) + 1 > max_label (k)
      THEN /* rel_indizes (k) auf Anfangswert (d.h. kleinstmöglichen) setzen und
          rel_indizes (k-1) im nächsten Durchlauf um 1 erhöhen */
          rel_indizes (k) := min_label (k) — min_range (k);
          k := k-1;
          IF k = 0
          THEN /* alle in Frage kommenden relativen Indizes sind berechnet worden
          */
            last_address := true;
            EXIT loop;
          FI;
      ELSE rel_indizes (k) := rel_indizes (k) + 1;
          EXIT loop;
      FI;
  OD loop;
FI;
END berechne_relativ_indizes;
```

Diese Algorithmen müssen modifiziert werden, wenn — anders als im obigen
Beispiel — wechselweise Labeled-Tuples und Unlabeled-Tuples ineinander geschachtelt werden. Die grundsätzlichen Strategien bleiben allerdings unverändert.

So kann man im Falle eines ARRAYs — im Gegensatz zum Falle einer STRUC-
TURE — einen Unlabeled-Tuple wie einen Labeled-Tuple behandeln: Zur Berechnung der relativen Adressen kann das Tuple in der Deklaration

DCL a ARRAY (1:3) int INIT := (:3, 6, 9:)

interpretiert werden als

(:(1):3, (2):6, (3):9:).

Geringe Modifikationen ergeben sich auch, wenn man, wie beim Siemens-CHILL-
Compiler implementiert, mehrere Intervalle oder Konstanten innerhalb eines Labels
zuläßt.

3.5.4 Der ELSE-Fall

Bei der Initialisierung sehr großer ARRAYs sollen häufig gewisse „Lücken" einheitlich vorbesetzt werden. Dies kann mit Hilfe eines „ELSE" in einem Label sehr
bequem ausgedrückt werden:

Beispiel 3.4 Initialisierung mit ELSE

DCL vect ARRAY (1:1000) int INIT :=
(:(1:10):1, (20:500):5, (700:850):7, (ELSE):0:);
     1.   2.   3.   4.

Ohne das ELSE hätte man explizit die Intervalle

(11:19, 501:699, 851:1000)

hinschreiben müssen.

Das ELSE umfaßt also die Komplementärmenge der vorausgegangenen Menge
von Labels bezüglich der Gesamtindexmenge.
Die Intervalle dieser Komplementärmenge müssen ebenfalls zwischengespeichert
und laufend aktualisiert werden. Dies geschieht analog zur Speicherung der Label-
Intervalle in einem zweiten Stack. Im folgenden wird der ursprüngliche Stack
„Label-Interval-Stack" und der zweite Stack „ELSE-Stack" genannt.
Die beiden Stacks haben für das Beispiel 3.4 an den markierten Stellen den in Bild
3.22 gezeigten Inhalt. An der 4. Stelle wird der Inhalt des Label-Interval-Stacks durch
den Inhalt des ELSE-Stacks auf der Schachtelungstiefe 1 ersetzt. Bei der Berechnung
der Adressen wird ausschließlich auf den Label-Interval-Stack zugegriffen.

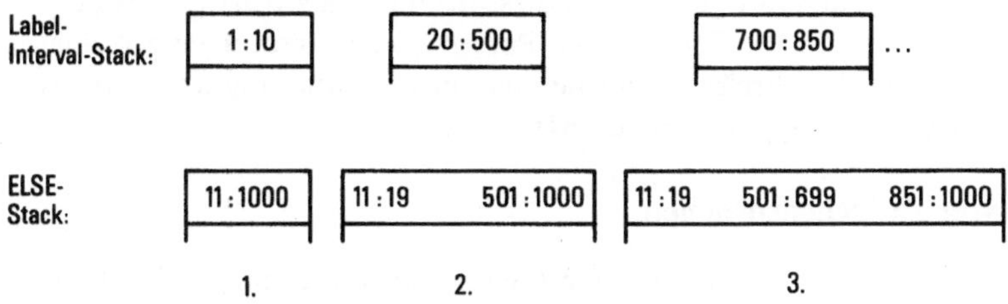

Bild 3.22. Stackzustand bei Initialisierung mit ELSE

Da im ELSE-Stack alle komplementären Intervalle gesammelt werden, kann er, wie im Beispiel 3.4, auf einer Schachtelungstiefe mehrere Intervalle enthalten. Diese werden beim Eintreten des ELSE-Falls sukzessiv in die entsprechende Schachtelungstiefe des Label-Interval-Stacks übernommen.

Der ELSE-Stack muß immer mitgeführt und aktualisiert werden, auch wenn im Tuple im Nachhinein kein ELSE aufgetreten sein sollte.

Das Beispiel 3.3 läßt sich unter Verwendung von ELSE wie folgt formulieren:

DCL a ARRAY (1:10) ARRAY (0:9) int INIT :=
(:(1:2):(:(0:3):1, (ELSE):0:), (ELSE):(:(0:4):0, (ELSE):1:):);
      1.   2.   3.   4.   5.   6.

Die beiden Stacks haben dann jeweils in Bild 3.23 gezeigten Inhalt.

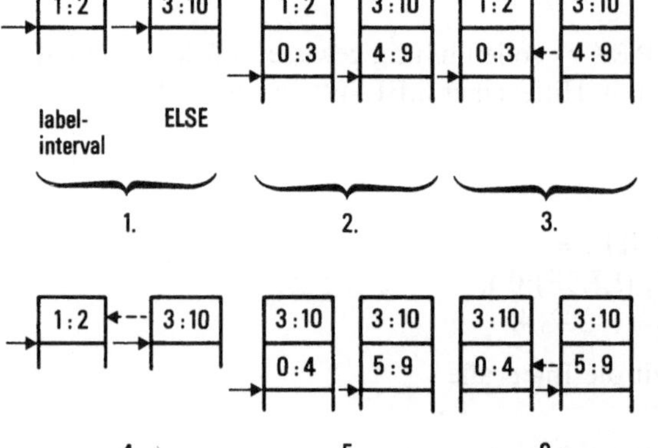

Bild 3.23. Stackzustand bei Initialisierung von Tuples mit ELSE

Zu beachten ist, daß bei der Berechnung der Anfangsadressen der einzelnen ARRAY-Elemente ausschließlich auf den Label-Interval-Stack zugegriffen wird. Der ELSE-Stack dient einzig zur „Aktualisierung" des Label-Interval-Stacks beim Auftreten eines ELSE. Dies ist durch die gestrichelten Pfeile angedeutet.

3.6 Die CHILL-Zwischensprache

Dieser Abschnitt beschreibt die Schnittstelle zwischen Parser und Codegeneratoren als eine hypothetische Maschine. Diese Maschine ist abgeleitet aus der dem P-Code [3.13] zugrundeliegenden Stackmaschine.

Im ersten Teil wird der Begriff Zwischensprache definiert, ein Anforderungskatalog für die CHILL-Zwischensprache aufgestellt und diese in eine Skala von drei Grundtypen von Zwischensprachen für die Schnittstelle Parser/Codegenerator eingeordnet. Der zweite Teil enthält die Beschreibung der bei der Implementierung des Siemens-CHILL-Compilers gewählten hypothetischen Maschine.

3.6.1 Konzepte von Zwischensprachen

Der Übersetzungsvorgang läßt sich in einzelne logisch zusammenhängende Phasen zerlegen:

- Analyse des Source-Programms: Sie wird weiter in lexikalische, syntaktische und semantische Analyse zerlegt.
- Synthese des Maschinenprogramms: Sie besteht grob in der Abbildung der Programmdaten auf den Speicher der Maschine und der Transformation der Anweisungen in Maschinencode.

Jede Phase transformiert eine Zwischenform Z_i der Source S in eine Form $Z_{i=1}$:

$$S = Z_0 \rightarrow Z_1 \rightarrow \ldots \rightarrow Z_n = M,$$

M ist das zu generierende Maschinenprogramm.

Eine Transformation des Programms S aus einer Zwischenform Z in eine Form Z' heißt Compilerdurchlauf oder Pass, wenn sie zeitlich von den Transformationen $S \rightarrow Z$ und $Z' \rightarrow M$ entkoppelt ist. Ein Durchlauf besteht aus mindestens einer, häufig aber mehreren Phasen, die zeitlich verzahnt ablaufen.

Die Beschreibung des Ausgabetextes eines Compilerdurchlaufs heißt Zwischensprache.

Im folgenden wird die Zwischensprache, welche die Ausgabe des Parsers und die Eingabe der Codegeneratoren bildet, behandelt.

An die Zwischensprache werden folgende Anforderungen gestellt:

- (Z1)   Sie ist maschinenunabhängig.
- (Z2)   Die Komplexität der Zwischensprache ist möglichst auf das Niveau von Maschinensprachen reduziert.
- (Z3)   Sie ist mit möglichst geringem Aufwand interpretierbar.
- (Z4)   Sie ist für den menschlichen Leser verständlich und manuell (mit Bleistift und Papier) interpretierbar.

Die Maschinenunabhängigkeit der Zwischensprache ist die Voraussetzung dafür, daß sie auch als Ausgabe des maschinenunabhängigen Teils des Compilers verwendet werden kann.

Die Komplexität der Zwischensprache ist mit entscheidend für den Entwicklungsgesamtaufwand für die Compilerfamilie: Da der Aufwand für die Entwicklung von Codegeneratoren mehrfach zu erbringen ist, sollte dieser dadurch reduziert werden, daß möglichst viele Aufgaben in den Parser verlegt werden, ohne allerdings die Anforderungen (Z1) zu verletzen.

Ein Interpreter für die Zwischensprache erlaubt es, die Codegeneratoren gleich in der zu übersetzenden Sprache selbst zu schreiben und verringert damit den Aufwand für das Bootstrapping. Er ist außerdem ein nützliches Werkzeug für den vom Codegenerator unabhängigen Test des Parser.

Die leichte Lesbarkeit der Zwischensprache fördert das Verständnis zwischen den beteiligten Entwicklern und ist besonders notwendig für den Test des Compilers.

Offensichtlich stehen die Forderungen (Z1) einerseits und (Z2), (Z3) andererseits in einem gewissen Gegensatz. (Z1) erfordert einen Mindestgrad an Abstraktion von den Zielmaschinen, (Z2) und (Z3) einen Maximalgrad an Maschinennähe. Die übliche Lösung dieses Problems wird durch Einführung einer hypothetischen Maschine und durch Zerlegung der Synthese in zwei Stufen erreicht:

- Synthese eines Maschinenprogramms M1 für die hypothetische Maschine,
- Synthese eines Maschinenprogramms M2 für die reale Maschine aus M1.

Bild 3.24 zeigt grob die genannten Phasen der Übersetzung.

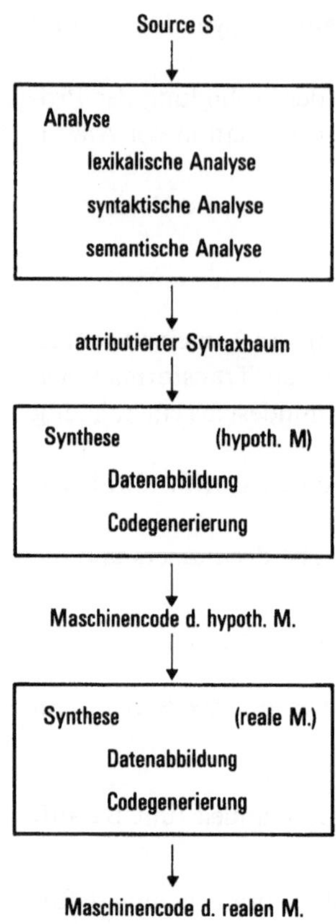

Bild 3.24. Phasen der Übersetzung und resultierende Zwischensprachen

Aus den Abständen der einzelnen Phasen von der Quell- bzw. der Zielsprache ergeben sich zwei grundsätzliche Lösungsansätze für ihre Zuordnung zu Parser oder Codegenerator:

- Der Parser umfaßt nur die Analyse.
- Der Parser umfaßt die Analyse und die Synthese für eine hypothetische Maschine.

Im ersten Fall enhält man als Ausgabetext des Parsers einen attributierten Syntaxbaum, im zweiten Fall Maschinencode einer hypothetischen Maschine.

Attributierter Syntaxbaum

Die Ausgabe der syntaktischen Analyse ist logisch gesehen der sogenannte syntaktische Strukturbaum („parse tree") des Programms. Wurzel dieses Baumes ist das Startsymbol der zur Analyse verwendeten Grammatik, Knoten des Baumes repräsentieren Nonterminale, Blätter Terminalsymbole der Grammatik. Der Übergang von einem Knoten zu seinen Söhnen entspricht der Anwendung einer Ableitungsregel der Grammatik [3.14].

Werden in diesen Baum die Ergebnisse der semantischen Analyse, wie Typen von Namen und Zwischenergebnissen, Bedeutungen von Operationen usw., als Attribute der Knoten zugeordnet, so erhält man einen attributierten Syntaxbaum. Dieser beschreibt das Ergebnis der Analyse und repräsentiert das Quellprogramm in allen

Details und seiner gesamten Komplexität. Mit Hilfe geeigneter Attribute, wie Position im Eingabe-String, läßt sich das Quellprogramm daraus sogar rekonstruieren.

Ein Vertreter der attributierten Syntaxbäume ist die Zwischensprache DIANA für die Programmiersprache ADA. DIANA ist zusätzlich gedacht als Schnittstelle für die folgenden Phasen der Synthese [3.16] und eignet sich im Prinzip auch als Schnittstelle zur Programmierumgebung, z.B. zu einem Formatierer [3.15].

Maschinensprache einer hypothetischen Maschine

Codegenerierung

Aus dem Anweisungteil des Programms wird ein Text in Zwischensprache generiert, der in seiner Komplexität reduziert ist auf das Niveau des Befehlssatzes heute existierender realer Maschinen.

Solche Zwischensprachen nennt man auch „Zwischencodes".

Ihre charakteristischen Eigenschaften sind:

- Ihre Ausdrücke enthalten nur elementare Operationen.
- Als Steuerflußanweisungen treten nur bedingte oder unbedingte Sprünge auf.
- Von diesen Sprüngen abgesehen sind die elementaren Operationen linear zu verarbeiten, d.h. sie erscheinen im Code in der Reihenfolge, in der sie auszuführen sind (klammerfrei).

Zwischencodes erfüllen neben (Z1) auch (Z2), soweit es den Anweisungsteil betrifft.

Datenorganisation

In diesem Punkt unterscheidet man zwei Typen:

- Maschinen, deren Datenorganisation am Quellprogrammtext orientiert ist (statische Symboltabelle),
- Maschinen, deren Datenorganisation am Programmablauf auf realen Maschinen orientiert ist (dynamische Adreßzuteilung).

Im erstgenannten Typ wird während der Analyse vom Parser eine Symboltabelle angelegt, die zu jedem Datum des Quellprogramms die zugehörigen Analyseergebnisse enthält. Diese Tabelle kann als „Speicher" einer hypothetischen Maschine angesehen werden. Sie ist statisch und enthält jedes Datum genau einmal. Operanden werden im Zwischencode dargestellt als Verweis auf diese Symboltabelle.

Die Adreßvergabe, d.h. die Abbildung der Daten auf Speicheradressen ist noch nicht durchgeführt. Insbesondere liegt das Datenformat noch nicht fest. Es ist also z.B. möglich, ausgehend von einem solchen Zwischencode, mit der Zielsetzung möglichst optimalen Code zu erzeugen, auf einer 32-Bit-Maschine den Datentyp Integer durch 32 Bits und auf einer 16-Bit-Maschine durch 16 Bits darzustellen. Allerdings haben dann identische Quellprogramme für verschiedene Zielmaschinen unterschiedliche Semantik, wodurch ihre Portabilität in Frage gestellt wird.

Typische Vertreter für diesen Typ der Datenorganisation sind die Postfix-Form und der 2-Adreß-Code (Tripel, indirekte Tripel, Quadrupel) [3.14]:

- Maschinen, deren Datenorganisation am Programmablauf auf realen Maschinen orientiert ist (dynamische Adreßzuteilung).

Die Datendarstellung in Form einer statischen Symboltabelle erfüllt nicht die Anforderungen (Z2) und (Z3), und zwar aus folgendem Grund: Die Symboltabelle stellt eine statische Beschreibung der Datenmenge dar, die jedes Objekt genau einmal enthält. Zur Laufzeit des Programms können jedoch in Sprachen wie CHILL zu einem festen Zeitpunkt mehrere Inkarnationen einer lokalen Variablen von einer rekursiven Prozedur existieren. Infolgedessen können die Datenobjekte nicht 1:1 von der Symboltabelle auf Speicheradressen abgebildet werden. Hierfür ist eine dynamische Adreßvergabe notwendig. Sie wird beim zweitgenannten Typ von Zwischensprachen bereits vom Parser durchgeführt.

Der übliche Mechanismus zur Adreßzuteilung für Daten rekursiver Prozeduren ist der Stack. Dessen Funktion wird im folgenden eingehend erläutert. Eine Maschine, die nach dem entsprechenden Adressierungsschema arbeitet, wird als Stackmaschine bezeichnet.

Bekanntester Vertreter dieses Typs von Zwischensprache ist der P-Code [3.13], die Zwischensprache des Pascal-(P)-Compilers der ETH Zürich. Der P-Code benutzt den Stack nicht nur zur Verwaltung der Prozedurdaten, sondern auch zur Berechnung von Ausdrücken.

Mit der Adreßzuteilung ist auch das Datenformat festgelegt. Im implementierten CHILL-Compiler war die Festlegung der Postfix-Form bereits in der Zwischensprache notwendig, um mit Sicherheit die gleiche Semantik auf den verschiedenen Maschinen zu gewährleisten. Besteht diese strenge Forderung nicht, d.h. soll ausgehend von der Zwischensprache für verschiedene Zielmaschinen, die in diversen Anwendungsgebieten eingesetzt werden, Code erzeugt werden, so ist diese Festlegung gegebenfalls sogar schädlich, weil sie unter Umständen nicht maschinengerecht ist.

Ein Beispiel ist die in [3.13] beschriebene Version des P-Codes. Die strenge Festlegung wird dort folgendermaßen umgangen: Alle Basistypen (BOOL, CHAR, SET, INT, Adresse) belegen ein „Wort", eine Mengenvariable belegt zwei „Worte". Allerdings ist die (phsikalische) Länge eines „Wortes" nicht festgelegt.

In anderen Versionen des P-Codes [3.17] liegt dagegen das Datenformat fest, der erzeugende Pascal-P-Compiler kann jedoch durch Änderung einiger symbolischer Konstanten und anschließende Neuübersetzung leicht auf ein anderes Format umgestellt werden.

3.6.2 Die Stackmaschine

Dieser Abschnitt beschreibt die Schnittstelle des CHILL-Parsers zu den Codegeneratoren als eine hypothetische Stackmaschine.

Die vom Parser erzeugte Zwischensprache, IL (*Intermediate Language*) kann aufgefaßt werden als Maschinensprache einer Stackmaschine.

Zentraler Baustein ist ein als Stack organisiertes Speichersegment. Der Stackmechanismus wird zweifach genutzt:

- zur dynamischen Speicherplatzzuweisung für lokale Variablen und formale Parameter von Prozeduren,
- zur Aufnahme von Operanden bei der Ausführung der Maschinenbefehle.

Daraus ergeben sich zwei Klassen von Stackelementen (Bild 3.25):

– Prozedurdatenblöcke,
– Zwischenergebnisse.

Neben dem Stack besitzt die Maschine einen weiteren Speicher für Programmdaten, den sogenannten Heap, aus dem vom Programm mit dem speziellen IL-Befehl GETH zur Laufzeit Speicherplätze angefordert werden können.

Das IL-Programm selbst ist in einem dritten Speichersegment, dem Codesegment, zusammen mit den Konstanten des Programms untergebracht.

Eine vollständige Befehlsliste der Zwischensprache findet sich am Ende dieses Abschnittes. Einige hervorhebenswerte Aspekte des Befehlssatzes werden später näher erläutert.

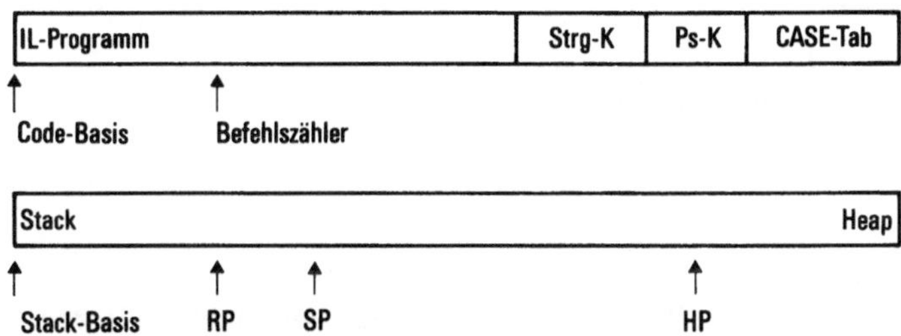

Bild 3.25. Übersicht über die Speicherorganisation

Strg-K, Ps-K, CASE-Tab bezeichnen die drei Konstantenpools für:

String-Konstanten,
Powerset-Konstanten,
Tabellen für die CASE-Anweisung.

Ihre Relativadressen zur Code-Basis sind im Prolog des IL-Programms vermerkt.
Stack und Heap sind in einem gemeinsamen Speichersegment zusammengefaßt. Der Stack wächst mit steigenden Adressen. Die Speicherplatzzuweisung aus dem Heap erfolgt mit fallenden Adressen.
Stack-Pointer (SP) und Heap-Pointer (HP) zeigen auf das jeweils nächste, freie Element, der Region-Pointer (RP) auf den obersten Prozedurdatenblock. Ein Ineinanderlaufen von pulsierendem Stack und monoton wachsendem Heap führt zum Programmabbruch.

3.6.2.1 Speicherverwaltung für lokale Variablen und Parameter

Beim Programmstart ist das Codesegment mit dem IL-Programm und den Konstantenpools geladen. Der Stack enthält genau einen Prozedurdatenblock für die globalen Variablen des Programms. Entsprechend zeigt RP auf die Stackbasis, SP auf das Ende dieses Blocks. HP zeigt auf das obere Ende des Speichersegments, d.h. der Heap ist leer. Der Speicherbereich für die initialisierten globalen Variablen ist mit den entsprechenden Werten geladen.

Bei jedem Prozeduraufruf wird ein neuer Prozedurdatenblock auf den Stack gelegt und damit Platz für die Parameter und lokalen Variablen der gerufenen Prozedur reserviert.

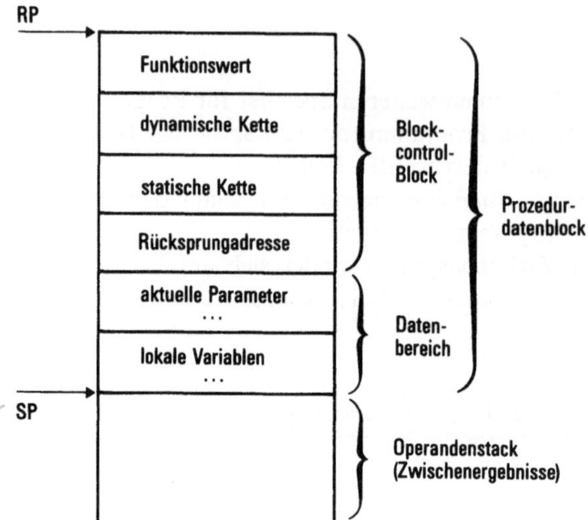

Bild 3.26. Format der Strukturdatenblöcke

Der Stack ist in Worte zu je vier Bytes, ausgerichtet auf eine 4-Byte-Grenze, unterteilt. Im ersten Wort des Datenblocks wird bei Funktionen der Funktionswert bzw. dessen Adresse übergeben. Die dynamische Kette verweist auf den Datenblock des dynamischen Vorgängers (Rufers). Die statische Kette verweist auf die letzte Inkarnation der statisch umklammernden Prozedur. Dieser Verweis wird für den Datenzugriff benötigt, da der Gültigkeitsbereich der Variablen durch die statische Blockschachtelung definiert ist.

Der Prozeduraufruf läuft nach dem Syntaxdiagramm von Bild 3.27 ab. Die Parameter der einzelnen Befehle sind im Anhang beschrieben.

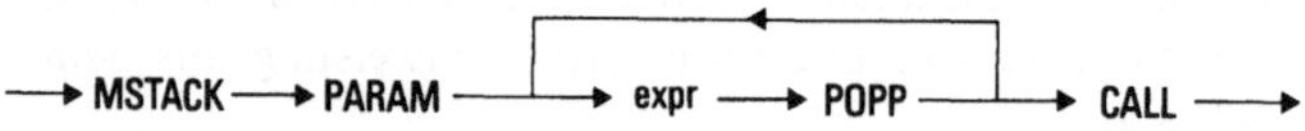

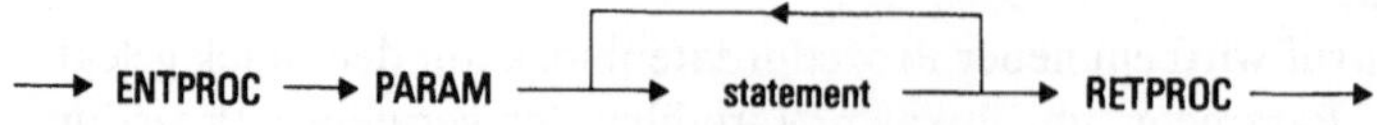

Bild 3.27. Syntaxdiagramm eines Prozeduraufrufs

MSTACK („mark stack") markiert eine neue Stackregion: Er reserviert ein Wort für den Funktionswert, führt die dynamische und statische Verkettung durch und reserviert ein Wort für die Rücksprungadresse. PARAM gibt die Länge der Parameter an. Die Parameterausdrücke werden vom Rufer auf dem Stack berechnet und dort abgelegt. POPP („POP Parameter") zeigt dem Codegenerator Beginn und Ende der Berechnung jedes einzelnen Parameters an. Falls nötig, wird zudem der Parameter auf dem Stack ausgerichtet. Mit CALL wird zur gerufenen Prozedur gesprungen. Dabei wird die Rücksprungadresse im dafür vorgesehenen Stackwort vermerkt.

Den Ablauf einer Prozedur gibt das Syntaxdiagramm gemäß Bild 3.28 wieder.

Bild 3.28. Syntaxdiagramm eines Prozedurablaufs

ENTPROC („enter procedure") reserviert Platz für die lokalen Variablen, PA-
RAM gibt dem Codegenerator die Länge der Parameter an. Anschließend werden die
Anweisungen der Prozedur ausgeführt. RETPROC entfernt den Datenblock vom
Stack und bewirkt die Rückkehr zum Rufer. Nur im Falle der Funktionsprozedur
verbleibt das erste Wort des Datenblocks, welches den Funktionswert enthält, auf
dem Stack.

Für das Beispielprogramm

```
main:  MODULE
         p: PROC ();
           q: PROC ();
             p ();
           END q;
           r: PROC ();
             q ();
           END r;
           r ();
         END p;
         ...
         p ();
         ...
END main;
```

hätte nach der Aufruffolge

    main p r q p

der Stackaufbau das im Bild 3.29 dargestellte Aussehen.

Nach den Scope-Regeln können innerhalb einer Prozedur nicht nur die lokalen
Daten, sondern auch die Daten aller statisch umklammernden Prozeduren benutzt
werden. Daten im Stack werden daher mit Hilfe der statischen Kette wie folgt adressiert:

(Leveldifferenz, Distanz)

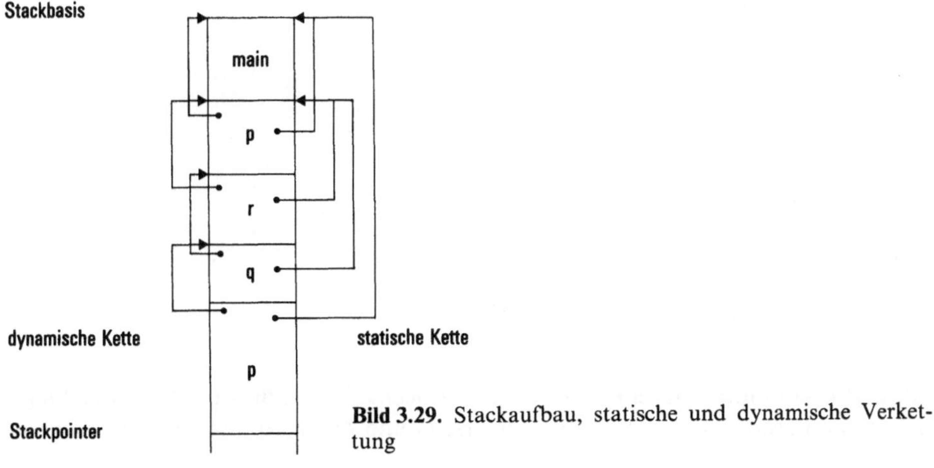

Bild 3.29. Stackaufbau, statische und dynamische Verkettung

Die Leveldifferenz dient zur Identifizierung des Prozedurdatenblocks, die Distanz gibt die Adresse des Datums relativ zum Beginn des Datenblocks an.

Greift eine Prozedur vom Level n (statische Blockschachtelungstiefe) auf eine Variable zu, die in einer Prozedur vom Level m definiert ist (m_n), so hat die Leveldifferenz im entsprechenden Befehl den Wert n−m. Das Element (n−m) der statischen Kette, ausgehend vom Element 0 (aktuelle Region), ist der adressierte Datenblock.

Der Aufbau der statischen Kette erfolgt induktiv, d.h. vom statischen Level 0 ausgehend. Eine neu angelegte Stackregion vom Level m muß mit den (n−m+1)-ten statischen Vorgänger des Rufers vom Level n verkettet werden. Globale Daten werden aus Effizienzgründen über einen ausgezeichneten Wert „global" für die Leveldifferenz direkt angesprochen.

3.6.2.2 Berechnung von Ausdrücken

Wie bereits erwähnt, wird der Stack nicht nur zur Speicherzuteilung für Variablen und Parameter genutzt, sondern auch zur aufnahme der Operanden bei Ausführung der Anweisungen. Der Stack ersetzt also auch die Register üblicher realer Maschinen.

Die Codierung von Ausdrücken in einem IL-Programm ist eine besondere Form der Postfix-Notation [3.14], die sich aus der üblichen Darstellung direkt ableiten läßt:

CHILL:	$a * (b + c)$
Postfix:	$abc + *$
IL, vereinfacht:	push a (1)
	push b (2)
	push c (3)
	add (4)
	mul (5)

Die Stackoperationen der IL werden gemäß Bild 3.30 ausgeführt. Die PUSH-Operation legt einen Operanden auf den Stack, eine zweistellige Operation wie ADD und MUL verknüpft die obersten beiden Stackelemente, entfernt sie vom Stack und legt das Ergebnis auf den Stack.

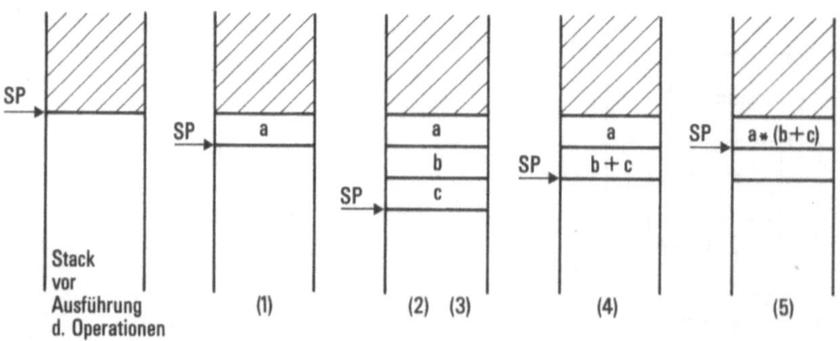

Bild 3.30. Stackoperationen der IL

Beim Prozeduraufruf arbeiten die zwei Stackmechanismen, die Speicherverwaltung für formale Parameter und Variablen einerseits und die Berechnungsprozedur von

Ausdrücken andererseits, Hand in Hand. Die Berechnung der aktuellen Parameterausdrücke erfolgt genauso wie bei Ausdrücken an anderen Stellen. Das Ergebnis wird auf den Stack gelegt. Der Aufbau des Datenblocks für die gerufene Prozedur ist so ausgerichtet, daß der aktuelle Wert automatisch an der Adresse des formalen Parameters liegt.

3.6.2.3 Daten-Modes

Die verwendete Stackmaschine kennt folgende Datenformate:

– Wort = 4 Bytes, ausgerichtet auf die 4-Byte-Grenze,
– Halbwort = 2 Bytes, ausgerichtet auf die 2-Byte-Grenze,
– Doppelwort = 8 Bytes, ausgerichtet auf die 4-Byte-Grenze,
– Byte,
– Bytestring,
– Bitstring.

Das Standardformat für arithmetische Operationen ist das Wort. Ihm entspricht der Daten-Mode INTEGER. Dem Halbwort entspricht der Mode INTEGER SUBRANGES, sofern die Werte in ein Halbwort hineinpassen. Dem Doppelwort entspricht der Daten-Mode POWERSET. Byte entspricht BOOLean oder dem Mode CHAR oder einer symbolischen Konstanten eines SET-Modes. Die vier Formate Halbwort, Wort, Doppelwort und Byte werden — wie sie in Ausdrücken vorkommen — auf dem Stack verarbeitet. Dabei werden Bytes und Halbworte jeweils zu einem ganzen Wort nach links ergänzt. Dem Byte-String entsprechen zusammengesetzte Daten-Modes (ARRAY, STRUCT); Bit-Strings treten bei gepackten Daten-Modes auf.

3.6.2.4 Befehlssatz

Jede Instruktion besteht aus einem Wort (4 Bytes) und kann eines der beiden in Bild 3.31 gezeigten Formate haben.

OPCODE	PARAM 1	PARAM 2
0	1　　　　2	4

OPCODE	PARAM
0	1　　　　　　　　　4

Bild 3.31. Format des Befehlssatzes

Die Parameterfelder sind bei vielen Befehlen nicht genutzt. Der Anhang enthält eine Aufstellung sämtlicher Befehle mit ihren Parametern, Stackoperanden und einer kurzen Erläuterung ihrer Wirkungsweise.

Der Befehlsvorrat läßt sich in sieben Klassen einteilen:

– arithmetische und logische Operationen,
– Vergleichsoperationen,

- Transferoperationen,
- Adreßberechnung,
- Sprungbefehle,
- Subroutine-Befehle,
- Betriebssystemaufrufe.

Hinzu kommt ein NOOP-Befehl, der für die hypothetische Maschine keine Bedeutung hat, aber für die Codegenerierung zusätzliche Informationen über die Programmstruktur enthält. Im folgenden wird nicht jeder Befehl erläutert, sondern es werden nur die Aspekte hervorgerufen, in denen sich die IL-Befehle vom P-Code [3.13] unterscheiden.

Datenformate

Programmportabilität zwischen verschiedenen Zielprozessoren kann nur erreicht werden, wenn auf allen Prozessoren eine einheitliche Datendarstellung gewählt wird. Wie bereits erwähnt, wurde deshalb das Datenformat der IL exakt festgelegt.

Im Gegensatz zum P-Code, der nur ein einheitliches Format „Wort" kennt, dessen Länge maschinenabhängig gewählt werden kann, belegt ein Wort der IL 4 Bytes. Ferner besitzt die IL mehrere daraus abgeleitete Datenformate. Die Festlegung auf eine feste Wortbreite ermöglicht auch die Darstellung gepackter Daten auf IL-Ebene. Zu deren Manipulation dienen die Bit-Stringbefehle.

Die CASE-Anweisung

Die CASE-Anweisung

CASE $selector_1, \ldots, selektor_k$ OF
                           $label_{11}, \ldots, label_{1k}$: $alternative_1$;
                                .

                                .

                                .

                           $label_{n1}, \ldots, label_{nk}$: $alternative_n$;
ELSE alternative;
ESAC;

wird auf den IL-Befehl

CJUMP (k, dist)

abgebildet. Dieser erwartet die aktuellen Werte der k Selektoren auf dem Stack und greift auf eine Tabelle im Konstantenpool zu, deren Distanz im zweiten Parameter angegeben ist.

Die Auswahl der Alternativen erfolgt folgendermaßen: Über eine Indextabelle wird jedem der k Selektorwerte eine Powerset-Konstante zugeordnet. Jede Powerset-Konstante repräsentiert eine Menge, die genau die Nummern der Alternativen enthält, in deren Label-Listen der Selektionswert vorkommt. Es wird der Durchschnitt der k den Selektoren zugeordneten Mengen gebildet. Dieser enthält höchstens ein Element: Diese Bedingung ist äquivalent zur Eindeutigkeit der CASE-Anweisung, die bereits zur Compile-Zeit überprüft wird. Nach Konstruktion ist dieses Element die Nummer der auszuwählenden Alternative. Der leeren Menge ist der ELSE-Zweig

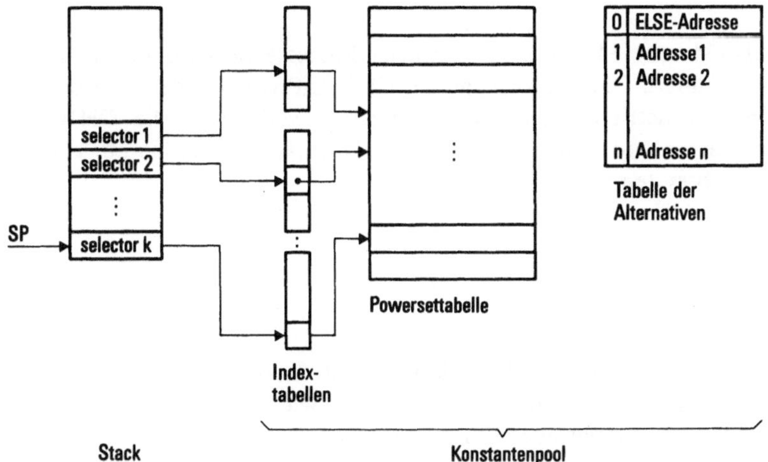

Bild 3.32. CASE-Tabellen

zugeordnet. Eine weitere Tabelle enthält zu dieser Nummer die IL-Code-Adresse der Alternative; mit dieser wird der Befehlszähler geladen.

Getrennte Übersetzbarkeit

Die hypothetische IL-Maschine verarbeitet nur IL-Programme, die aus einem einzelnen CHILL-Modul ohne externe Bezüge generiert werden.

Zur Verarbeitung von Programmen, welche aus mehreren Moduln bestehen, ist die Schnittstelle zum Codegenerator um ein externes Symboladreßbuch erweitert. Es enthält eine Liste aller mit GRANT- und SEIZE-Anweisungen exportierten bzw. importierten Objekte.

Importierte Daten werden im IL-Code wie alle anderen über Adressen der Form

(Leveldifferenz, Distanz)

adressiert. Die Leveldifferenz hat dann den Wert „extern". Der Codegenerator interpretiert in diesem Fall den zweiten Parameter als Distanz im externen Symboladreßbuch und generiert aus dem Eintrag eine Anweisung für den Binder der Zielmaschine, welcher letztlich die aus den einzelnen CHILL-Moduln erzeugten Maschinencodesegmente zusammenbindet.

Ähnlich werden im IL-Code importierte Prozeduren aufgerufen:

MSTACK extern

```
.
.
.
```

CALL (extern, dist.)

Der Wert „extern" des ersten Parameters signalisiert dem Codegenerator den Aufruf einer externen Prozedur; „dist" ist die Distanz des zugehörigen Eintrags im externen Symboladreßbuch.

Prozeßkonzept

Die hypothetische IL-Maschine kennt keine parallelen Prozesse. Sie kann nur sequentielle Programme ausführen. Die Realisierung des CHILL-Prozeßkonzepts wird damit vollständig in das Betriebssystem der Zielrechner verlagert. Alle CHILL-Anweisungen zum Starten und Synchronisieren von Nachrichten werden auf einen entsprechenden Betriebssystemaufruf

ILSVC (SVC-Nr.)

abgebildet.

NOOP-Befehl

Soweit bisher beschrieben, enthält der IL-Code keine Informationen mehr über Beginn, Ende und Typ von geklammerten Anweisungsfolgen wie Schleifen und Verzweigungen sowie keine Informationen über Einsprungstellen.

Für eine möglichst effiziente Ausnutzung der zur Verfügung stehenden Register benötigt jedoch der Codegenerator eine Zerlegung des Programms in Basic Blocks [3.14]. Dies sind solche Codestücke, die neben Beginn und Ende eines Blocks keine weiteren Ein- oder Aussprungstellen enthalten. Im IL-Code werden daher Einsprungstellen sowie Beginn und Ende von geklammerten Anweisungsfolgen, in die ja von außen nicht hineingesprungen werden darf, durch NOOP-Befehle markiert.

Der Befehl

NOOP (Typ, Statement-Nummer)

enthält im ersten Parameter eine Klassifizierung der Anweisung (z. B. IF, CASE, DO, END), im zweiten die Statement-Nummer. Einsprungstellen werden dadurch gekennzeichnet, daß die Statement-Nummer „negativ" angegeben wird.

Die Statement-Nummer im NOOP wird für den Einsatz der interaktiven Testhilfe IDS benötigt. Soll ein Programm unter IDS ablaufen, so generiert der Parser zu Beginn eines jeden Statements einen NOOP mit der zugehörigen Statement-Nummer. Dies ermöglicht der IDS, zu vorgegebener Statement-Nummer einen Haltepunkt zu setzen.

Für das Bootstrapping des CHILL-Compilers wurde zunächst ein Softwareinterpreter für eine erste Version der Zwischensprache entwickelt. Diese Version enthielt nicht die Erweiterung für das Modul- und Prozeßkonzept, wohl aber besondere Befehle für die Ein-/Ausgabe auf Dateien.

Der Interpreter wurde mit geringem Aufwand in Assembler geschrieben und ausgetestet. Er wurde eingesetzt zum Bootstrapping des Parsers, zum Testen des Parsers unabhängig vom Codegenerator und zur Entwicklung des ersten Codegenerators, der direkt in CHILL geschrieben wurde. In einer interpretativen Version wurde der Compiler auch zu Lernzwecken benötigt.

In der Testphase erwies sich die gewählte Zwischensprache als sehr nützlich für die manuelle Lokalisation von Fehlern im Parser. Mit Hilfe eines Transformationsprogramms kann der IL-Code in lesbarer Form mit symbolischem Op-Code und Labels ausgegeben werden. Gesteuert über eine Direktive kann auch der Parser selbst den erzeugten IL-Code prozedurweise mit symbolischem Op-Code ausgeben.

Mit der Generierung von Maschinencode für die Zielprozessoren sowie mit Maßnahmen zu lokalen Optimierungen beschäftigen sich zwei spätere Abchnitte.

P-Code-artige Zwischensprachen lassen nach entsprechenden Ergänzungen des Befehlssatzes auch globale Optimierungen zu [3.18].

3.6.3 Befehlsliste der Stackmaschine

Erläuterung der verwendeten Abkürzungen:

1. Spalte: Op-Code

Mnemotechnischer Operationscode. Der Compiler verwendet intern eine Verschlüsselung in einem Byte. Bedeutung der Op-Code-Suffixe:

W:	Wort
DW:	Doppelwort
S; STRG:	String
BIT:	Bit (Stringbefehl)
C:	Konstante
I:	Integer

2. Spalte: Erster Parameter

mode: Verarbeitungsbreite

mode 2: Halbwort 2 Bytes
mode 4: Wort 4 Bytes

lgth:	length. Bei Bit-Stringbefehlen die Anzahl der benutzten Bits im Doppelwort.
pos:	Bit-Position bei Bit-Stringbefehlen
levdif:	Leveldifferenz
ext:	Markiert Zugriff auf ein externes Objekt
bl:	Die Anzahl aufzufüllender Blanks bei Byte-Stringbefehlen.

3. Spalte: Zweiter Parameter

lgth:	Länge von Byte-Strings
dist:	Distanz im Prozedurdatenblock (in Bytes) oder Zieladresse bei Sprüngen (in Worten)

4. Spalte: Stackoperanden

T ist das oberste Stackwort nach Entfernen der Operanden vom Stack, D das oberste Stackdoppelwort (benutzt in Spalte 6).

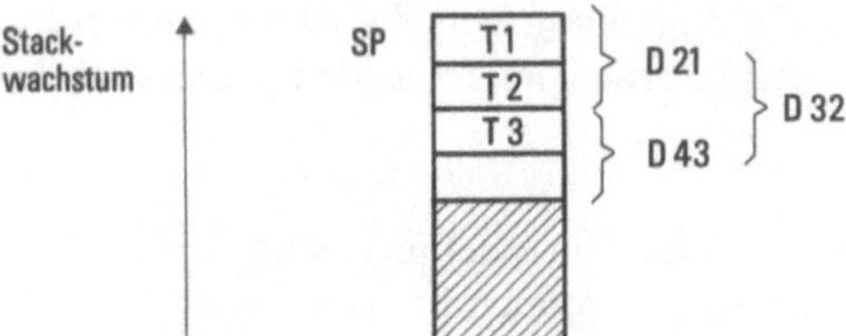

Bild 3.33. Stackoperanden

5. Spalte: Stackpointer (SP)

+ n: SP wird um n-Worte erhöht, der Stack „wächst"
− n: entsprechend

6. Spalte: Aktion

Aktionsbeschreibung der Stackmaschine

7. Spalte: Verarbeitungsbreite des Befehls

P 1, 2:   Die Verarbeitungsbreite steht im 1. (2.) Parameter
B: Byte
HW: Halbwort
W: Wort
DW: Doppelwort

3.7 Codegenerierung

Wie eingehend dargelegt, ist für moderne Compiler die Aufteilung in einen sprach- und einen maschinenabhängigen Teil charakteristisch. Die Schnittstelle zwischen diesen beiden Teilen ist durch eine Zwischensprache IL festgelegt. Durch Codegenerierung wird dem für ein Programm erzeugten Zwischencode ein semantisch äquivalentes Maschinenprogramm zugeordnet.

Während die theoretischen Grundlagen für den Bau des sprachabhängigen Teils eines Compilers weitgehend erforscht sind, fehlten ähnliche systematische Grundlagen für die Erstellung von Codegeneratoren. Eine der Folgen davon ist, daß Codegeneratoren, die effizienten Code erzeugen, noch nicht automatisch per Programm, sondern „mit Hand" angefertigt werden [3.21]. In jüngerer Zeit werden allerdings verstärkte Anstrengungen unternommen, um auch für Codegeneratoren eine systematische Basis zu erschließen und Verfahren zur automatischen Erzeugung von Codegeneratoren zu entwickeln. Für einfache Parser ist dies bekanntlich durchaus schon der Fall [3.19, 3.20].

Das Modell für eine Codegenerierung wird einerseits durch die Zwischensprache, andererseits durch die Architektur der Zielmaschine bestimmt.

3.7.1 Zwischensprachen und Codegenerierung

Der Aufwand für die Entwicklung eines Codegenerators hängt weitgehend vom Niveau der Zwischensprache ab. Zwischensprachen, die sich stark an der Zielmaschine orientieren, erfordern einen geringen Entwicklungsaufwand für Codegeneratoren. Zwischensprachen, die ausschließlich die Syntax und Semantik der Quellsprache wiedergeben, erfordern einen hohen Aufwand.

Mit Blick auf die Codegenerierung ist die Aufteilung von Zwischensprachen in zwei Klassen zweckmäßig. Die Eigenschaften werden im folgenden grundsätzlich diskutiert.

Die beiden Klassen sind:

− Zwischensprachen, die durch hypothetische Maschinen definiert sind,
− Zwischensprachen, die auf attributierten Strukturbäumen basieren.

3.7.1.1 Codegenerierung aus Zwischensprachen auf Basis hypothetischer Maschinen

Hypothetische Maschinen beruhen auf speziellen Prozessorarchitekturen. So besteht z. B. die Z-Code-Maschine [3.22] aus zwei Stacks, zwei linearen Speichern und mehreren Registern. Die Architektur der P-Code-Maschine ist im vorigen Abschnitt beschrieben.

Die Idee der hypothetischen Maschinen fand inzwischen zahlreiche, erfolgreiche Anwendungen im Compilerbau, so bei einer Reihe von PASCAL-Implementierungen mit dem P-Code [3.13], mit O-Code bei BCPL-Übersetzern [3.23] und bei ALGOL 68-Implementierungen mit Z-Code und JANUS [3.24] als Zwischensprachen.

Bei der Codegenerierung wird ein Programm einer hypothetischen Maschine in ein bedeutungsgleiches Maschinenprogramm der Zielmaschine abgebildet. Die Qualität des erzeugten Codes hängt stark von den Eigenschaften der hypothetischen Maschine ab:

- Enthält der Befehlsvorrat der hypothetischen Maschine nicht alle Operationen der Quellsprache, so müssen diese von der hypothetischen Maschine simuliert werden, was in der Regel zu ineffizientem Code für die Zielmaschine führt.
- Lassen sich nicht alle Basisdatentypen der Quellsprache in der hypothetischen Maschine darstellen, so muß eine weniger effiziente Belegung des Speichers der Zielmaschine in Kauf genommen werden.
- Liegt der Befehlsvorrat der hypothetischen Maschine auf einem geringeren Niveau als der der Zielmaschine, dann können nicht immer sämtliche Hardwareeigenschaften der Zielmaschine voll genutzt werden. Betroffen sind besonders Eigenschaften von Registern oder spezielle, durch die Hardware vorgegebene Aufrufmechanismen für Prozeduren.
- Sind aus dem Zwischencode die Konstrukte der Quellsprache nicht erkennbar, so lassen sich nicht alle bekannten maschinennahen Optimierungsstrategien anwenden, wie z. B. die optimale Ausnutzung des Registersatzes beim IF-Statement [3.5] oder die Optimierung von Laufschleifen.

Um aus einer Zwischensprache, die durch eine hypothetische Maschine definiert ist, effizienten Code erzeugen zu können, muß die hypothetische Maschine — wie bereits häufig erwähnt — einerseits quellsprachenorientiert sein, andererseits aber auch der Architektur der Zielmaschine ähnlich sein.

Hypothetische Maschinen lassen sich durch Interpreter [3.25] realisieren. Mit dem Interpreter kann das Bootstrap-Verfahren vereinfacht werden.

3.7.1.2 Codegenerierung aus Zwischensprachen auf Basis attributierter Strukturbäume

Zwischensprachen, die auf attributierten Strukturbäumen basieren, sind quellsprachenorientiert und unabhängig von der Zielmaschine.

Die Maschinencodegenerierung aus attributierten Strukturbäumen ist in der Regel mit einem größeren Aufwand verbunden als die Codeerzeugung aus einem Programm für eine hypothetische Maschine. Gründe hierfür sind:

- Die Abbildung der Datenobjekte auf ihre Internform und ihre Adressierung erfolgen bei der Codegenerierung. Diese Aufgaben werden bei Zwischensprachen wie P-Code vom Parser übernommen.

Op-Code	Param 1	Param 2	Stackoperanden	SP	Aktion	Verarbeitungs-breite
Spalte 1	Spalte 2	Spalte 3	Spalte 4	Spalte 5	Spalte 6	Spalte 7
EQDW	lgth		D21, D43	-3	$T := D43 = D21$	P1
NEDW	lgth		D21, D43	-3	$T := D43 /= D21$	P1
LOWDW	lgth		D21, D43	-3	$T := D43 <= D21$	P1
UPDW	lgth		D21, D43	-3	$T := D43 >= D21$	P1
INDW	lgth		D21, T3	-2	$T := $ Bit T3 von $D21 = 1$	P1
EQSTRG		length	T1, T2	-1	T1 und T2 enthalten	
NEQSTRG		length	T1, T2	-1	Adressen von Byte-Strings	
GRSTRG		length	T1, T2	-1	der Länge length.	
NGSTRG		length	T1, T2	-1	Diese werden verglichen	
LSTRG		length	T1, T2	-1		
NLSTRG		length	T1, T2	-1		
POPB	deref		T1, T2	-2	Inhalt von T1 bzw. D21	B
POPHW	deref		T1, T2	-2	wird an die Adresse	HW
POPW	deref		T1, T2	-2	gespeichert,	W
POPDW	deref		D21, T3	-3	die in T2 bzw. T3 steht	DW
POPBIT	pos	length	T1, T2	-2	Abspeichern von Bit-Strings	
POPDBIT	pos	length	D21, T3	-3	nach T2 bzw. T3	
COPY	bl	length	T1, T2		Byte-String der Länge length $+ 1$ von T1 nach T2 kopieren	
PUSHB	levdif	dist		1	das durch	
PUSHHW	levdif	dist		1	(levdif, dist)	
PUSHW	levdif	dist		1	adressierte Element	
PUSHDW	levdif	dist		2	wird auf den Stack	
PUSHAU	levdif	dist		1	gelegt	
INCR	mode		T1	0	$T := T1 + 1$	P1
DECR	mode		T1	0	$T := T1 - 1$	P1
NEG	mode		T1	0	$T := -T1$	P1
ADD	mode		T1, T2	-1	$T := T2 + T1$	P1
SUB	mode		T1, T2	-1	$T := T2 - T1$	P1
MUL	mode		T1, T2	-1	$T := T2 * T1$	P1

DIV	mode		T1, T2	− 1	$T := T2 / T1$	P1
MOD	mode		T1, T2	− 1	$T := T2 \bmod T1$	P1
ABS	mode		T1	0	$T := T1$	P1
NOT			T1	0	rechtes Bit von T1 logisch negiert	B
ANDW			T1, T2	− 1	logisches ‚und‘	W
ORW			T1, T2	− 1	logisches ‚oder‘	W
EXORW			T1, T2	− 1	ausschließendes ‚oder‘	W
ANDDW			D21, D43	− 2	logisches ‚und‘ (Durchschnitt)	DW
ORDW			D21, D43	− 2	logisches ‚oder‘ (Vereinigung)	DW
DIFDW			D21, D43	− 2	$D := D43 \text{ and not } D21$	DW
SETBIT	lgth	min	T1, D32	− 1	Bit (T1-min) in D32 gesetzt	P1
MAXDW	lgth		D21	− 1	$T :=$ Position der letzten Eins	P1
MINDW	lgth		D21	− 1	$T :=$ Position der ersten Eins	P1
CARDDW	lgth		D21	− 1	$T :=$ Anzahl Einsen	P1
EQ	mode		T1, T2	− 1	$T := T2 = T1$	
NEQ	mode		T1, T2	− 1	$T := T2 /= T1$	
GR	mode		T1, T2	− 1	$T := T2 > T1$	
NG	mode		T1, T2	− 1	$T := T2 <= T1$	
L	mode		T1, T2	− 1	$T := T2 < T1$	
NL	mode		T1, T2	− 1	$T := T2 >= T1$	
HPUSHB			T1	0	das Element, dessen Adresse	B
HPUSHHW			T1	0	in T1 steht, wird auf	HW
HPUSHW			T1	0	den Stack gelegt	W
HPUSHDW			T1	1		DW
HPUSHS	bl	l	T1	bl + 1	l + 1 = Länge des Strings	bl + l + 1
HPUSHBIT	pos	length	T1	0	ein Bit-String der Länge length	W
HPUSHDBIT	pos	length	T1	0	wird auf den Stack gelegt	DW
PUSHC		const		1	$T := const$	B
PUSHI		value			$T := value$	W
SAVEB	levdif	dist	T1	0	der Inhalt von T1 wird an	B
SAVEHW	levdif	dist	T1	0	die Adresse (levdif, dist)	HW
SAVEW	levdif	dist	T1	0	gespeichert, aber nicht vom Stack entfernt	W

Bild 3.34. Fortsetzung

Op-Code	Param 1	Param 2	Stackoperanden	SP	Aktion	Verarbeitungs-breite
Spalte 1	Spalte 2	Spalte 3	Spalte 4	Spalte 5	Spalte 6	Spalte 7
VADDR	levdif	dist			legt die Adresse einer Variablen,	
SCADDR	ext	dist		$+1$	einer Stringkonstanten oder einer	
PCADDR	ext	dist		$+1$	Powerset-Konstanten auf den Stack	
COMPON		dist		0	$T := T1 + dist$	
INDEX	min	length	T1, T2	-1	$T := (T1 - min) \times length + T2$	
GETH		length		$+1$	$HP := HP - length + 1$	
					$T := HP$ (heap pointer)	
JUMP		dist			unbedingter Sprung nach dist	
FJUMP		dist	T1	-1	Sprung, falls T1 = false	
TJUMP		dist	T1	-1	Sprung, falls T1 = true	
CJUMP	n	addr	T1,.., Tn	$-n$	n-dim Verzweigung,	
MSTACK	levdif			$+4$	markiert neue Stackregion	
PARAM					Parameterlänge	
POPP	mode	1			entfernt Parameter vom Stacktop	
CALL					Prozeduraufruf	
ENTPROC	ext	V		$+V$	Prozedureintritt	
RETPROC	fct				Prozedurrückkehr	
STOP					Programmende	
PSTART					Prozeßstart	
PEND					Prozeßende	
ILSVC					Betriebssystemaufruf	

Bild 3.34. Fortsetzung

– Die für die Maschinencodeerzeugung wesentliche Information wird erst während
  der Codegenerierung aus dem attributierten Strukturbaum gewonnen. Bei Zwischensprachen, basierend auf hypothetischen Maschinen, übernimmt bereits der
  Parser die Auswertung des Strukturbaumes.

Die in attributierten Strukturbäumen enthaltene Information über die Syntax und
Semantik des Quellprogramms gestattet, sämtliche Optimierungsstrategien bei der
Codeerzeugung anzuwenden. Aufgrund der Maschinenunabhängigkeit der attributierten Strukturbäume ist die Entwicklung von Codegeneratoren nicht auf eine bestimmte Klasse von Maschinen fixiert.

3.7.1.3 Ein Modell zur Codegenerierung aus attributierten Strukturbäumen

Die Kosten für die Entwicklung einer Familie von Codegeneratoren, die attributierte
Strukturbäume in Programme für die entsprechende Zielmaschine umsetzen, können
reduziert werden, wenn die Codeerzeugung in zwei Stufen erfolgt:

– Abbildung des attributierten Strukturbaumes (ASB) auf eine weitere maschinen-
  orientierte Zwischensprache IL_M,
– Abbildung der weiteren Zwischensprache IL_M auf die Zielmaschine.

Die Zwischensprache IL_M soll folgende Forderungen erfüllen:

– IL_M ist durch eine hypothetische Maschine definiert, die die für die Codegenerierung relevanten Eigenschaften einer Familie von realen Maschinen berücksichtigt.
– IL_M ist weitgehend sprachenunabhängig.
– Aus IL_M läßt sich auf einfache Weise Code für die entsprechenden Zielmaschinen
  generieren.
– IL_M ist erweiterbar.

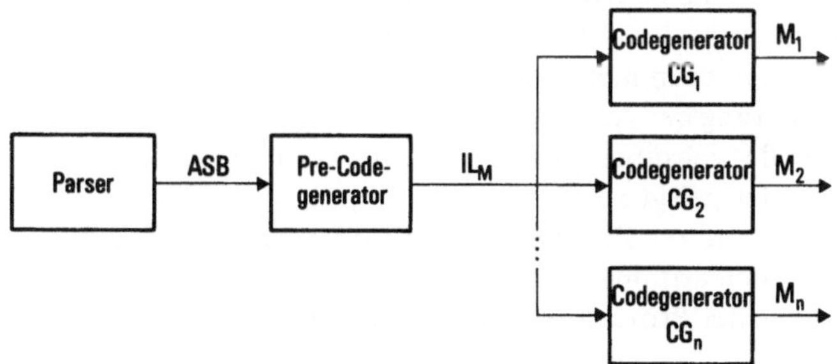

Bild 3.35. Codegenerierung für eine Familie von Rechnern

Das vorangehend geschilderte Modell bietet folgende Vorteile:

– Viele der maschinennahen Optimierungsmaßnahmen lassen sich für alle Prozessoren der Familie bereits bei der Abbildung des attributierten Strukturbaumes auf die
  Zwischensprache IL_M durchführen. Die entsprechenden Optimierungsroutinen sind
  also nur einmal vorhanden.
– Die Adaptabilität von Compilern innerhalb einer Klasse von Rechnern wird unterstützt.

3.7.2 Codegenerierung und Maschinensprachen

Zur Bewertung der Problematik der Codegenerierung seien einige wichtige Unterschiede zwischen Maschinensprachen und höheren Programmiersprachen in Erinnerung gerufen.

Konventionelle Maschinensprachen kennen nur arithmetische und logische Grundoperationen, Transport-, Shift- und Sprunganweisungen. Maschinensprachen sind im allgemeinen typfrei, d.h. die auf ein Objekt angewandte Operation legt die Interpretation des Objekts fest.

Wesentliche Merkmale moderner höherer Programmiersprachen sind das Typ-, Block-, Modul- und Prozeßkonzept. Moderne höhere Programmiersprachen erlauben die Definition beliebig komplexer Datenstrukturen. Sie besitzen Sprachkonstrukte für die Iteration und Rekursion, für die Definition von Prozessen und für die Kommunikation zwischen Prozessen. Die Kluft zwischen den Maschinensprachen und den höheren Programmiersprachen wird als semantische Lücke bezeichnet [3.26].

Die Problematik der Codegenerierung besteht nun darin, die semantische Lücke zwischen Maschinensprache und Zwischensprache zu überbrücken. Datenstrukturen und Operationen des Zwischencodes sind in ein zum Zwischencode äquivalentes Maschinenprogramm abzubilden. Bei dieser Abbildung kann nicht der gesamte Befehlssatz ausgenutzt werden. Die Anwendung mancher Befehle erfordert umfangreiche Fallunterscheidungen bei der Codegenerierung, so daß der Effizienzgewinn beim erzeugten Code in keinem Verhältnis zum Aufwand bei der Codegenerierung steht. So benötigt der CHILL-Codegenerator für die Prozessoren der Serie Siemens 7.000 nur etwa 40% der nicht privilegierten Befehle des Maschinenbefehlsatzes. Dabei ist allerdings zu berücksichtigen, daß CHILL keine Gleitpunktoperationen erlaubt.

Die semantische Lücke zwischen konventionellen Maschinensprachen und den höheren Programmiersprachen führt dazu, daß bei der Codeerzeugung Befehlssequenzen für Prüfungen generiert werden müssen, die gewährleisten, daß die mit einem Objekt verknüpften Attribute auch zur Laufzeit des Programms gelten. Beispielsweise kennen die üblichen Maschinensprachen nicht den Begriff des Arrays. Die Überprüfung auf Unter- bzw. Überschreitung der Array-Grenzen kann somit nicht per Hardware erfolgen. Gleiches gilt für Bereichsüberschreitungen bei Zahlen, deren Wertebereich durch die Programmierer festgelegt wurde.

Zur Vertiefung der Diskussion um die Problematik der Codegenerierung wird im folgenden der erzeugte Code für den arithmetischen Vergleich und für den Zugriff auf gepackte Daten an den Beispielen der Prozessoren der Siemens 7.000-Familie und der IBM 370-Familie erläutert.

Arithmetischer Vergleich

Für die Darstellung der Werte TRUE und FALSE werden die Zahlen 1 und 0 gewählt. Das Resultat des Vergleichs wird bei den Prozessoren Siemens 7.000 und IBM 370 in einer 2-Bit-Größe (Anzeige) abgespeichert. Die Booleschen Werte müssen in Abhängigkeit von der Anzeige explizit geladen werden.

CHILL-Anweisung:

A: = X < Y;

Assemblercode für Siemens 7.000 und IBM 370 Prozessor:

```
L      2, X    Laden des Wertes der Variablen X in das Register R2
C      2, Y    Vergleich von R2 mit Y
LA     3, 1    Laden des Wertes „TRUE" in das Register R3
BL     M       Sprung nach M, falls gilt: X < Y
XR     3, 3    Erzeugen des Wertes „FALSE" durch Löschen des Registers R3
MSTC   3, A    Abspeichern des Resultats des Vergleichs.
```

Ein wesentlich effizienterer Code könnte erzeugt werden, wenn für sämtliche Vergleichsarten jeweils ein Maschinenbefehl zur Verfügung stünde, der den Wert TRUE bzw. FALSE in Abhängigkeit vom Ausgang des Vergleichs in ein Register ablegen würde.

Zugriff auf gepackte Daten

Datenstrukturen lassen sich in CHILL gepackt darstellen, d.h. die Komponenten einer Struktur werden lückenlos abgespeichert. Die Adresse für ein gepacktes Datum setzt sich zusammen aus einem Wert, der die Lage des Datums innerhalb eines Bytes beschreibt, und aus der Byte-Adresse. Bei Maschinen, deren Befehle nur die Adressierung von Bytes erlauben, ist der Zugriff auf eine Komponente einer gepackten Struktur erheblich schwieriger.

CHILL-Anweisungen:

```
DCL S   STRUCT (P POWERSET RANGE (1:3) PACK, J RANGE (0:255)
        PACK);
DCL Y   INT;
Y := S.J;
```

Für die Darstellung der Variablen P werden 3 Bits, für die Darstellung der Variablen J 1 Byte benötigt.

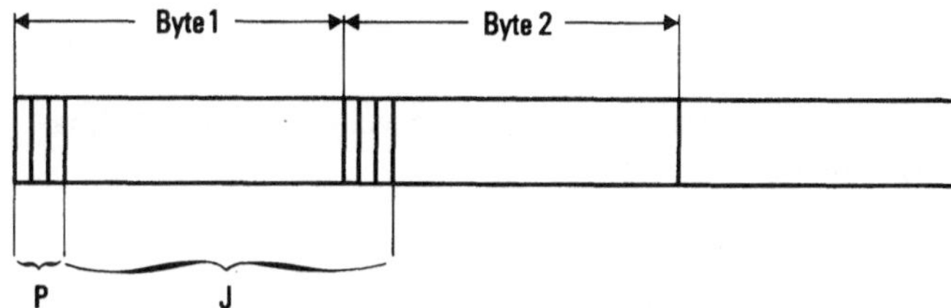

Bild 3.36. Speicherplatzbelegung der Variablen S

Assemblercode für einen Prozessor IBM 370:

```
ICM  2, 12, S   Linksbündiges Laden der beiden höchstwertigen Bytes der
                Variablen S in das Register R2
SLL  2, 3       Verschieben des Inhalts des Registers R2
SRL  2, 24      Verschieben des Inhalts des Registers R2 um 24 Bits nach rechts.
                Der Wert der Komponente J steht dann rechtsbündig in R2.
ST   2, Y       Zuweisung des Inhalts von R2 an die Variable Y.
```

Bei Prozessoren der Siemens 7.000-Familie kann direkt auf ein Bit-Feld innerhalb eines Bytes zugegriffen werden. Dadurch vereinfacht sich die Befehlsfolge für den Zugriff auf eine Komponente einer gepackten Struktur.

Assemblercode für Prozessoren der Siemens 7.000-Familie:

LBF   k, S   Rechtsbündiges Laden des Wertes der Komponente J in das
                implizit vorgegebene Register R2. Die Konstante k dient zur
                Auswahl des Bit-Feldes in S.
ST   2, Y   Zuweisung des Inhalts von R2 an die Variable Y.

Diese Beispiele zeigen, daß sich einzelne Konstrukte einer höheren Programmiersprache nur in eine komplexe Maschinenbefehlssequenz abbilden lassen. Zusammen mit der Tatsache, daß nur ein Teil des Befehlssatzes der Zielmaschine bei der Codegenerierung ausgenutzt werden kann, ist dies ein Zeichen, daß sich übliche Maschinensprachen nur bedingt zur Darstellung höherer Programmiersprachen eignen. Neuere Prozessorarchitekturen, wie Datentypenarchitekturen und sprachorientierte Architekturen vermeiden weitgehend diesen Nachteil üblicher Maschinen [3.26].

3.8 Struktur der CHILL-Codegeneratoren

Bei der Implementierung des CHILL-Compilers wurden Codegeneratoren für verschiedene Typen von Zielmaschinen sowohl mit 16 Bits als auch mit 32 Bits Verarbeitungsbreite entwickelt. Innerhalb der Klasse der 32-Bit-Prozessoren bestehen gewisse Gemeinsamkeiten, wie 16 Mehrzweckregister, Byte-Adressierung und Wortorientierung. Die Maschinenbefehle der einzelnen Prozessoren weichen andererseits erheblich voneinander ab. Bei den 16-Bit-Prozessoren, sind weniger Gemeinsamkeiten festzustellen.

Trotz der unterschiedlichen Eigenschaften der Zielprozessoren konnten die CHILL-Codegeneratoren nach einheitlichen Prinzipien entwickelt werden, und zwar für:

- das Modell der Codegenerierung,
- die Behandlung der Schnittstellen zum Parser und zu den verschiedenen Zielmaschinen mit ihren Betriebssystemen,
- den Ablauf der Codegenerierung,
- die Prozeduraufrufmechanismen,
- die Adressierung auf Maschinenbefehlsebene.

3.8.1 Modell der Codegenerierung

Dem nachstehend beschriebenen Modell für die Codegenerierung ist unterlegt, daß der Speicher der Zielmaschine zur Laufzeit eines CHILL-Programms als Stack organisiert ist.

Der Parser bildet das Quellprogramm also in ein bedeutungsgleiches Programm für die hypothetische Stackmaschine ab. In der Stackmaschine wird jedes Datum vor seiner Verarbeitung in den temporären Stackbereich gelegt. Bei Registermaschinen muß dieser Datentransfer so gesteuert werden, daß Datum und Zwischenergebnisse nur in Ausnahmefällen auf den Laufzeitstack der Zielmaschine gelegt werden. Diese Forderung läßt sich erfüllen, wenn über die Stack- und Registerinhalte während der

Codegenerierung buchgeführt wird. Ausführliche Beschreibungen des Register- und Stackdeskriptors sind im folgenden Abschnitt zu finden.

Während bei einem Prozeduraufruf die Parameter und Basisregister explizit im Stack der Zielmaschine abgelegt werden, wird z.B. bei einem Transferbefehl der Zwischensprache lediglich der Ort und das Format des Datums im Stackdeskriptor vermerkt. Der von der Zwischensprache geforderte temporäre Stackbereich ist also bei der Zielmaschine im allgemeinen nur virtuell vorhanden. Die Abspeicherung von Register- und Speicherinhalten in den Stackbereich erfolgt nur:

- wenn die frei verfügbaren Register für die Speicherung der Zwischenergebnisse bei der Berechnung eines Ausdruckes nicht ausreichen,
- wenn eine Prozedur aufgerufen wird.

3.8.2 Schnittstelle zum Parser

Die Schnittstelle zwischen Parser und Codegeneratoren besteht aus drei Dateien, die den Zwischencode, die Konstanten, die Initialisierungstabelle, das Adreßbuch für Externbezüge und die Testhilfetabellen (Bild 3.37) enthalten.

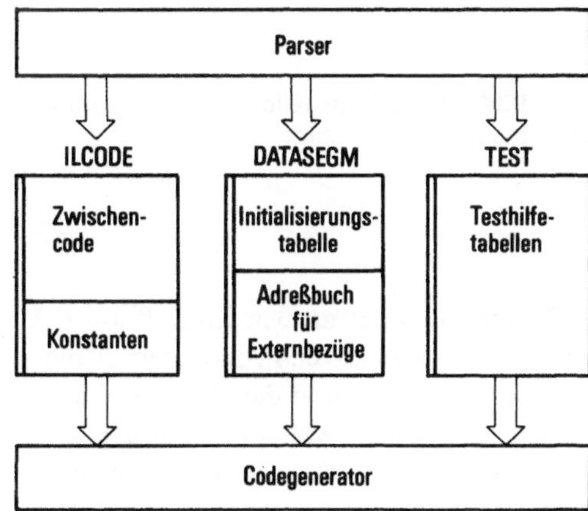

Bild 3.37. Schnittstelle zwischen Parser und Codegeneratoren

In der Datei ILCODE werden zusätzlich zum Zwischencode die Konstanten eines CHILL-Moduls den Codegeneratoren übergeben. Die Initialisierungstabelle enthält Informationen über die Zwischensprachadresse, über Typ und Wert der initialisierten Daten. Das Adreßbuch für Externbezüge dient zur Adressierung von importierten Variablen, Konstanten und Prozeduren. Es enthält außerdem die von einem CHILL-Modul exportierten Namen. In der Datei TEST sind Daten für die Testhilfe IDS enthalten.

3.8.3 Schnittstelle zur Zielmaschine

3.8.3.1 Maschinencodesegmente

Die Codegeneratoren erzeugen pro CHILL-Modul drei Segmente: Das Codesegment, das Datensegment und das Testsegment.

Im Codesegment sind der Maschinen- bzw. der Assemblercode der jeweiligen Zielmaschine und die Konstanten eines CHILL-Moduls enthalten. Das Datensegment beinhaltet die auf Modulebene definierten Variablen (permanente Variablen) einschließlich ihrer Anfangswerte. Die Aufteilung in Code- und Datensegment gestattet, Befehle und Konstanten gegen unbeabsichtigtes Überschreiben zur Laufzeit per Hardwareroutinen zu schützen. Zudem kann das Codesegment von mehreren Prozessen gleichzeitig genutzt werden („sharable code").

Das Testsegment wird nur dann erzeugt, wenn das Programm mit der interaktiven Testhilfe ablaufen soll. Es enthält die Anfangsadressen der zu einem CHILL-Statement gehörenden Folge von Maschinenbefehlen. Außerdem beinhaltet das Testsegment die für die Testhilfe relevanten Teile des Symboladreßbuches.

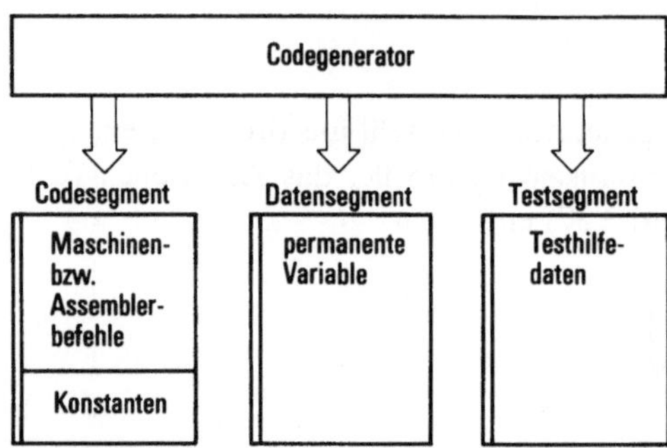

Bild 3.38. Schnittstelle der Codegeneratoren zur Zielmaschine

3.8.3.2 Speicherorganisation

Die Speicherorganisation zur Laufzeit eines Programms hat großen Einfluß auf die Codegenerierung. CHILL erlaubt die Deklaration von rekursiven Prozeduren. Naheliegend werden deshalb die lokalen Variablen einer Prozedur und die aktuellen Parameter ähnlich wie in der Zwischensprache in einem Stack verwaltet [3.13, 3.27]. Der Aufbau einer Stackregion für eine Prozedur sowie der Prozeduraufrufmechanismus werden später erläutert.

Speicherplatz für Datenobjekte, die dynamisch mit der Funktion GETHEAP erzeugt werden, wird im Heap bereitgestellt. Stack und Heap können sich einen zusammenhängenden Speicherbereich teilen (Bild 3.39), oder sie können in getrennten Speicherbereichen untergebracht werden. Bei den CHILL-Codegeneratoren wird die erstgenannte Möglichkeit für die Host-Prozessoren, die zweitgenannte für die Vermittlungsprozessoren angewandt.

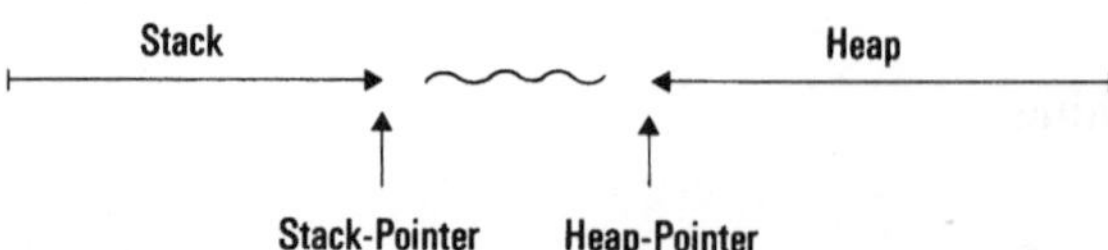

Bild 3.39. Realisierung des Stacks und des Heaps in einem zusammenhängenden Speicherbereich

3.8.3.3 Schnittstelle zu Betriebssystemen

Die vom Codegenerator erzeugten Segmente sind nur in Verbindung mit betriebssystemabhängigen Moduln ablauffähig.

Diese Moduln enthalten:

- die betriebssystemabhängigen Befehle zum Starten und Beenden des Programms, sowie Befehle zum Anfordern des Laufzeitstacks;
- die betriebssystemabhängigen Teile für
  - − die logische Ein-/Ausgabe,
  - − alle anderen Systemdienste z. B. zum Uhrzeit-Abfragen, Heap-Verwalten usw.;
- die zentralen Routinen für die Realisierung des Prozeßkonzepts.

Ein ablauffähiges CHILL-Programm, das aus einem einzigen CHILL-Modul besteht, besitzt deshalb die in Bild 3.40 dargestellte Bindestruktur.

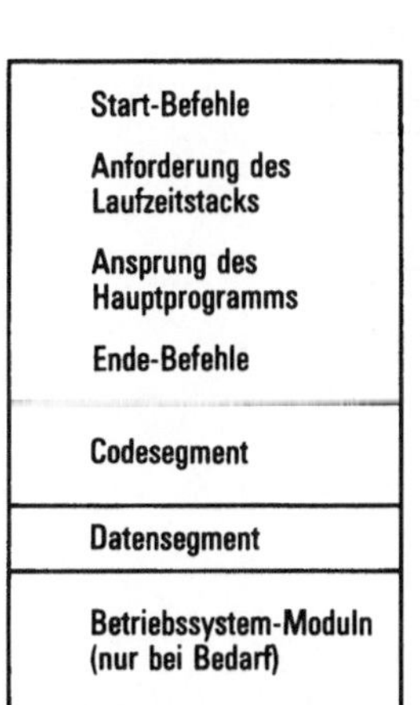

Bild 3.40. Bindestruktur eines CHILL-Programms bestehend aus einem CHILL-Modul

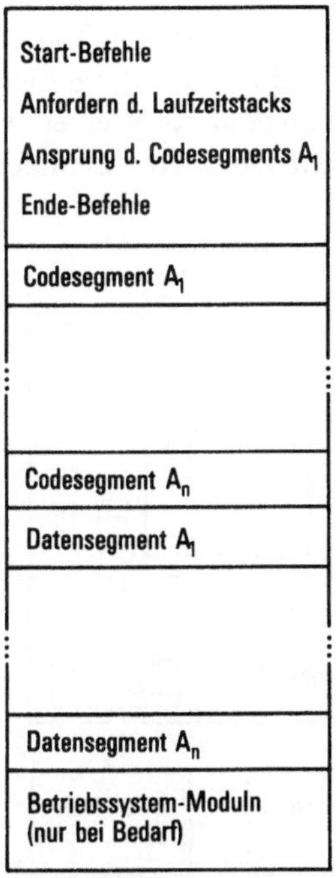

Bild 3.41. Bindestruktur eines CHILL-Programms bestehend aus mehreren Moduln

Diese Struktur hat den Vorteil, daß bei Programmen, die aus mehreren CHILL-Moduln zusammengesetzt sind, alle betriebssystemabhängigen Teile nur einmal vorhanden sein müssen.

Ein ablauffähiges Programm, bestehend aus den CHILL-Moduln A_1, $A_2 \ldots$, A_n, dessen dynamisch erste Befehle im Modul A_1 liegen, hat eine Bindestruktur gemäß Bild 3.41.

Alle Betriebssystemroutinen werden wie externe Prozeduren behandelt. Ihre Parameter werden im Laufzeitstack übergeben.

3.8.4 Ablauf der Codegenerierung

Der eigentlichen Codeerzeugung geht ein Lauf voraus, in dem die Optimierung von Prozeduraufrufen vorbereitet wird. Die Codeerzeugung selbst erfolgt in zwei weiteren Läufen.

In einem Lauf werden zunächst die Zwischensprachbefehle in einen maschinennahen „Quasi-Assemblercode" überführt. Der „Quasi-Assemblercode" unterscheidet sich vom Assemblercode in drei Punkten:

- Bei Vorwärtssprüngen fehlt die Adresse des Sprungziels.
- Die Adreßkonstante fehlt in der Befehlsfolge für den Ansprung jener Prozeduren, die erst nach ihrem Aufruf deklariert werden. Diese Adreßkonstante verweist auf die Anfangsadresse des Codes für die Prozedur.
- Die Adressen für Vorwärtssprünge und die Adreßkonstanten von Prozeduren, die erst nach ihrem Aufruf deklariert sind, sind in Tabellen zwischengespeichert.

Sämtliche Adressen mit Ausnahme von Adreßkonstanten sind im „Quasi-Assemblercode" als Basis und Distanz dargestellt. Dieser wird in einem dritten Lauf vervollständigt. In Abhängigkeit von einer Direktiven wird aus dem „Quasi-Assemblercode" Maschinencode oder Assemblercode erzeugt.

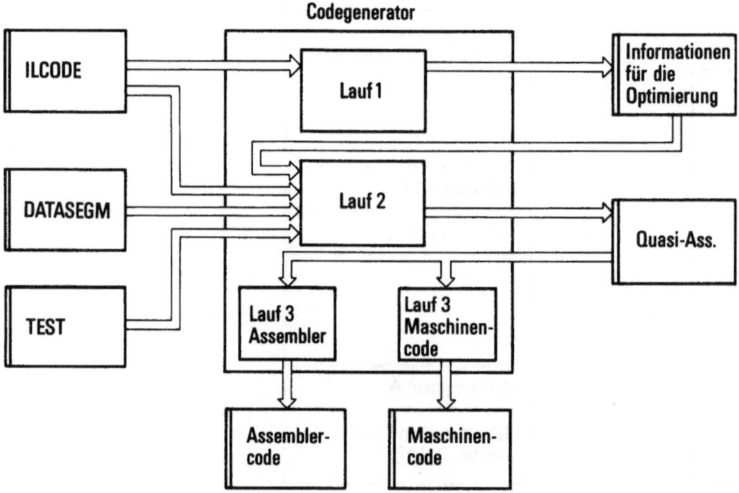

Bild 3.42. Zusammenhang zwischen Ein- und Ausgabedateien der Codegeneratoren

3.8.5 Registerkonventionen

Von den unterschiedlichen Zielmaschinen stellen die Prozessoren der Serie Siemens 7.000, IBM 370 und der Vermittlungsprozessor Siemens SSP 103 dem Benutzer bis zu 16 je 4 Bytes lange Mehrzweckregister zur Verfügung. Für die Codeerzeugung werden zur Adressierung von Variablen, Konstanten und Maschinenbefehlen sechs Register reserviert. Bei der Vergabe dieser Register wurde darauf geachtet, daß für häufig genutzte Daten- und Codebereiche stets geladene Basisregister vorhanden sind. Die restlichen Mehrzweckregister finden als Arbeits- und Indexregister Verwendung. Im Codegenerator für die Siemens 7.000 Serie wurden beispielsweise folgende Registerkonventionen gewählt:

R0–R9   Arbeits- und Indexregister
R10   Basisregister für den Konstantenpool
R11   Basisregister für die permanenten Variablen
R12   Basisregister für den Datenbereich der statischen Vorgängerprozedur
R13   Basisregister für den Datenbereich der aktuellen Prozedur
R14   Rücksprungadresse
R15   Codebasis der aktuellen Prozedur.

Diese Konventionen entsprechen denen von anderen Compilern, so daß eine Verbindung von CHILL mit anderen Programmiersprachen leicht möglich ist.

3.8.6 Prozeduraufruf und Beendigung von Prozeduren

3.8.6.1 Aufruf von Prozeduren

Im Laufzeitstack wird bei Aufruf einer Prozedur P Speicherplatz reserviert für:

- Basisregister,
- aktuelle Parameter von P,
- lokale Daten von P,
- Zwischenergebnisse (temporäre Daten).

Bei Prozeduraustritt wird diese Stackregion freigegeben. Jede Stackregion ist also nur während des Ablaufs der zugehörigen Prozedur existent. Dem Bild 3.43 ist der Aufbau einer Stackregion für eine Prozedur zu entnehmen.

Zum Zeitpunkt des Aufrufs einer Prozedur P beziehen sich die Inhalte der Basisregister auf die rufende Prozedur, d. h. den dynamischen Vorgänger von P. Vor Ausfüh-

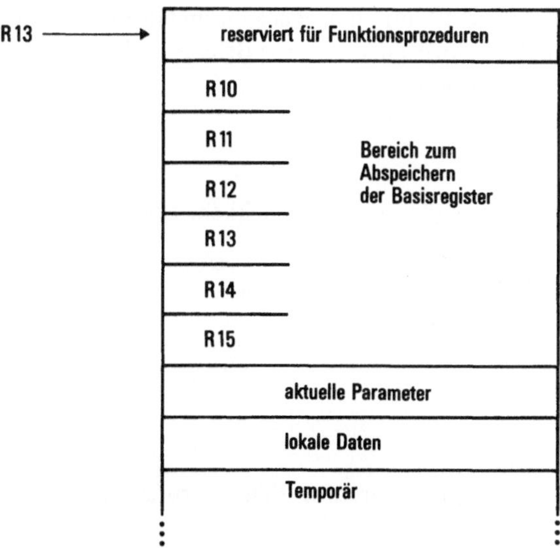

Bild 3.43. Stackregion einer Prozedur für die Rechner der Serie Siemens 7.000

rung des ersten Befehls der Prozedur P müssen die Inhalte dieser Register in der zu P gehörigen Stackregion sichergestellt werden. Die Basisregister erhalten dann die aktuellen Werte.

Die Inhalte der beiden Basisregister, die auf die permanten Variablen und auf den Konstantenpool verweisen, werden nur dann verändert, wenn der Aufruf der Prozedur P von einem Modul aus erfolgt, in dem P nicht deklariert ist.

Auch das Laden des Basisregisters, das auf den Datenbereich des statischen Vorgängers von P verweist, kann entfallen, wenn:

- die Ebene der gerufenen Prozedur gleich der Ebene der aufrufenden Prozedur ist,
- innerhalb der Prozedur P keine weitere Prozedur aufgerufen wird, und keine Variable über die statische Verweiskette adressiert wird.

Im ersten Wort der Stackregion einer Prozedur wird bei Funktionsprozeduren der Funktionswert an den dynamischen Vorgänger übergeben.

Der Bereich „Temporär" dient zur Zwischenspeicherung von Inhalten der Arbeitsregister, falls bei der Berechnung eines Ausdruckes die Anzahl der frei verfügbaren Register nicht ausreicht.

Sind sowohl Aufruf einer Prozedur P als auch ihre Definition im selben CHILL-Modul enthalten, wird für den Ansprung von P für die Rechner der Serie Siemens 7.000 nachstehende Befehlsfolge generiert:

rufende Prozedur:

L	12.....	Adresse des statischen Vorgängers laden (falls notwendig).
STM	10, 15.....	Register 10 bis 15 auf den Stack legen.
LA	13.....	Register 13 mit der Anfangsadresse der neuen Stackregion laden.
L	15.....	Register 15 mit der Anfangsadresse der aufzurufenden Prozedur laden.
BALR	14, 15	Ansprung der Prozedur.
DC	A (Prozedurname)	Anfangsadresse der aufzurufenden Prozedur.
	⎿⟶ ST 14, 20 (13)	Register 14 mit der Rücksprungadresse retten und die Ausführung dieses Befehls in der gerufenen Prozedur.

3.8.6.2 Beendigung von Prozeduren

Der Codegenerator für die Rechner Siemens 7.000 setzt bei Rückkehr einer Prozedur in das rufende Programm folgende Befehle ab:

LM	10, 15.....	Register 10 bis 15 aus dem Stack holen.
L	12, 12 (13)	statischen Vorgänger laden.
BC	15, 4 (14)	Rücksprung.

3.8.6.3 Funktionsprozeduren

Bei Übergabe von Werten durch Funktionsprozeduren an den Aufrufer sind zwei Fälle zu unterscheiden:

– Daten vom Typ INTEGER, BOOL und CHAR werden im ersten Wort der zu P gehörigen Stackregion an den Aufrufer übergeben.
– Die Übergabe aller anderen Werte erfolgt mit einer anonymen Variablen, deren Adresse bei Aufruf der Funktionsprozedur als Parameter übergeben wird.

3.8.7 Adressierung

Eine Variable, deklariert in einer Prozedur P, wird in der Zwischensprache durch das Tupel (Leveldifferenz, Distanz) adressiert. Der Wert der Leveldifferenz errechnet sich aus der Differenz zwischen der Blockschachtelungstiefe (level), der aktuellen Prozedur Q und der Blockschachtelungstiefe der Prozedur P. Die Leveldifferenz gibt also an, wie oft — ausgehend von der aktuellen Stackregion — innerhalb der statischen Verweiskette dereferenziert werden muß, um die Anfangsadresse der Stackregion von P zu erhalten.

Die Distanz kennzeichnet die Lage der Variablen relativ zum Anfang der Stackregion. Aufgabe der Codeerzeugung ist es, diesem Wertepaar eine Adresse des realen Arbeitsspeichers der Zielmaschine zuzuordnen.

Auf den Speicherbereich eines Prozessors Siemens 7.000 oder IBM 370 oder Siemens SSP 103 wird im wesentlichen auf gleiche Weise zugegriffen. Die Adressierung eines Wortes erfolgt bei allen drei Prozessoren über Basisregister, Indexregister und Distanz. Zur Adressierung von Variablen stehen beispielsweise für die Serie Siemens 7.000 die bereits genannten Basisregister zur Verfügung.

3.8.7.1 Adressierung von Variablen im Stack

Die Maschinenadresse einer Variablen mit der Zwischensprachadresse (Leveldifferenz, Distanz) kann mit den nachstehend beschriebenen Verfahren berechnet werden.

– *Verfahren 1:* Die Maschinenadresse erhält man, indem von der aktuellen Stackregion auf die statische Verweiskette so oft zurückgegangen wird, wie die Leveldifferenz angibt. Auf die so berechnete Adresse wird noch die in der Zwischensprache angegebene Distanz addiert. Der Nachteil dieses Verfahrens ist, daß der Zugriff auf nicht lokale Variablen mit einem hohen Zeitaufwand verbunden ist.
– *Verfahren 2:* Die statische Verweiskette wird in Form einer Tabelle d (Display) organisiert [3.28]. Die Maschinenadresse „adr" einer Variablen a ergibt sich zu

adr : = d (bst) + distanz

„bst" bezeichnet die Blockschachtelungstiefe der Prozedur, in der a deklariert ist. Der Nachteil des Verfahrens ist: die Verwaltung der Tabelle d bei einem Prozeduraufruf und einer -beendigung ist aufwendig [3.29].

Untersuchungen an vielen CHILL-Programmen zeigten, daß in den meisten Fällen lediglich auf lokale Variablen einer Prozedur P, auf Daten des unmittelbaren statischen Vorgängers von P und auf Daten, die auf Modulebene vereinbart sind, zugegriffen wird. Aus diesem Grund wurde zur Berechnung der Maschinenadressen von Variablen folgendes Verfahren 3 gewählt.

– *Verfahren 3:* Für den Zugriff auf lokale Variablen einer Prozedur, auf die Variablen des unmittelbaren statischen Vorgängers, auf permanente Variablen und für den

Zugriff auf Elemente des Konstantenpools wird jeweils ein Basisregister reserviert. Die Berechnung der Maschinenadressen für Variablen mit einer Leveldifferenz größer 1 erfolgt mit Verfahren 1.

3.8.7.2 Adressierung von Daten im Datensegment und Konstantenpool

Variable und Konstante eines Moduls können anderen Moduln mit den Anweisungen GRANT und SEIZE zur Verfügung gestellt werden. Diese Spracheigenschaft hat zur Folge, daß bei der Adressierung von permanenten Variablen und von Konstanten zwei Fälle zu unterscheiden sind:

– Adressierung von internen Variablen und Konstanten,
– Adressierung von externen Variablen und Konstanten.

Modulinterne Variablen und Konstanten werden mit Hilfe zweier Basisregister adressiert. Das Adreßbuch für Externbezüge dient zur Adressierung von externen Objekten. Es enthält die Namen der exportierten und importierten Objekte eines CHILL-Moduls. Vor Beginn der eigentlichen Codegenerierung erzeugen die Codegeneratoren aus dem Adreßbuch für Externbezüge eine Tabelle EX_TAB. Sie enthält die Namen der importierten Daten und deren Distanz im Adreßbuch für Externbezüge. Die Tabelle EX_TAB dient während der Codeerzeugung zur Adressierung von importierten Objekten.

Im Anschluß an den Konstantenpool werden die symbolischen Adressen für die importierten Namen von den Codegeneratoren in der Reihenfolge abgesetzt, in der sie in der Tabelle EX_TAB abgespeichert sind. Der Binder setzt die symbolischen Adressen in echte Adressen um. Die Namen der exportierten Objekte eines CHILL-Moduls werden anderen Maschinencodesegmenten durch Entry-Anweisungen bekannt gegeben.

Die Adressierung von importierten Variablen und von Konstanten erfolgt in der Zwischensprache ebenfalls mit dem Tupel (Leveldifferenz, Distanz). Die Leveldifferenz besitzt in diesem Fall einen festen Wert, der kennzeichnet, daß es sich um ein importiertes Objekt handelt. Der Wert Distanz verweist auf den Namen des importierten Objekts im Adreßbuch für Externbezüge.

Die CHILL-Codegeneratoren für die Prozessoren der Serie Siemens 7.000, IBM 370 und für den Siemens Vermittlungsprozessor SSP 103 basieren auf den gleichen Prinzipien. Die Codegeneratoren unterscheiden sich weder in ihrem hierarchischen Aufbau noch im Ablauf der Codegenerierung. Als Implementierungssprache diente CHILL.

Auf diese Weise konnte der Aufwand für die Entwicklung der Codegeneratoren gering gehalten und die Wartungsfreundlichkeit erhöht werden. Der Einsatz des Bootstrap-Verfahrens trug wesentlich zur Verbesserung der Zuverlässigkeit der Compiler bei. Die zusätzliche Möglichkeit, Assemblercode erzeugen zu können, machte den generierten Code lesbar und vereinfachte die Fehlersuche.

3.9 Codegenerierung und Optimierung

Der Codegenerator setzt das vom maschinenunabhängigen Parser angebotene Zwischensprachprogramm in ein Maschinenprogramm um. Ein Maß für die Güte des erzeugten Codes ist neben der Korrektheit auch der Speicherplatzbedarf und die Laufzeit des erzeugten Programms. In vielen Fällen ist ein statisch günstiger Code auch dynamisch günstig. Sind jedoch die beiden Ziele nicht gleichzeitig zu erreichen, so steht in der Vermittlungstechnik das Ziel, ein laufzeitoptimales Programm zu erzeugen, an erster Stelle. Denn an Vermittlungsprogramme werden hohe Echtzeitanforderungen gestellt.

Bei den vielen Möglichkeiten zur Codeoptimierung sollten vor einer Implementierung folgende Aspekte kritisch beleuchtet werden [3.14]:

- Welchen Aufwand erfordern die angestrebten Optimierungsziele?
- Welchen Einfluß haben die Optimierungsmaßnahmen auf die Korrektheit eines Programms?
- Werden durch eine „Optimierung" tatsächlich Laufzeit- oder Speicherplatzersparnisse in nennenswertem Maße erzielt?

Der implementierte CHILL-Compiler übersetzt Programme, die auch mit einer interaktiven Testhilfe ablaufen können. Mit der Testhilfe kann ein CHILL-Programm an jedem Statement angehalten werden, um Variableninhalte anzusehen und gegebenenfalls zu verändern. Unter diesen Umständen kommt noch eine weitere Frage hinzu:

- Lassen die Optimierungsmaßnahmen auch weiterhin den Gebrauch der interaktiven Testhilfe zu, oder schränken sie deren Anwendung — gegebenenfalls in welchem Maße — ein?

Optimierungsmaßnahmen werden üblicherweise nach der Syntax- und Semantikanalyse durchgeführt, teilweise vor und teilweise während der Codegenerierung.

Die Optimierungsmaßnahmen, die vor der Codegenerierung durchgeführt werden, sind üblicherweise maschinenunabhängig. Sie setzen allerdings eine umfangreiche Steuer- und Datenflußanalyse voraus. Sie machen den Gebrauch einer interaktiven Testhilfe unter Umständen unmöglich.

Aus diesem Grund sind sie nur in Zusammenhang mit einer Compileroption realisierbar, die es dem Anwender erlaubt, wahlweise optimierten oder nichtoptimierten Code zu erzeugen. In diesem Fall kann natürlich nur bei nichtoptimiertem Code die Testhilfe eingesetzt werden.

Bei größeren Programmsystemen ist es jedoch gefährlich, die einzelnen Moduln mit nicht optimiertem Code zu testen, und erst bei der Integration bzw. beim praktischen Einsatz den optimierten Code zu verwenden. Zwischen optimiertem und nicht optimiertem Code können semantische Unterschiede bestehen.

Obwohl aus Gründen der Programmsicherheit Optimierungsmaßnahmen mit Vorsicht anzuwenden sind, sollen an dieser Stelle die in der Literatur am häufigsten genannten maschinenunabhängigen Optimierungsstrategien vorgestellt und auf Nützlichkeit untersucht werden.

Die größten Optimierungserfolge lassen sich durch den geschickten Gebrauch des Registersatzes und des Maschinenbefehlvorrats einer Maschine erzielen. Der maschinenabhängigen Codeoptimierung ist deshalb der größte Teil dieses Abschnittes vorbehalten.

3.9.1 Codegenerierung für ein CHILL-Statement zur Bearbeitung von Ausdrücken und Zuweisungen

Der Parser übersetzt jedes CHILL-Statement in eine Folge von Zwischensprachbefehlen. Der Codegenerator setzt dann diese in eine möglichst kurze Sequenz von Maschinenbefehlen um.

An folgendem Beispiel werden einige mögliche Strategien der Codegenerierung aufgezeigt und für eine Maschine des Typs Siemens 7.000 und IBM 370 diskutiert.

Ausdruck in CHILL-Sprache:	a: = b + (c−d)
Übersetzung in die vereinfachte	vaddr a
Zwischensprache IL:	push b
	push c
	push d
	sub
	add
	pop.

Eine naheliegende, wenn auch unvollkommene Methode besteht darin, alle PUSH-Befehle in „L"- bzw. „LA"-Befehle zu transformieren, um die entsprechenden Variableninhalte oder deren Adressen in geeignete Register zu laden.

Vor Durchführung der Subtraktion und der Addition stehen so alle Operanden in Arbeitsregistern und können durch einfache Register-Register-Befehle verarbeitet und anschließend abgespeichert werden. Der erzeugte Maschinencode hat in vereinfachter Assemblerdarstellung folgende Gestalt:

vaddr a	→	LA	R1, a
push b	→	L	R2, b
push c	→	L	R3, c
push d	→	L	R4, d
sub	→	SR	R3, R4
add	→	AR	R2, R3
pop	→	ST	R2, 0 (R1)

Schon auf den ersten Blick sieht man, daß diese Befehlsfolge nicht optimal ist. Denn bei der angewandten Methode ist einerseits nur eine eingeschränkte Anzahl von Maschinenbefehlen verwendbar. Andererseits werden bei komplizierten Ausdrücken die Arbeitsregister nicht ausreichen.

Verbessern läßt sich der Maschinencode dadurch, daß nicht für jeden Zwischensprachbefehl, sondern nur für Befehlssequenzen Code generiert wird. So können z.B. die Zwischensprachbefehle

push d
sub

zusammengefaßt und übersetzt werden zu

S R3, d

Das ist ein Beispiel für die ziemlich aufwendige Strategie, die in der Literatur häufig als Pattern-Matching bezeichnet wird. Aufwendig ist sie vor allem deshalb, weil sehr viele Kombinationen betrachtet werden müssen. In jüngerer Zeit findet diese Methode in automatisch generierten optimierenden Compilern Anwendung [3.20].

Die vorgestellte Methode läuft darauf hinaus, die temporären Daten der Zwischensprache in Arbeitsregistern zu halten (Stacksimulation durch Register). In der Praxis reichen dann die Register oft nicht aus oder der Maschinenbefehlssatz wird nicht voll genutzt.

Besonders effizienten Code kann man aus der beschriebenen Zwischensprache nur dann generieren, wenn für die PUSH-Befehle in einem Stackbeschreibungssatz jeder Operand beschrieben wird (Stacksimulation mit Stackbeschreibungssatz). Damit wird eine Möglichkeit erschlossen, Code erst bei den verarbeitenden Befehlen wie sub und add, sowie bei den Befehlen zum Abspeichern eines Wertes (pop) zu erzeugen. Der Code wird nicht nur wesentlich komprimiert, auch werden weniger Arbeitsregister benötigt.

Der Stackbeschreibungssatz verwaltet alle Werte, die auf Zwischensprachebene durch push-Befehle im Stack abgelegt werden bzw. die als Zwischenergebnis anfallen. Für jeden dieser Werte existiert zu jeder Compile-Zeit-Situation ein Eintrag mit folgenden Angaben:

- Format des Operanden
  (Wort, Doppelwert, Byte, Halbwort, Konstante usw.)
- die Zugriffsart
  - – unmittelbar, Konstante $< = 4095$
  - – über Register, mit Angabe der Registernummer
  - – über Speicher, mit Angabe der Zwischensprachadresse bzw. der Maschinenadresse (Distanz und Basisregisternummer)
  - – über Konstantenpool, mit Angabe der Relativadresse
  - – über temporären Stackbereich

Die generierte Befehlsfolge hat nun folgendes Aussehen:

```
vaddr a
push b
push c
push d
sub       →    L      R1, c
          S      R1, d
add       →    A      R1, b
pop       →    ST     R1, a
```

3.9.2 Optimierung von CHILL-Befehlssequenzen

3.9.2.1 Vermeiden von Ladebefehlen

Eine naheliegende Optimierungsmaßnahme besteht darin, in einem Registerbeschreibungssatz die Werte zu verwalten, die sich zur jeweiligen Laufzeitsituation — gemäß dem momentanen Stand der Codegenerierung — in den Arbeitsregistern befinden. Folgt beispielsweise auf den Ausdruck aus dem Beispiel die Anweisung

e: = a + h;

so kann dadurch ein weiteres Laden der Variablen a vermieden werden. In Assemblersprache sieht die Befehlsfolge so aus:

ohne Registeroptimierung   mit Registeroptimierung

L   R1, a
A   R1, h   A   R1, h
ST   R1, e   ST   R1, e

Zu jedem Zeitpunkt der Codegenerierung befindet sich ein Register in einem der 3 Zustände:

- empty   Das Register ist frei verfügbar.
- read-only   Das Register enthält einen erinnerungswürdigen Wert.
- written-into   Das Register enthält einen Operanden für eine nachfolgende
                     Operation.

Im Falle von „read-only" wird außerdem noch die Zwischensprachadresse der Variablen vermerkt. Im Falle von „written-into" wird ein Verweis auf den Stackbeschreibungssatz vermerkt.

Da nur eine beschränkte Anzahl an Arbeitsregistern vorhanden ist, kann man durch einen vorgeschalteten Lauf oder durch Vorausschauen feststellen, ob ein Wert erinnerungswürdig ist.

Die Lebensdauer eines Registerinhalts ist jedoch beschränkt: Eine Registeroptimierung kann nur über Befehlssequenzen durchgeführt werden, die weder Einsprünge noch Prozeduraufrufe enthalten. Zudem muß stets darauf geachtet werden, daß Registerinhalt und entsprechender Variableninhalt immer übereinstimmen.

Alle in CHILL-Sprache deklarierten Variablen können sowohl direkt über ihren Namen als auch indirekt über Pointer-Variablen adressiert werden. Eine direkt adressierte Variable wird in der Zwischensprache durch das Paar (levdif, dist), eine indirekt adressierte Variable wird über eine auf dem Stack liegende Adresse angesprochen. Zwei Pointer-Variablen können auch den gleichen Wert besitzen und somit auf die gleiche Variable zeigen.

Deshalb ist es sinnvoll, nur direkt adressierte Variablen über den Registerbeschreibungssatz zu verwalten. Auch reicht dies aus, da die oft benutzten Variablen wie die Zählvariablen der Laufschleifen und alle anonymen Variablen nur direkt adressiert werden. Zu den anonymen Variablen gehören z. B. die obere bzw. untere Grenze einer Laufschleife sowie die Pointer-Variable zum Adressieren einer Struktur über die CHILL-Anweisung DO WITH.

Beim Auftreten einer Zuweisung sind folgende zwei Fälle zu unterscheiden:

- Wird die Variable direkt adressiert, so muß der Registerbeschreibungssatz daraufhin untersucht werden, ob ein Register den alten Variablenwert enthält. Im Ja-Fall muß der entsprechende Verweis im Registerbeschreibungssatz gelöscht werden.
- Wird die Variable indirekt adressiert, so müssen alle Einträge im Registerbeschreibungssatz gelöscht werden, es sei denn, die nur direkt adressierten anonymen Variablen sind in der Zwischensprache als solche gekennzeichnet. Verweise auf anonyme Variablen können deshalb erhalten bleiben.

3.9.2.2 Vermeiden von Speicherbefehlen

Die bisher aufgezeigten Optimierungsmaßnahmen beschränken sich darauf, die Anzahl der Ladeinstruktionen zu verringern. Naheliegend ist auch eine Verringerung der Anzahl der Store-Befehle zum Abspeichern der Register.

Statt bei einer Zuweisung einen Store-Befehl zu generieren, könnte der Registerbeschreibungssatz um einen Eintrag erweitert werden, der besagt, daß das angesprochene Register noch abzuspeichern ist.

Der Store-Befehl ist spätestens am Ende des Optimierungsbereichs oder bei einer Sprunganweisung nachzuholen (verzögertes Abspeichern). In folgenden Fällen kann allerdings der Store-Befehl eingespart werden [3.13]:

- wenn eine Variable einen neuen Wert enthält, solange der alte Wert noch nicht abgespeichert ist;
- wenn am Ende einer Prozedur eine lokale Variable besetzt wird.

Das verzögerte Abspeichern ist sehr aufwendig und in der Praxis wenig effektiv, da beide erwähnten Fälle selten vorkommen. Der größte Nachteil besteht jedoch darin, daß die Testhilfe nicht mehr benutzt werden kann. Denn die mit der Testhilfe ausgegebenen Variableninhalte stimmen nur am Anfang und am Ende eines Optimierungsbereichs, d.h. bei Prozeduraufrufen, bei Sprunganweisungen, bei Einsprüngen und am Prozedurende mit den Variableninhalten überein.

Auch die Maßnahme, Ladebefehle zu vermeiden, führt bei der Anwendung der Testhilfe zu Einschränkungen: Ein Verändern eines Variableninhalts ist unter Umständen nur bei Einsprüngen, bei Prozeduraufrufen und am Prozedurende wirkungsvoll. Denn die Testhilfe kann nur den Variableninhalt verändern. Sie kann nicht den Inhalt von Registern mit dem Variableninhalt verändern. Denn der Testhilfe steht aus Implementierungsgründen der Registerbeschreibungssatz nicht zur Verfügung. So kann unter Umständen das Verändern einer Variablen innerhalb eines Optimierungsbereichs ohne Einfluß auf den Programmablauf bleiben. Jedoch sollte betont werden, daß ein Verändern von Variableninhalten in der Testphase gefährlich und deshalb nicht zu empfehlen ist.

Eine ausführliche Diskussion der Optimierungsmaßnahmen unter Verwendung eines Registerbeschreibungssatzes ist in [3.13] zu finden.

3.9.2.3 Konstantenverwaltung

Eine für die Codeoptimierung erwähnenswerte, im Siemens-CHILL-Compiler nicht implementierte Maßnahme bezieht sich auf eine Verwaltung von Konstanten, so daß Operationen an Konstanten zur Übersetzungszeit zwar ausgeführt sind, dafür aber kein Code erzeugt wird. Das folgende Beispiel erläutert dies:

```
a := 1          →    LA    R1, 1
                     ST    R1, a
b := 5          →    LA    R2, 2
                     ST    R2, b
c := 10         →    LA    R3, 10
                     ST    R3, c
d := a + b + c  →    AR    R1, R2
                     AR    R1, R3
                     ST    R1. d
```

Die beiden AR-Befehle könnten durch einen LA R1, 16 ersetzt werden.

Da in CHILL nur Festpunktarithmetik möglich ist und die CHILL-Ausdrücke erfahrungsgemäß wenig komplex sind, unterblieb — wie erwähnt — aus Zweckmäßigkeitsgründen die Implementierung einer Konstantenverwaltung.

3.9.3 Erweiterung des Optimierungsbereichs

Im letzten Abschnitt wurde die Registeroptimierung auf CHILL-Befehlssequenzen eingeschränkt, die weder Einsprünge noch Prozeduraufrufe enthalten. Bei diesen Sequenzen sind Programmfluß und Compilationsfluß identisch.

Eine Untersuchung der in CHILL definierten Programmflußanweisungen zeigt, daß die zuvor erwähnte Registeroptimierung in den Fällen der Verzweigung (IF... THEN... ELSE... FI;) und der CASE-Anweisung erweitert werden kann. Beide Sprachkonstrukte haben folgende für die Optimierung günstige Eigenschaften:

– Die verschiedenen Alternativen können nur von einer Stelle aus erreicht werden.
– Nur Vorwärtssprünge sind notwendig.

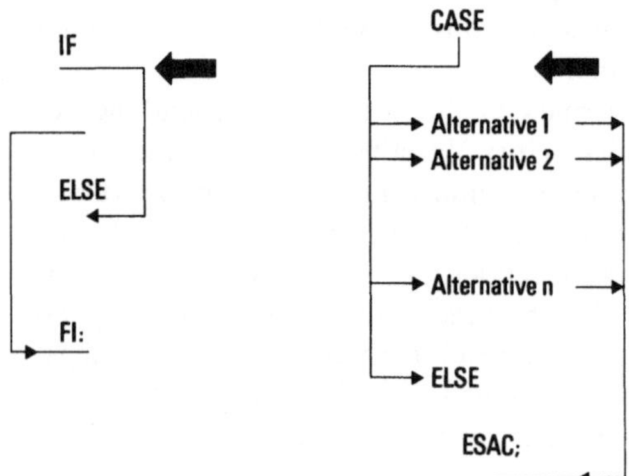

Bild 3.44. Optimierung von IF- und CASE-Anweisungen

Bei Erreichen des Absprungs (mit fettem Pfeil markierte Stelle), kann deshalb der Registerbeschreibungssatz abgespeichert und bei Erreichen des Ansprungs wieder zurückgeholt werden.

3.9.4 Verarbeitung der Sprünge

Jedes Sprungziel wird in der Zwischensprache durch einen NOOP-Befehl mit Statementnummer kleiner 0 angezeigt. Der Maschinenbefehl verlangt eine relative Maschinenadresse ab Prozeduranfang. Bei jedem Sprungziel werden deshalb die Zwischensprachdistanz und die relative Maschinenadresse in eine Sprungzielliste eingetragen.

Bei Übersetzung eines unbedingten oder bedingten Sprungs kann die Ansprungadresse aus der Sprungzielliste entnommen werden, falls die Zwischensprachdistanz des Sprungziels kleiner als die des Sprungbefehls ist. Ansonsten muß der Sprungbefehl in einer Vorwärtssprungliste vermerkt werden, damit im zweiten Lauf das Sprungziel aus der Sprungzielliste entnommen werden kann.

Bei Maschinen des Typs Siemens 7.000 und IBM 370 wird beim Sprungbefehl „BC" das Sprungziel über

Distanz + <Basisregister> + <Indexregister>

adressiert. Als Basisregister steht R15 zur Verfügung, das mit der Anfangsadresse des Unterprogramms geladen ist. Weil der Wert der Distanz zwischen 0 und 4095 liegt, lassen sich über das Basisregister und die Distanz nur 4096 Bytes eines Unterprogramms adressieren. Liegt das Sprungziel außerhalb dieses Bereichs, so muß das Indexregister mit 4096, 8192, 12288, ... geladen werden.

Deshalb wird zwischen dem kurzen Sprung

BC...

und dem langen Sprung

L   RI,...
BC ...

unterschieden.

Bei Rückwärtssprüngen kann bei der Codegenerierung sofort entschieden werden, welche Sprungbefehlsfolge abgesetzt werden muß. Bei Vorwärtssprüngen ist dies nicht immer möglich. Folgende Alternativen bieten sich an: Entweder man reserviert für jeden Vorwärtssprung zwei Worte, oder man implementiert eine relativ umfangreiche Verwaltung der Sprünge und Sprungziele. Denn erst am Ende einer Prozedur kann vollständig entschieden werden, welcher Sprungbefehl generiert werden muß. Eine besonders einfache Lösung wäre die Beschränkung der Länge eines Unterprogramms auf 4096 Bytes.

Im folgenden wird ein Algorithmus vorgestellt, der mit Hilfe von zwei Durchläufen lange Sprünge möglichst vermeidet. Ein ähnlicher Algorithmus für den Interdata 16-Bit-Prozessor ist in [3.30] zu finden.

Dazu benötigt man eine Sprungliste, in der alle Sprünge notiert werden, deren Sprungzieladressen bei Generieren des Absprungs noch nicht bekannt sind. Die Liste enthält dann folgende Informationen:

– Sprungtyp: long, short, undef,
– Zwischensprachadresse des Sprungbefehls,
– Zwischensprachadresse des Sprungziels,
– Maschinenadresse des Sprungziels.

In CHILL-Notation hat die Liste folgendes Aussehen:

```
SYNMODE    branchform   = SET (long, short, undef);
SYNMODE    branchpointer = REF branchmode,
           branchmode   = STRUCT
           (branchtype branchform,     /* Sprungtyp */
            ilbranch int,              /* Zwischensprachadresse des
                                          Sprungbef. */

            illabel int,               /* Zwischensprachadresse des
                                          Sprungziels */

            machinelabel int,          /* Maschinenadresse des
                                          Sprungziels */

            next branchpointer);       /* Zeiger auf nächstes Listen-
                                          element */
```

Wird eine Maschinenbefehlsfolge für einen Sprung generiert, von dem nicht bekannt ist, ob er lang oder kurz ist, so wird der Typ als „undef" (undefiniert) gekennzeichnet. Ein solcher Sprung wird behandelt wie ein kurzer Sprung, d.h. er belegt vorläufig 4 Bytes. Wird er jedoch später durch einen langen Sprung ersetzt, so müssen alle nachfolgenden Adreßbezüge aktualisiert werden.

Dazu muß eine weitere Liste mit allen Einsprungstellen verwaltet werden. Sie enthält folgende Informationen:

– Typ der Einsprungstelle: fixed, variable,
– Zwischensprachadresse der Einsprungstelle,
– vorläufige Maschinenadresse der Einsprungstelle.

In CHILL-Notation hat diese Liste folgendes Aussehen:

```
SYNMODE     labelform    = SET (fixed, variable);
SYNMODE     labelpointer = REF labelmode,
            labelmode    = STRUCT
            (labeltype labelform,      /* Typ der Einsprungstelle */
            labeldist int,             /* Zwischensprachadresse der
                                          Einsprungstelle */
            labeladdr int,             /* vorläufige Maschinen-
                                          adresse der Einsprungstelle */
            nextlabel labelpointer);
```

Eine Einsprungstelle ist vom Typ „fixed", falls die endgültige Maschinenadresse bekannt ist, d.h. falls keine Sprünge vom Typ „undef" vorausgehen.

Für den Algorithmus sind noch zwei Zähler nötig:

maddr   = Zähler für die vorläufige relative Maschinenadresse des jeweils aktuellen Sprungbefehls ab Prozeduranfang.

limit   = Variable, vorbesetzt mit 4096, die anzeigt, bis zu welcher vorläufigen Maschinenadresse ein kurzer Sprung absetzbar ist.

Der Algorithmus arbeitet folgendermaßen: Bei Generieren des Sprungbefehls werden zwei Fälle unterschieden:

– Liegt ein Rückwärtssprung vor, so wird aus der Liste der Einsprungstellen die Maschinenadresse des Sprungziels entnommen.
   Ist das Sprungziel als „fixed" definiert, so wird im Fall „labeladdr kleiner limit" ein kurzer Sprung, andernfalls ein langer Sprung auf die entsprechende Adresse des Maschinenbefehls abgesetzt. Ein Eintrag in die Sprungliste ist nicht notwendig.
   Ist das Sprungziel als „variable" gekennzeichnet, dann müssen für diesen Sprung in der Sprungliste die Zwischensprachadressen des Sprungbefehls und des Sprungziels vermerkt werden. Denn nur die vorläufige Maschinenadresse des Sprungziels ist ja bekannt. Die endgültige Adresse wird spätestens bei Prozedurende bekannt. Der Typ des Sprungs kann jedoch bereits gekennzeichnet werden. Er ist „short", falls die „Zieladresse kleiner limit" ist. Ansonsten ist er „long".
– Liegt ein Vorwärtssprung vor, so muß in jedem Fall ein Eintrag in der Sprungliste erfolgen. Der Typ heißt „long", falls „maddr größer limit", ansonsten „undef". Im Falle von „undef" wird der Wert von „limit" um 4 erniedrigt, da nicht ausgeschlossen werden kann, daß ein Sprung vom Typ „long" generiert werden muß.

Bei Erkennen einer Einsprungstelle werden in der Einsprungliste „labeldist" und „labeladdr" mit den aktuellen Werten besetzt.

Anschließend wird die Sprungliste durchsucht, um festzustellen, ob Sprünge vom Typ „undef" vorhanden sind. Ist das nicht der Fall, so steht die endgültige Adresse der Einsprungstelle fest und „labeltype" ist „fixed" zu definieren.

Sind jedoch Sprünge vom Typ „undef" vorhanden, so wird geprüft, ob ihr Sprungziel das aktuell erkannte Sprungziel ist. Wenn ja, wird im Fall „maddr kleiner limit" „undef" ersetzt durch „short" und „limit" um 4 erhöht. Ist „maddr größer gleich limit", so wird „undef" durch „long" ersetzt, „limit" um 4 erhöht, „maddr" um 4 erhöht und alle Maschinenadressen der Sprungziele, die auf diesen Sprung folgen, um 4 erhöht. Sind alle „undef"-Sprünge beseitigt, so kann das Sprungziel als fixed gekennzeichnet werden.

Letzlich müssen alle Sprünge vom Typ „long" oder „short" sein. Ferner müssen alle Einsprungstellen vom Typ „fixed" sein. In die Sprungliste können also die endgültigen Maschinenadressen eingetragen werden.

3.9.5 Weitere Maßnahmen zur Optimierung

3.9.5.1 Maßnahmen zur Optimierung der FOR- und WHILE-Schleife

Die FOR- und die WHILE-Schleife entziehen sich den bereits diskutierten Optimierungsmaßnahmen, weil der Compilationsfluß nicht mit dem Programmfluß übereinstimmt. Trotzdem sollten in optimierenden Compilern auch sie berücksichtigt werden, da Erfahrungen zeigen, daß in einem Programmsystem 90% der Zeit in 10% des Codes verbracht wird [3.14]. Deshalb bieten sich gerade die inneren Schleifen für eine Optimierung an:

- Verkürzung der Programmlaufzeiten durch den Versuch, den Code im Inneren einer Schleife zu verkleinern. Dies kann dadurch geschehen, daß die Teile, die unabhängig vom Schleifendurchlauf immer das gleiche Ergebnis liefern, aus der Schleife gezogen werden.
- Weiter kann die Schleifenvariable eliminiert werden, wenn sie z.B. nur zum Adressieren von ARRAY-Elementen benutzt wird.

Diese Optimierungsmaßnahmen erfordern aber eine umfangreiche Programm- und Datenflußanalyse bereits auf Zwischensprachebene. Ausführliche Algorithmen sind in [3.14] und [3.31] enthalten.

3.9.5.2 Eliminieren von nicht erreichbarem Code

Aufgrund von Programmflußanalysen lassen sich auch Codestellen eliminieren, die von keiner Stelle des Programms aus erreichbar sind. Diese Maßnahme der Optimierung bringt allerdings lediglich eine statische Verbesserung des erzeugten Codes mit sich.

3.9.5.3 Objektcode-Optimierung (Peephole Optimization)

Objektcode-Optimierer verbessern den Objektcode, indem sie gewisse Befehlssequenzen durch bessere ersetzen. In [3.32] ist angegeben, daß sich der Code von global optimierenden Compilern auf diese Weise um 15 bis 40% verbessern läßt. Eliminieren lassen sich so beispielsweise doppelte Sprünge und unerreichbare Codesequenzen. In [3.32] wird auch ausgesagt, daß es günstiger sei, den Codegenerator einfach zu gestalten, danach aber den Objektcode zu optimieren.

Während in den letzten Jahren vor allem die automatische Generierung von Parsern im Blickpunkt des wissenschaftlichen Interesses stand und für eine große Klasse von Sprachen auch beachtungswerte Ergebnisse erzielt wurden, stieß erst in letzter Zeit die automatische Erzeugung von Codegeneratoren auf wachsendes Interesse.

Der Codegenerator entzog sich bisher vor allem deshalb einer automatischen Erzeugung, weil er eine formale Beschreibung der Klasse der Zielmaschinen erfordert. Denn nur dann stehen die zur Erzeugung eines optimalen Codes erforderlichen Informationen zur Verfügung.

Wie bereits erwähnt, sind neuere Lösungsansätze dieser Thematik in [3.19, 3.20, 3.33, 3.34] angegeben.

3.10 Interaktive Testhilfe

Um eine hohe Zuverlässigkeit von Vermittlungssystemen zu erreichen müssen folgende beide Grundregeln befolgt werden:

- Einfaches, klares und sicheres Design des Softwaresystems: Mit ihm kann die Zahl der Fehler, sowohl während der Entwicklung, als auch im Einsatz sowie deren Auswirkungen, gering gehalten werden. Die Programmiersprache CHILL unterstützt die Anwendung dieser Grundregel.
- Wohldurchdachte Teststrategie: Mit ihr wird gewährleistet, daß noch während der Entwicklung eines Programmsystems möglichst viele Fehler entdeckt und beseitigt werden.

Der im folgenden vorgestellte Entwurf eines Testwerkzeugs für Softwaresysteme, die in CHILL programmiert werden, hat zum Ziel, „wohldurchdachte" Teststrategien zu unterstützen, und zwar dadurch, daß ähnlich wie CHILL die problemnahe Programmierung erlaubt, der problemnahe Test ermöglicht wird.

3.10.1 Anforderungen an das Testsystem

Ein Testsystem für Vermittlungsprozessoren muß die speziellen Eigenschaften der Vermittlungssoftware berücksichtigen. Sie läßt sich grob folgendermaßen unterteilen:

- Echtzeitsoftware zur Steuerung der Vermittlungsprozesse,
- zeitunkritische Betriebssoftware,
- Entwicklungssoftware.

Mit der Sprache CHILL können alle drei Arten von Software programmiert werden. Deshalb erscheint es auch sinnvoll, ein gemeinsames Testwerkzeug für alle drei Arten von Software zu entwickeln. Dazu einige Anmerkungen.

Echtzeitsoftware

Erfordert den Test unter Echtzeitbedingungen: Auch im Testfall sind kritische Zeitbedingungen einzuhalten. Das Testobjekt besteht im allgemeinen aus einer größeren Anzahl von laufenden Prozessen, die miteinander kommunizieren.

Zeitunkritische Betriebssoftware

Läuft im allgemeinen sequentiell und ohne umfangreiche Prozeßkommunikation ab. Das Testobjekt ist häufig nur ein einzelner Prozeß, der eventuell in kritischen Abschnitten auf globale Daten zugreift.

Entwicklungssoftware

Läuft normalerweise nicht auf dem Vermittlungsprozessor, sondern auf einem eigenen Entwicklungsprozessor, welcher der Programmentwicklung und -wartung dient.

Allgemeine Anforderungen

Daraus lassen sich folgende Anforderungen an ein Testwerkzeug ableiten:

- Klares und einfaches Grundkonzept: Der Anwender soll sich nicht auf das Testwerkzeug, sondern auf die Tests konzentrieren können.
- Einfache Bedienung, schnelle Reaktion: Der Anwender soll direkt und einfach die Testschritte formulieren können. Zur Fehlerlokalisierung soll das Testwerkzeug sofort auf Änderungen der Testschritte reagieren. Nicht zulässig ist, daß zur Lokalisierung eines Fehlers erst Änderungen der CHILL-Source-Programme oder gar die Programmierung neuer Testprozeduren notwendig werden.
- Übersichtlichkeit: Die Testanweisungen sollen den gleichen Kriterien der Übersichtlichkeit genügen wie CHILL-Programme. Zwar soll der Zusammenhang der Testanweisungen mit dem CHILL-Source-Code klar erkennbar sein, jedoch soll die Lesbarkeit der CHILL-Source-Programme nicht durch eingebaute Testanweisungen erschwert werden.
- CHILL-Orientierung: Mit den Testanweisungen soll auf CHILL-Objekte in der gleichen Weise Bezug genommen werden wie im CHILL-Source-Programm selbst. Der Programmierer soll nicht mit Zielmaschinenadressen, -daten oder -befehlen hantieren, nur um die Programme austesten zu können. Die Steuerung des Testlaufs soll über CHILL-ähnliche Kontrollstrukturen erfolgen (IF-THEN-ELSE), so daß sich dem Programmierer „Testsprache" und „Programmiersprache" als Einheit darstellen. Unter diesem Gesichtspunkt ist die Verwendung von CHILL als Testsprache ideal.
- Sicherheit und Zuverlässigkeit: Die Testresultate sollen zuverlässig sein und nicht durch Testeingriffe verfälscht werden. Das Testwerkzeug soll gegenüber falscher Bedienung sicher sein.
- Reproduzierung von Fehlern im Testfall: Fehlerbilder sollen sich bei Zuschaltung des Testwerkzeugs nicht verändern. Diese Forderung läßt sich im allgemeinen nur dann erfüllen, wenn das Testobjekt durch Verwendung des Testwerkzeugs nicht verändert wird, d. h. wenn von außen getestet wird. Die Umgebung des Testobjekts soll bei Bedarf durch das Testwerkzeug nicht geändert, sondern nur erweitert werden.
- Anwendbarkeit bei komplexen Systemen: Das Testwerkzeug soll die Durchführung umfangreicher und automatischer Komponententests unterstützen und erleichtern.

Ebenso muß eine Schnittstellenüberwachung gewährleistet sein. Gleichermaßen muß die Formulierung von Testanweisungen zur Lokalisierung und einfachen Reproduktion von Fehlern möglich sein.
- Offenheit: Das Testwerkzeug soll vom Anwender leicht erweitert werden können, durch:
- - Einbau zusätzlicher Funktionen,
- - Integrierbarkeit und Verwendbarkeit in komplexeren Testsystemen.

3.10.2 Konzepte für das Testsystem

Im Zuge der Entwicklung höherer Programmiersprachen und der zugehörigen Compiler haben sich mehrere Konzepte für entsprechende Testwerkzeuge herausgebildet. Sie seien kurz diskutiert:

Testen durch Source-Änderungen

Zusätzlich zu den eigentlichen Problemlösungen werden auch Testprozeduren codiert. Der Compiler unterstützt diese Tests durch Übersetzungsparameter, mit denen die Compilerung der Testprozeduren ausgeschaltet werden kann, und stellt Test-Standardfunktionen (z. B. Test-E/A-Funktionen) zur Verfügung.

Generierung von Tests durch den Compiler

Der Compiler bietet Übersetzungsprogramme an, bei deren Verwendung zusätzlicher Code erzeugt wird, durch den zur Laufzeit die Ausführung ausgewählter Statements protokolliert und durch den für Daten die Einhaltung bestimmter Wertebereiche überprüft werden.

Test mit interaktiven Compilern

Hierbei steht für den Programmtest ein eigener interaktiver Compiler zur Verfügung, mit dem zur Laufzeit noch Source-Änderungen vorgenommen werden können. So können z. B. Ausgabestatements zur Funktionsüberprüfung und Fehlerlokalisierung eingefügt werden. Auch können die Fehler behoben und dann die nur für Testzwecke vorhandenen Statements wieder entfernt werden.

Test mit Ablaufüberwachen

Die zu testende Software läuft in einer eigenen Testumgebung unter einem Ablaufüberwacher ab. Vor dem Ablauf können geeignete Initialisierungwerte eingebracht werden, der Ablauf selbst kann unterbrochen und wieder fortgesetzt werden, etwa um fehlerhaftes Programmverhalten festzustellen und einzugrenzen.

3.10.3 Die Siemens-CHILL-Testhilfe IDS (Interactive Debugging Support)

Aus praktischen Erfahrungen erwies sich als Testhilfe IDS für CHILL-Software ein Werkzeug als zweckmäßig, das auf dem Konzept eines Ablaufverfolgers mit interaktiver Bedienung beruht. Es wird im folgenden beschrieben.

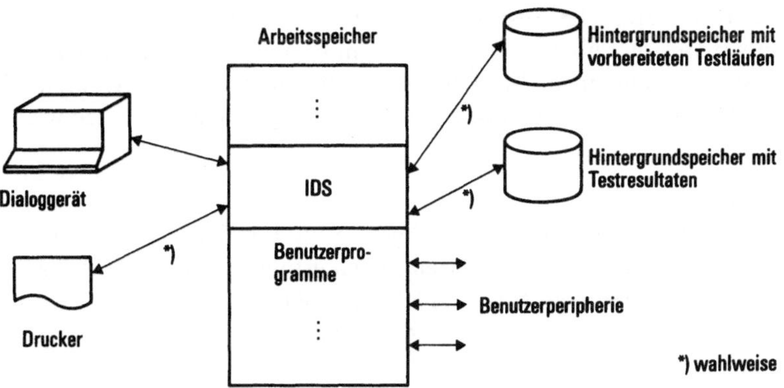

Bild 3.45. IDS aus Benutzersicht

Funktionen

Die Testhilfe IDS stellt dem Programmierer Grundfunktionen zur Verfügung, aus
denen sich komplexere Testfunktionen bis hin zu Funktionen für die Abwicklung
automatisch ablaufender Tests zusammensetzen lassen. Der Ablauf der Grundfunktionen erfolgt durch elementare Kommandos, die Konstruktion komplexerer Testfunktionen durch zusammengesetzte Kommandos.

AT	Setzen von Haltepunkten	Haltepunkte
REMOVE	Entfernen von Haltepunkten	
PRINT	Ausgabe auf Druckermedium	Ein-/Ausgabe
DISPLAY	Ausgabe auf Standardausgabe	
TYPE	Ausgabe auf Konsolterminal	
READ	Eingabe von Konsolterminal	
IF	Bedingte Kommandos	Teststeuerung
CALL	Aufruf Benutzerprozedur	Benutzeranschluß
START	Start Benutzerprozeß	
MEMIN	Standardeingabe aus dem Hauptspeicher	Steuerung der
CFILEIN	Standardeingabe von Kommandodatei	Kommandoeingabe
DIALIN	Standardeingabe vom Dialoggerät	
MEMOUT	Standardausgabe in den Hauptspeicher	Steuerung der
FILEOUT	Standardausgabe in den Hintergrundspeicher	Datenausgabe
DIALOUT	Standardausgabe auf das Dialoggerät	

Bild 3.46. IDS-Kommandos

Haltepunkte

Das dem Testen mit der Testhilfe IDS zugrunde liegende Prinzip erlaubt, daß das zu
testende CHILL-Programm in seinem Ablauf bei beliebig auswählbaren CHILL-
Statements angehalten („Haltepunkte") werden kann. An diesen Stellen kann der
Zustand des Programms inspiziert und geändert werden. Der Programmlauf wird

anschließend wieder fortgesetzt. Die Auswahl der CHILL-Statements, bei denen das Programm getestet wird, erfolgt über die Namen, die im Primärprogramm deklariert sind (Prozedurnamen, Prozeßnamen, Marken usw.) oder über die vom Compiler erzeugten Anweisungsnummern. Haltepunkte können beliebig gesetzt und auch wieder entfernt werden.

Zugriff zum Programmzustand

An Haltepunkten kann der Programmzustand abgefragt und geändert werden. Der Zugriff auf die im Primärprogramm deklarierten Daten erfolgt durch Angabe ihrer dort vereinbarten Namen. Daten vom Mode STRUCT, ARRAY oder REF können auch selektiv durch Qualifizierung, Indizierung oder Dereferenzierung angesprochen werden.

Daten-Ein-/Ausgabe

Die Ein- und Ausgabe von Daten, also das Setzen von im Primärprogramm deklarierten Variablen bzw. die Ausgabe ihrer Werte, erfolgt in der dem CHILL-Programmierer geläufigen Notation. Gleiches gilt für Zahlenkonstanten, Zeichenkonstanten, Namen von SET-Elementen und SYN-Konstanten.

Steuerung des Testlaufs

Die im folgenden aufgeführten Testfunktionen können vom Benutzer im Dialog beliebig aufgerufen werden, sie können aber auch abhängig vom aktuellen Programmzustand wirksam werden. Ebenso kann die Ausführung von Testfunktionen an das Erreichen bestimmter Haltepunkte gebunden werden.

Benutzer-Testfunktionen bzw. Testprozesse

Das Testsystem IDS erlaubt auch den Anschluß von beliebigen in CHILL programmierten Testprozeduren oder Testprozessen. Sie können über entsprechende Testfunktionen aufgerufen oder gestartet werden. Als Parameter können auch Variablenwerte aus dem gerade getesteten Programm übergeben werden.

Steuerung der Kommandoeingabe

Die Kommandos der Testfunktionen werden normalerweise vom Dialogterminal erwartet. Doch können Kommandos, die von anderen Programmen im Arbeitsspeicher oder auf einem Hintergrundspeicher abgelegt sind, verarbeitet werden.

Steuerung der Datenausgabe

Die Ausgabe von Daten kann auf das Dialogterminal oder auf einen Drucker erfolgen. Sie können aber auch zur Weiterverarbeitung durch andere Programme im Arbeitsspeicher oder auf einem Hintergrundspeicher abgelegt werden.

Struktur

Das Testsystem IDS ist in Komponenten gegliedert, von denen jede für eine zusammengehörige Gruppe von Aufgaben zuständig ist. Die wichtigsten werden kurz vorgestellt.

Ablaufsteuerung

Ihre Aufgabe ist die Steuerung des Testablaufs, wobei im wesentlichen folgende Zustände zu beachten sind:

- Warten auf den nächsten Haltepunkt,
- Warten auf Benutzerkommando,
- Ausführung der eingegebenen bzw. der schon früher für diesen Haltepunkt vereinbarten Kommandos.

Ein-/Ausgabe-Steuerung

In dieser Komponente werden die Ein-/Ausgaben für die vereinbarten Terminals durchgeführt.

Haltepunktverwaltung

Sie führt eine Liste der vom Benutzer vereinbarten Haltepunkte zusammen mit den an diesen Haltepunkten auszuführenden Testfunktionen.

Symboltabellenverwaltung

Sie stellt die Verbindung zwischen den CHILL-Objekten und deren Repräsentanten auf Maschinenbefehlsebene her. Dazu werden die vom Compiler abgelegten Symboltabellen benutzt.

Zugriffsroutinen auf das Benutzerprogramm

Darin ist der Zugriffsmechanismus auf die zu einem CHILL-Objekt gehörigen Zielmaschinenobjekte realisiert.

Datenaufbereitung

Diese Komponente rekonstruiert die CHILL-Source-Darstellung der Zielmaschinenobjekte.

3.10.4 Konsequenzen für die Compilerentwicklung

Der Compiler legt die von dem Testsystem IDS benötigten Informationen über den Source-Test der zu testenden Programme in Symboltabellen ab. Sie enthalten Angaben über die Blockstruktur, über die vereinbarten Namen und über die einzelnen Statements des Quellprogramms. Mit diesen Angaben kann das Testsystem zu den CHILL-Objekten (Konstanten, Variablen, Parameter, Modes, Prozeduren, Statements usw.) die zugehörigen Zielmaschinenobjekte zur Laufzeit auffinden.

Der Umfang und die Komplexität der Symboltabellen und somit der Testhilfe-Symboltabellenverwaltung hängt von der Art und Weise ab, mit der der Compiler die Umsetzung der CHILL-Objekte in Zielmaschinenobjekte vornimmt.

Der Umfang der Symboltabellen wächst rapide an, wenn etwa die einem CHILL-Statement entsprechenden Zielmaschinenbefehle nicht in dicht aufeinander folgenden Befehlszellen abgesetzt werden, oder wenn die statische Anordnung der Zielmaschinenbefehle oder auch die dynamische Aufeinanderfolge bei Optimierungsmaßnahmen durch den Compiler nicht der der CHILL-Statements entspricht.

Besondere Maßnahmen sind auch erforderlich, wenn der vom Compiler erzeugte Code so angelegt ist, daß die prozessorinterne Darstellung während der Lebensdauer eines Objekts gewechselt wird.

Die Ausführungen zeigen, daß komplexe Compiler auch komplexe Testwerkzeuge nach sich ziehen.

4 Ausblicke und Konzeptionen

In diesem Kapitel steht nicht die Sprache CHILL selbst im Vordergrund, vielmehr werden drei wichtige Problemkreise aus ihrem Umfeld angesprochen und diskutiert.

Der erste Problemkreis umfaßt Betriebssystemaspekte. Er ist Inhalt des ersten Abschnittes. Er umfaßt einerseits Anforderungen an die Programmiersprache aus Sicht der Konzeption und Implementierung von Betriebssystemen für Monoprozessoren. Da in neuerer Zeit die Verteilung von Betriebssystemen bzw. von Betriebssystemfunktionen auf Multiprozessorsysteme zusätzliche Komplexität gegenüber Betriebssystemen für Monoprozessoren mit sich bringt, wird bei modernen höheren Programmiersprachen angestrebt, Hilfsmittel zur Minderung dieser Komplexität anzubieten. Welche Anforderungen an die Programmiersprache CHILL und ihre Verwendung daraus resultieren und welche Lösungsmöglichkeiten geboten werden, wird deshalb andererseits auch diskutiert.

Der zweite Problemkreis beinhaltet Implikationen auf die Hardwarearchitektur. So ist im zweiten Abschnitt die Architektur sprachorientierter Prozessoren angesprochen. Anhand der prototypischen Entwicklung eines CHILL-Prozessors werden mit der Architektur auch die Realisierung eines Prototyps und der Vergleich von Leistungsmerkmalen vorgestellt. Dabei bildet die in Kapitel 3 dargestellte Zwischensprache für CHILL die Ausgangsbasis für den CHILL-Prozessor. Bei einer solchen Hardware wird der Codegenerator hinfällig. Die vom Parser erzeugten Zwischensprachbefehle werden vom CHILL-Prozessor durch Mikroprogramme interpretativ abgearbeitet.

Der dritte Problemkreis betrifft die Programmierumgebung. Er wird im letzten Abschnitt behandelt, eingebettet in die generelle Thematik der Programmierumgebung von modernen höheren Programmiersprachen. Die Ergebnisse und Erfahrungen auf dem Gebiet des Softwareengineering und die Erkenntnisse aus der Compilerentwicklung schufen neue Möglichkeiten, um die Entwicklung großer Softwaresysteme besser in den Griff zu bekommen. Kernstück solcher Lösungsansätze ist natürlich der Compiler. Anhand der Programmiersprache CHILL wird das Modell einer Programmierumgebung CHIPSE vorgestellt und erläutert.

4.1 CHILL als Implementierungssprache für moderne Betriebssysteme

Neue Programmiersprachen wie CHILL sind stark beeinflußt einerseits von der rasch wachsenden Nutzungsbreite technischer Informationssysteme und andererseits von dem strukturellen Wandel, dem innovative Hardwaresysteme unterliegen. Dabei kommt Betriebssystemen in jedem Fall eine Schlüsselrolle zu:

- Sie gehören einerseits zu den komplexesten bekannten Programmsystemen.
- Sie sind andererseits eng an die jeweils zugrunde liegende Hardwarearchitektur gebunden.

Aus diesem Grund sind sowohl Ergebnisse des Softwareengineering als auch Prinzipien der Portabilität entscheidende Faktoren bei der Realisierung moderner Betriebssysteme.

Nachfolgend wird zunächst ein kurzer Überblick über Entwurfsprinzipien, konzeptionelle Grundlagen und Entwicklungsziele von Betriebssystemen gegeben. Dann werden — ausgehend von den genannten Entwicklungszielen — die CHILL-Sprachmittel vorgestellt, mit denen ein Erreichen der Ziele unterstützt wird.

4.1.1 Prinzipien von Betriebssystemen

Ein Betriebssystem ist die Schnittstelle zwischen dem Benutzer und der Hardwarekonfiguration (Bild 4.1). Ein Betriebssystem kann aus zwei Perspektiven betrachtet werden:

- Aus der Perspektive des Benutzers: Das Betriebssystem definiert eine abstrakte Maschine, die explizite Maschinendetails verbirgt und Funktionen und Dienstleistungen zur Verfügung stellt, die auf die Bedürfnisse des Anwenders zugeschnitten sind und den Leistungsbereich der nackten Maschine erweitern. Besonders bei Multiprozessorsystemen wird dem Benutzer eine einheitliche Sicht auf alle Objekte (Daten und Funktionen) ermöglicht. Verborgen bleibt, ob ein Objekt lokal ist oder in einem anderen Prozessor vorhanden ist oder auf mehrere Prozessoren verteilt ist. Funktionen und Dienste werden außerdem vom Betriebssystem gegen falsche Handhabung und Mißbrauch geschützt.
- Aus der Perspektive der vorhandenen Hardwarebetriebsmittel. Das Betriebssystem verwaltet die in einem Computer vorhandenen physikalischen Betriebsmittel, wie z. B. Prozessorkerne, Speicher oder periphere Geräte. Herkömmliche Computer besitzen meist nur einen Prozessorkern und eine beschränkte Hauptspeicherkapazität. Um mehreren Anwendern die Benutzung des Computers gleichzeitig zu ermöglichen, bzw. um den Anforderungen von Echtzeitanwendungen gerecht zu werden, muß das Betriebssystem diesen Mangel an Betriebsmitteln durch geschickte Zuteilungsverfahren beseitigen. Bei Echtzeitsystemen muß die Prozessorkernvergabe so vorgenonmmen werden, daß abhängig von äußeren Ereignissen bestimmte Reaktionszeiten eingehalten werden. Bei konventionellen oder zeitunkritischen Systemen ist diese strenge Einhaltung von Reaktionszeiten nicht erforderlich. Vielmehr wird versucht, den Gesamtdurchsatz zu optimieren. Für die optimale Arbeitsspeicherauslastung verwenden herkömmliche Systeme die Seitenwechselverfahren [4.1].

Bei Multiprozessorarchitekturen werden durch das Betriebssystem auch der fehlerfreie Nachrichtenaustausch zwischen Komponenten der Hardware realisiert und die Nutzung der Komponenten synchronisiert. Für den fehlerfreien Nachrichtenaustausch sind u. a. Funktionen zur Wegsuche, zur Fehlererkennung und -behebung in das Betriebssystem einzubeziehen.

Schließlich werden durch das Betriebssystem vordefinierte Steuer- und Regelmechanismen abhängig von äußeren Ereignissen angestoßen. Letzteres ist vor allem im Bereich der Echtzeitanwendung von Bedeutung.

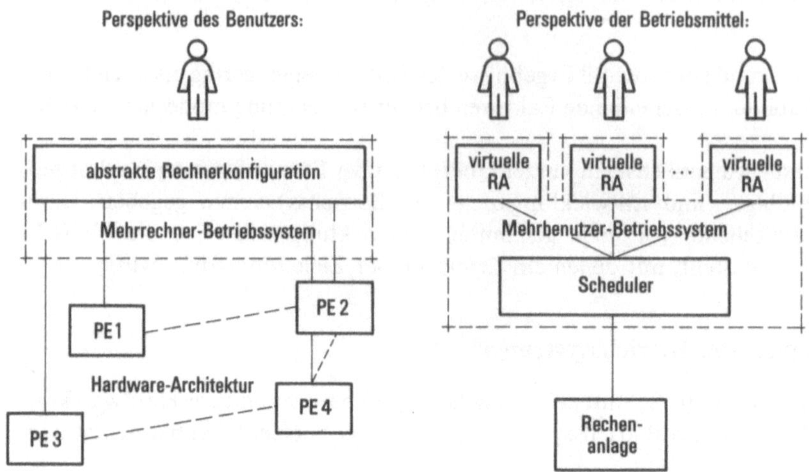

Bild 4.1. Betriebssystem als Schnittstelle zwischen Benutzer und Maschine

In herkömmlichen Computern werden Betriebssysteme in erster Linie als Verwaltungsmittel für eine effiziente Prozessorauslastung angesehen, da die Hardwarebetriebsmittel teuer und beschränkt verfügbar sind. Bei der Entwicklung von Betriebssystemen wird deshalb großer Wert darauf gelegt, daß residente Systemprogramme möglichst wenig Hauptspeicher in Anspruch nehmen und außerdem den Prozessorkern möglichst wenig belasten. Das führt oftmals zu undurchschaubarer maschinennaher Systemprogrammierung, die mit häufigen lokalen Optimierungen Fehlerkorrekturen und Systemerweiterungen sehr erschweren.

Erst die Entwicklung auf dem Hardwaresektor — insbesondere der Preisverfall bei Prozessor und Speicherbausteinen und damit eng verbunden die Entwicklung von Konzepten für neue Computerarchitekuren — sowie die richtungsweisenden Einflüsse des Softwareengineering führen auch zu Neuorientierungen bei der Systemsoftware. Auf einige wichtige Aspekte wird im folgenden näher eingegangen.

4.1.2 Konzeptionelle Grundlagen moderner Betriebssysteme

Die Verwaltung von Betriebsmitteln ist eine zentrale Rolle von Betriebssystemen. Das gilt sowohl für Monoprozessor- als auch für Multiprozessorsysteme. Eine Computerkonfiguration kann gesehen werden als eine Menge physikalischer Betriebsmittel, z.B. Prozessorkerne, Speicher, Ein-/Ausgabe- und Kommunikationskanäle sowie periphere Geräte. Das Betriebssystem abstrahiert Funktionen und Zustände der physikalischen Betriebsmittel und stellt dem Benutzer eine Menge logischer Betriebsmittel zur Verfügung. Das können sowohl (Daten-)Strukturen (z.B. virtuelle Geräte, Pufferbereiche) als auch allgemeine Dienste (z.B. Dateisysteme, Compiler usw.) sein.

Die Erfahrung zeigt, daß die charakteristischen Eigenschaften von Betriebsmitteln, wie z.B. ihre internen Zustände, ihr Funktionsumfang, ihr Kommunikationsspektrum, sinnvollerweise in ein allgemeines Modell eingebettet werden [4.2]. Die Möglichkeit der Modellbildung ist durch die Entwicklung des Abstraktionsprinzips in modernen höheren Programmiersprachen entscheidend gefördert worden [3.12, 4.3].

Erste Ansätze für eine Neuorientierung beim Entwurf konventioneller Betriebssysteme (z.B. MULTICS [4.4]) wurden Ende der 60er Jahre erkennbar: Der enorme Verwaltungsaufwand, der herkömmliche Systeme kennzeichnete, mußte reduziert werden, da die Prozessorleistung größtenteils durch Betriebssystemfunktionen für Prozessor- und Speicherverwaltung verschwendet wurde. Neben der Einführung neuer Strategien (z.B. „working set" [4.5]), war es vor allem die Neustrukturierung der Systeme durch funktionelle Schichtung, mit der man versuchte, ihre Struktur transparenter zu machen und den großen Verwaltungsaufwand durch globale Optimierungsstrategien abzubauen.

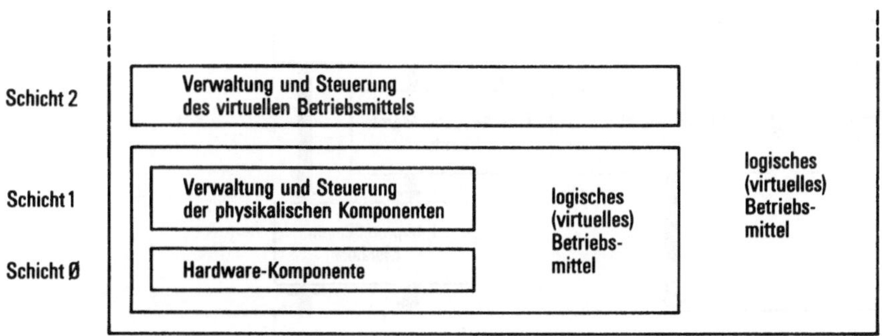

Bild 4.2. Prinzipieller Aufbau des Schichtenmodells

Grundlage war die konsequente Anwendung des Abstraktionsprinzips. Es führte schließlich zu einem Strukturmodell, das sich bis heute als tragfähig erwiesen hat: das Schichtenmodell (Bild 4.2). Es entsteht durch schrittweise Abstraktion der Funktionen und Eigenschaften von Objekten. In der untersten Schicht (Schicht 0) liegen die physikalischen Betriebsmittel (Prozessorkerne, Speicher, Peripheriegeräte), die durch komponentenspezifische Programme (Prozessorkernverwaltung, Speicher- und Gerätemanagement) verwaltet und gesteuert werden. Für den Benutzer dieser Komponenten ist nur die Programmschnittstelle, nicht mehr die Geräteschnittstelle sichtbar. Die Vorteile dieser Vorgehensweise sind offensichtlich:

- Sämtliche maschinenspezifischen Details werden verborgen, so daß unterschiedliche Geräteschnittstellen vereinheitlicht gesehen werden.
- Mit Hilfe des Abstraktionsprinzips können virtuelle Maschinen bereitgestellt werden, in dem Sinne, daß physikalische Betriebsmittel scheinbar vervielfacht werden.
- Man erreicht einen hohen Grad an Sicherheit, da die Verwaltungs- und Steuerungsprogramme robust gegenüber falscher Handhabung sind und unerlaubte Zugriffe zu Objekten zurückweisen.
- Daneben erlaubt die Schichtung ein evolutionäres Wachsen des Systems und bewirkt außerdem einen gewissen Standardisierungseffekt hinsichtlich der zur Verfügung gestellten Funktionen und der angebotenen Schnittstellen.

Die so entstandenen Objekte werden innerhalb des Betriebssystems als abstrakte Datentypen [3.12] dargestellt. Entsprechend den physikalischen Betriebsmitteln gibt es aktive und passive logische Betriebsmittel (Objekte), z.B. virtuelle Prozessoren (Prozesse), virtuelle Speicherbereiche (Adreßräume).

Während sich aktive logische Betriebsmittel über Prozeßkommunikationsmechanismen (Nachrichtenpuffer, Botschaftenmechanismus) gegenseitig beeinflussen, wird die Verwaltung der passiven Betriebsmittel im allgemeinen durch Prozeduraufrufe angestoßen. Diese Prozeduren können für den Fall, daß exklusiver Zugriff zu dem Betriebsmittel gewährleistet werden muß, als Monitorprozeduren realisiert werden. Durch die vertikale Schichtung mehrerer virtueller Maschinen (Bild 4.3) kann es dabei

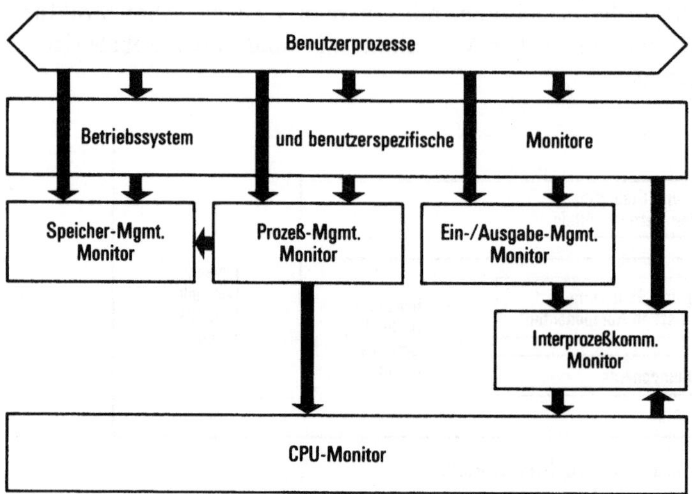

Bild 4.3. Betriebssystemkern mit geschichteten Monitoren

zu verschachtelten Aufrufen kommen. Verschachtelte Monitoraufrufe („nested monitor calls") benötigen erheblichen Implementierungsaufwand, um Verklemmungs- oder Konsistenzprobleme zu verhindern [4.6]. Für verteilte Systeme empfiehlt es sich, passive Monitore durch aktive „Managerprozesse" zu ersetzen, die über Prozeßkommunikationsmechanismen kooperieren.

Ein erster praktischer Vorschlag, ein Betriebssystem durch funktionelle Schichtung zu strukturieren, war das THE-Betriebssystem (Bild 4.4), das speziell für die Programmentwicklung im Stapelbetrieb konzipiert wurde [4.7]. Konzeptionell wird jedem Benutzer und jedem Gerät ein Prozeß zugeordnet, d.h. physikalische Komponenten werden durch Datenstrukturen virtualisiert.

Man faßt für gewöhnlich die Schichten 0 bis 3 unter dem Begriff Systemkern zusammen. Ein solcher Systemkern, der insbesondere die Schicht 0 realisiert, ist RC 4000 [4.8]. Sein Hauptziel besteht darin, eine allgemein gültige Basis sowohl für konventionelle Betriebssysteme wie auch für Echtzeitsysteme zu schaffen.

Bei Echtzeitbetriebssystemen muß die Prozessorleistung und dabei insbesondere die Prozessorkernbelegung wegen der zeitlichen Randbedingungen so verwaltet werden, daß auf äußere Ereignisse ohne Zeitverlust reagiert werden kann. Derartige Betriebs-

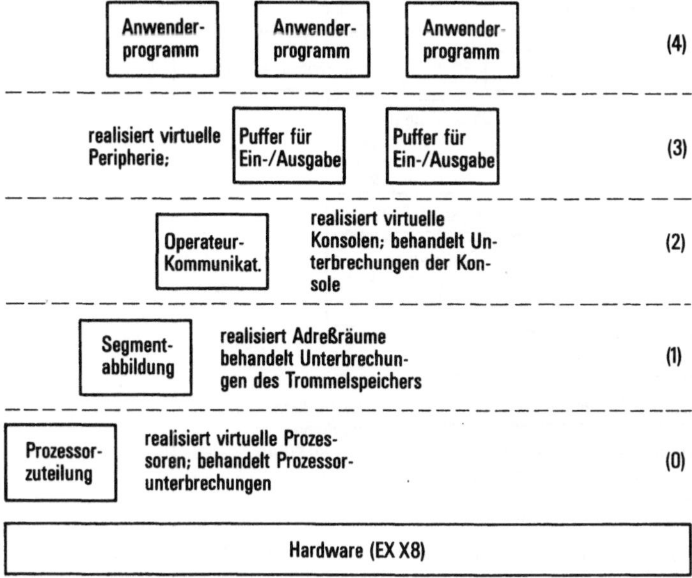

Bild 4.4. Struktur des THE-Betriebssystems

systeme sind deshalb in maschinennahen Sprachen programmiert und ganz streng an die Hardware angepaßt. Das macht solche Systeme starr bezüglich ihrer Anwendung und aufwendig bezüglich der Wartung. Durch die Entwicklung schnellerer Maschinen und neuer Prozessorarchitekturen auf der Basis von Multiprozessorstrukturen kann der erhöhte Softwareaufwand, der die Systeme anpassungsfähiger und wartungsfreundlicher machen soll, kompensiert werden.

Das FAMOS-Konzept [4.9] baut auf der RC 4000-Konzeption auf und ist ein erster Ansatz, auch Echtzeitsysteme zu strukturieren. Ziel des Konzepts ist der Aufbau einer Familie von funktionell unterschiedlichen, problemorientierten Betriebssystemen aus probleminvarianten Bausteinen.

Das FAMOS-Konzept setzt den modularen Aufbau eines Betriebssystems voraus. Diese modulare Struktur der Systemsoftware wird speziell für Multiprozessorsysteme immer wichtiger, weil darauf u.a. die Definition von „Verteilungseinheiten" — ein Hauptproblem bei verteilten Systemen — möglich ist.

Neben den funktionellen Schichten sind insbesondere die Systemkonfiguration und die Kommunikationsstrukturen signifikante Kennzeichen für die Betriebssysteme für Multiprozessorarchitekturen. Die Systemkonfigurierung legt fest, welche Objekte lokal in einer Komponenten sind, welche in einer entfernten Komponente liegen und welche auf mehrere Komponenten verteilt sind. Die Kommunikationsstrukturen charakterisieren u.a. die Organisationsform des jeweiligen Systems: Objekte können entweder streng zentral, objektspezifisch oder echt dezentral verwaltet werden (Bild 4.6).

Für den Fall einer streng zentralen Betriebsmittelorganisation übernimmt eine einzige zentrale Komponente die Steuerung und Verwaltung aller Betriebsmittel. Diese Organisationsform ist in vielen konventionellen Betriebssystemen realisiert und

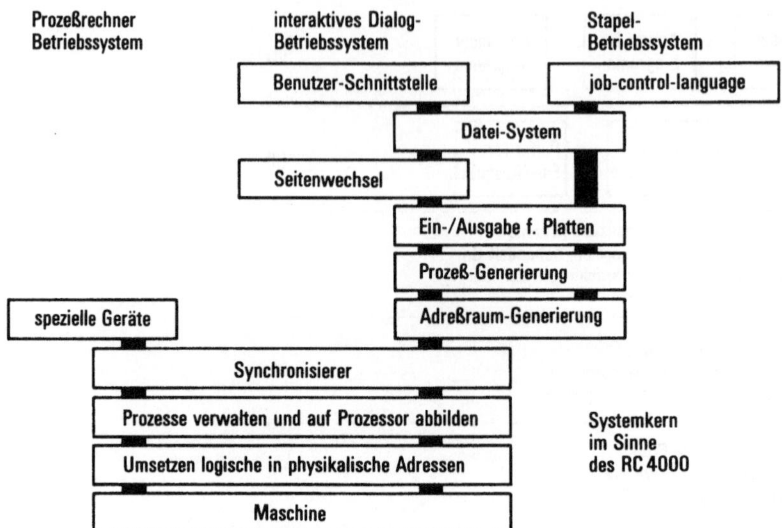

Bild 4.5. Mögliche Konfiguration einer Betriebssystemfamilie nach dem FAMOS-Konzept

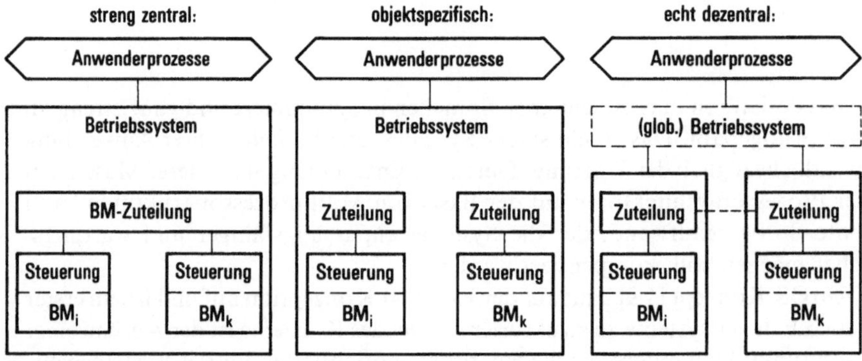

Bild 4.6. Verschiedene Organisationsformen

kann oft der Hauptgrund für ineffiziente Systemauslastung und hohe Fehleranfälligkeit sein.

Die Organisation der objektspezifischen Steuerung und Verwaltung wird erstmals beim THE-System angewendet und ist für Monoprozessorsysteme hinreichend geeignet. Man erkennt dabei das Bestreben nach einem modularen Aufbau der Systemsoftware nach den Prinzipien des Softwareengineering. Die Verwaltung und Steuerung der jeweiligen Objekte erfolgt aber immer noch zentral, nämlich beim Objekt selbst.

Für Multiprozessorsysteme müssen Organisationsformen gefunden werden, welche die Vorteile dieser Systeme, etwa Fehlertoleranz und Effizienz, nicht durch unzureichende Verwaltungsstrategien verlieren. Neue dezentrale Organisationsformen erfordern u.a.:

- eine konsistente Sicht auf den globalen Systemzustand,
- einen systemweiten Synchronisationsmechanismus,

- Strategien für die Zuteilung von Zugriffsrechten,
- Verfahren für das effiziente Lokalisieren und Verteilen von Softwarekomponenten.

Man bedient sich beim Entwurf von Multiprozessorsystemen zunehmend mathematischer Modelle [4.10], um die vielschichtigen, inhärenten Probleme formal eindeutig darzustellen und so Lösungen leichter zu finden und Realisierungsansätze besser zu gestalten. Sowohl für Mono- wie auch für Multiprozessorsysteme lassen sich allgemeine Entwurfsziele formulieren.

Von Betriebssystemen fordert man, daß sie:

- fehler- und verklemmungsfrei sind,
- unvorhergesehene Laufzeiteffekte und fehlerhafte Handhabung abfangen,
- transparent strukturiert sind, um so Wartung und Systemerweiterungen zu erleichtern,
- unabhängig von der Wirtsmaschine sind,
- unterschiedliche Anwendungen unterstützen,
- effizient programmiert und implementiert sind.

4.1.3 Systemimplementierung in CHILL

Im folgenden werden Konzepte und Sprachmittel von CHILL vorgestellt, mit denen stabile, transparente, flexible und effiziente Programm- und Betriebssysteme entworfen und realisiert werden können.

4.1.3.1 Stabilität

Bei der Entwicklung komplexer Systeme unterstützen systematisierte Konstruktions- und Verifikationsverfahren einen fehler- und verklemmungsfreien Komponenten- und Systementwurf. Beide Hilfsmittel sind Bestandteile einer Programmierumgebung, die später noch vorgestellt wird.

Daneben tragen Kontrollstrukturen, wie Gültigkeitsbereiche von Namen sowie Datentypen, Parameter und Nachrichteninhalte, deren konsistente Verwendung einmalig zur Übersetzungszeit abgeprüft wird, wesentlich zur korrekten Realisierung von Systemkomponenten bei. Gerade bei der Systemprogrammierung müssen aber diese Strukturen häufig umgangen werden.

Die in CHILL angebotenen Sprachmittel GRANT und SEIZE erlauben es, die Gültigkeitsbereiche von Namen zu erweitern und damit die Modulschnittstellen innerhalb komplexer Systeme kontrollierbar festzulegen.

Die strenge Typenbindung behindert speziell bei der Systemprogrammierung z. B. die Adreßrechnung und die Übertragung von Nachrichten mit Daten unterschiedlicher Typen. Dafür sind dann explizite Konvertierungsmechanismen bzw. Vereinigungsmengen disjunkter Datentypen, in CHILL „tagless variants", notwendig.

Aufbauend auf dem Modulkonzept und dem Konzept der strengen Typbindung garantiert die systemweite Schnittstellenkontrolle konsistente Beziehungen zwischen Systemkomponenten und erleichtert damit den gezielten Zusammenbau von Systemversionen (Systemintegration). Lokale Änderungen in einzelnen Komponenten haben dadurch keine systemweiten Auswirkungen.

Durch die angebotene Testhilfe IDS kann insbesondere die Entwicklung und Realisierung der Komponenten selbst erleichtert werden.

Betriebssysteme und ihre Komponenten müssen robust gegenüber fehlerhafter Handhabung und unvorhergesehenen Laufzeiteffekten sein. CHILL bietet mit den Sprachmitteln zum „exception handling" die Möglichkeit durch geeignete Programmierung Laufzeitfehler zu erkennen, zu klassifizieren und zu behandeln, ohne daß es zu einem Zusammenbruch des gesamten Systems kommt. Um fehlerhafte Handhabung auszuschließen, ist es Aufgabe des Systemprogrammierers, die Randbedingungen, unter denen eine Komponente arbeitet, explizit in Form von ASSERT-Anweisungen zu formulieren und für Störfälle Fehlerausgänge zu definieren.

Unvorhersehbare Laufzeiteffekte können ihre Ursache in der Hardware, aber auch in der Software haben. Auswirkungen von Hardwarefehlern können — wenn überhaupt — durch redundante Konfigurationen („fault-tolerant systems") vermieden werden. Softwarebedingte Laufzeitfehler werden vor allem durch das Unter- bzw. Überschreiten von Definitionsintervallen verursacht (z.B. Stacküberlauf, Index außerhalb der definierten Indexmenge, Überlauf des Nachrichtenpuffers usw.). Um solchen Fehlern entgegenzuwirken, wird vom Compiler an den laufzeitkritischen Stellen eines Programms — etwa bei Prozeduraufrufen — Code für Laufzeitkontrollen abgesetzt. Die Behandlung von Laufzeitfehlern kann im Programm selbst durch den „exception handler" erfolgen.

4.1.3.2 Transparenz

Bereits beim Entwurf komplexer Programmsysteme müssen nicht nur der systematische Aufbau, sondern auch mehrere unterschiedliche Versionen geplant werden. Dann sind spätere Modifikationen leichter durchzuführen. Eine Strukturierung des Gesamtsystems erreicht man z.B. durch ein Top-down-Vorgehen in Form sukzessiver Verfeinerungen in Subsysteme und Komponenten. Man erhält so eine Hierarchie funktionell abgeschlossener Einheiten (Moduln) mit klar definierten und kontrollierbaren Schnittstellen (Externbeziehungen). Solche abgeschlossene Einheiten, die durch ihre Semantik Gültigkeitsbereiche von Objekten festlegen bzw. Zugriffe zu Objekten koordinieren, können in CHILL im Sinne von Übersetzungseinheiten definiert werden (CHILL-Module).

Eine systematisierte Versionensteuerung, wie sie die Programmierumgebung vorsieht, erlaubt das Zusammenbinden von Systemkomponenten einer bestimmten Klasse zu aktuellen Systemversionen.

Der strukturierte Programmaufbau innerhalb eines Moduls umfaßt sowohl die Strukturierung der Daten durch Typbindung und individuelle Definitionen vor problemspezifischen Datenstrukturen mit Hilfe des Strukturmode als auch die des Programmablaufs durch Blockstruktur und formalisierte Steuerflußanweisungen für Schleifen (DO-Anweisung) und Verzweigungen (IF- und CASE-Anweisungen). Die Programmstruktur wird durch den Algorithmus bestimmt, den sie realisiert. Dabei können sowohl geeignete Datenstrukturen, z.B. Listen oder Bäume, als auch geeignete Algorithmen, etwa rekursive Funktionen, Programme lesbarer und effizienter machen.

4.1.3.3 Flexibilität

Implementierungssprachen sollen unterschiedlichste Anwendungen unterstützen. Zunehmend verlangt man, daß neben Anwenderprogrammen auch Betriebssystemteile auf Computern mit unterschiedlichen Architekturen ablauffähig sind. Das verlangt, daß Betriebssysteme nicht mehr in maschinennahen Sprachen, sondern in höheren Programmiersprachen wie CHILL implementiert werden.

Systementwicklungen werden heute in der Regel nach dem „host-target"-Prinzip durchgeführt, da auf dem Wirtsrechner („host") meist komfortable Programmentwicklungs- und Testhilfen vorhanden sind. Wirts- und Zielrechner sind meist voneinander verschieden. Anwendungsspezifische Betriebssystemversionen (Echtzeitsysteme, Programmentwicklungssysteme, Informationssysteme usw.) werden auf der Wirtsmaschine mittels eines Betriebssystemgenerators „maßgeschneidert" generiert und zielmaschinenspezifisch konfiguriert. Letzteres ist vor allem für Multiprozessorsysteme relevant.

Grundlage dafür ist eine Baukastenstruktur, wie sie etwa das FAMOS-Konzept (Bild 4.5) beschreibt. Die einzelnen Systemkomponenten werden auf der Wirtsmaschine entwickelt („cross compilation") und in die Betriebssystembibliothek eingetragen. Sie stellen im wesentlichen abstrakte Betriebsmittel dar.

Die Implementierung abstrakter Maschinen wird in CHILL durch das Modulkonzept und durch das Prozeßkonzept unterstützt [4.11].

Die allgemeinste Form einer abstrakten Maschine ist ein CHILL-Modul, wobei die exportierten Prozeduren und Prozesse den Funktionsumfang und das Kommunikationsspektrum der abstrakten Maschine definieren. Aktive Komponenten wie Betriebsmittelverwalter, Gerätetreiber, logische Kanäle usw. werden durch CHILL-Prozesse dargestellt. Passive Komponenten werden für den Fall des wechselseitigen zeitlichen Zugriffs zu dem entsprechenden Betriebsmittel durch spezielle Moduln, die CHILL-REGIONs (Monitore), realisiert. Ihre Aktivierung erfolgt prozedural. Für letzteren Fall müssen Probleme, die im Zusammenhang mit geschachtelten Monitoraufrufen auftreten können, befriedigend gelöst werden.

Für Multiprozessorarchitekturen — und dabei besonders für verteilte Systeme — ist es sinnvoll, passive REGIONs durch aktive Managerprozesse zu ersetzen. CHILL bietet dem Systemprogrammierer die dazu notwendigen Sprachmittel für die Prozeßkommunikation an.

Folgende alternativ zu gebrauchende Konzepte sind in CHILL möglich:

- Kommunikation über deklarierbare Nachrichtenpuffer,
- Kommunikation über parametrisierbare Einsprungstellen (SIGNALs) des Kommunikationspartners.

In der ersten Alternative werden Daten nur in einem von sende- und empfangswilligen Prozessen gemeinsam benutzten Zwischenspeicher (Puffer) abgelegt oder daraus

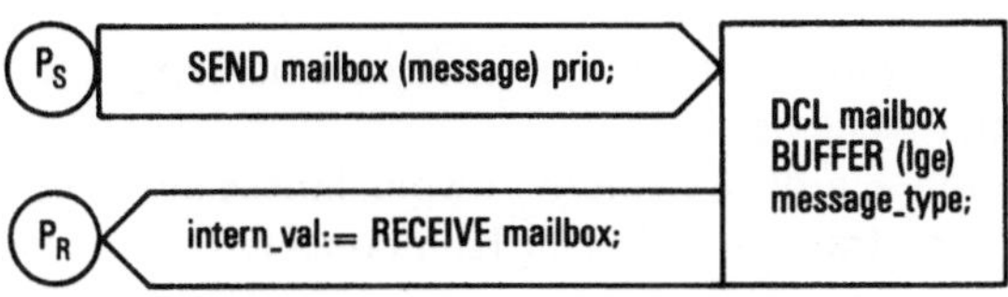

Bild 4.7. Kommunikation über deklarierte Nachrichtenpuffer

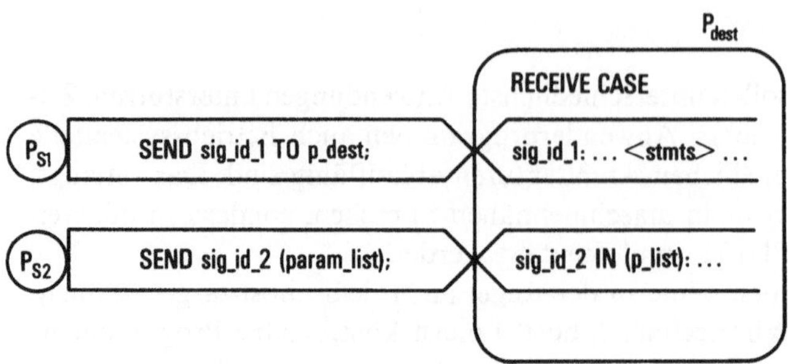

Bild 4.8. Kommunikation über parametrisierbare Einsprungstellen

entnommen. Sender und Empfänger bleiben anonym, außer wenn ihre Namen bzw. INSTANCE-Variablen expliziter Bestandteil der jeweiligen Nachricht sind. Nachrichtenpuffer lassen sich leicht mit Hilfe von REGIONs nachbilden.

In der anderen Alternative werden Dienstleistungen (Aktionen) im Empfänger angestoßen. Der Empfänger existiert bereits als „message handler" und wartet möglicherweise schon auf die Entgegennahme der Dienstleistungsaufforderung. Für die Programmierung verteilter Systeme ist besonders die letzte Alternative von Bedeutung.

In CHILL arbeiten alle angebotenen Kommunikationsmechanismen asynchron.

Zur Problematik portabler Betriebssysteme sei noch kurz angemerkt: Ein Betriebssystem ist abhängig von der Hardwarearchitektur, auf der es abläuft. Eine Hardwarekonfiguration ist gekennzeichnet durch die innere Struktur ihrer Komponenten und die äußere Struktur ihrer Kommunikationspfade. Das Spektrum reicht dabei von Monoprozessoren mit einfacher Peripherie bis hin zu heterogenen Multiprozessorsystemen, die über ein voll vermaschtes Kommunikationsnetz verbunden sind.

Diese große Vielfalt schränkt die Übertragbarkeit von Systemprogrammen ein. Um ein Betriebssystem oder eine Familie von Betriebssystemen auf Maschinen unterschiedlicher Hardwarekonfiguration ablauffähig zu machen, sind einige Voraussetzungen nötig:

– Das Betriebssystem ist so zu strukturieren, daß bestimmte Komponenten (z. B. Dienstprogramme, Betriebsmittelverwaltung und besonders globale Zuteilungsstrategien) maschinenunabhängig programmiert werden können.
– Die Kommunikationsstruktur ist in Protokollebenen geschichtet, wobei dem Anwender Standardprozeduren zur Kommunikation angeboten werden.
– Der maschinenabhängige Teil des Betriebssystems ist in Maschinensprache oder als Mikroprogramm implementiert und stellt eine abstrakte Maschine dar. Diese zielmaschinenspezifische abstrakte Maschine (abstrakte Zielmaschine, AZM) realisiert:
– – explizite Umsetzung von Code und Adressen,
– – vereinheitlichte elementare Kommunikations- und Synchronisationsfunktionen,
– – Systemzustandsbeschreibung in Form von Attributen als Grundlage der Synchronisationsfunktionen,
– – Routinen zur Umsetzung von Hardwareunterbrechungen in externe Ereignisse als Grundlage ereignisgesteuerter Systeme,
– – Routinen für die Erkennung von Hardwarefehlern sowohl innerhalb einer Komponente als auch bei der Übertragung zwischen Komponenten.

4.1.3.4 Effizienz

Die immer komplexer werdenden Anwendungen fordern den ganzheitlichen Systementwurf von Hardware und Software. Nur dadurch lassen sich Effizienzverluste, welche durch die expliziten Abbildungsmechanismen der abstrakten Maschinen — insbesondere der AZM — auf die reelle Hardware in jedem Fall auftreten, gering halten. Dieses Vorgehen wird letztlich zu einer Anpassung der Maschinen an die Anwendung führen.

Allgemein ist anzumerken, daß die technologischen Fortschritte auf dem Hardwareresektor nicht nur zur allgemeinen Effizienzsteigerung, sondern auch zum Ausgleich der durch erhöhten Softwareaufwand bedingten Effizienzverluste eingesetzt werden sollten.

Die Systemsoftware selbst kann durch geeignete Strukturierung bezüglich Speicherbelegung und Laufzeit effizienter gestaltet werden. In erster Linie bestimmt der Algorithmus, den man einer Problemlösung zugrundelegt, den Speicherbedarf und das Laufzeitverhalten, und nur zum geringsten Teil die Implementierungssprache. Aus diesem Grund sind die systematische Problemanalyse und die Strukturierung der Systemprogramme, wie sie höhere Programmiersprachen unterstützen, neben globalen Betriebsmittelzuteilungsstrategien wirkungsvoller als — lokale — Optimierungen des Maschinencodes.

Eine effiziente Speicherauslastung wird von höheren Programmiersprachen durch eine dynamische Speicherverwaltung unterstützt. Dazu zählt das Blockkonzept zusammen mit dem Zugriffsverfahren „last in, first out". Daneben wird durch Datenstrukturen, deren Größe laufzeitabhängig ist, eine stabile und flexible Programmierung möglich. Diese Objekte werden auf dem „heap" abgelegt und üblicherweise durch das Laufzeitsystem verwaltet. Jedoch erlauben Zeigervariablen dem Systemprogrammierer auch, laufzeitabhängige Objekte selbst zu verwalten. Daneben kann durch explizite Implementierungsangaben — etwa die kompakte Darstellung von Objekten (gepackte Daten) und die Teilbereichsbildung von Standardtypen (RANGEs) — Speicherplatz eingespart werden.

Besonders Echtzeitsysteme erfordern ein optimales Laufzeitverhalten von Betriebssystemkomponenten. Das kann ganz wesentlich durch die konsequente Beachtung des Lokalitätsprinzips erreicht werden: Daten und die auf ihnen operierenden Funktionen sollen „möglichst nahe" beieinander d.h. im selben Block definiert sein.

Ein modularer Systemaufbau in Verbindung mit den abstrakten Datentypen unterstützt dieses Prinzip. Zudem sollen an besonders laufzeitkritischen Stellen explizite Code-Einschübe in Assembler- oder Maschinensprache möglich sein. CHILL sieht diese Möglichkeit nicht vor.

Um bei Echtzeitsystemen der geforderten Dynamik gerecht zu werden, müssen die Systeme abhängig von äußeren Ereignissen gesteuert werden. Mechanismen zur Prozeßsynchronisation, wie sie bei Multiprozessorsystemen verwendet werden, und Zeitscheibenverfahren lassen sich unter die Kontrollmechanismen für ereignisgesteuerte Systeme subsummieren.

Schließlich kann bei geeigneter Hardware die Laufzeit von Programmen dadurch reduziert werden, daß probleminhärente Parallelismen ausgenützt werden. Parallelismen können in CHILL auf Benutzerebene explizit definiert werden, wobei unabhängige Prozesse zwar sequentiell programmiert, aber je nach Hardwarearchitektur parallel oder verschränkt sequentiell abgearbeitet werden.

Die Effizienz von Programmen läßt sich nicht beliebig steigern. Die Grenzen der Effizienz liegen natürlich da, wo Betriebsmittel knapp werden oder fehlen. Bei Multiprozessorsystemen, bei denen man versucht, diesen Mangel an Betriebsmitteln durch echtes Vervielfachen zu beseitigen, treten neue Probleme auf, z.B. bezüglich der konsistenten Datenhaltung [4.12] oder der Synchronisation [4.13]. Lösungen dieser Probleme wirken wiederum effizienzmindernd.

Zusammenfassend kann gesagt werden, daß Programmiersprachen nicht losgelöst von der immer anspruchsvolleren Nutzung technischer Informationssysteme gesehen werden können. Vielmehr liegt eine Forderung an neue Programmiersprachen wie CHILL darin, daß die Komplexität der Aufgabenstellung durch ausdrucksstarke, aber einfach zu benutzende Sprachelemente für den Programmierer beherrschbar wird.

Auf der anderen Seite wird wegen der relativ kurzen Lebenszyklen der Hardware eine effiziente Wartung immer schwieriger und die Portabilität der Programme unabwendbar. Um die Leistungsfähigkeit innovativer Hardwarearchitekturen voll ausschöpfen zu können, sind neue Operationsprinzipien bzw. Organisationsformen nötig.

Beim Sprachentwurf von CHILL wurde vor allem auf einfache, ausdrucksstarke Sprachmittel Wert gelegt, wodurch die Wartung und Weiterentwicklung auch komplexer Programmpakete erleichtert wird. CHILL bietet zudem ein vielfältiges Prozeßkonzept, wodurch besonders der Systemprogrammierer ein leistungsfähiges Werkzeug zur Verfügung hat.

4.2 CHILL-orientierte Hardwarekonzepte

Die Entwicklung der Hardware führte aus Kompatibilitätsgründen auf dem Befehlssatzniveau zu keinen großen Änderungen. Deshalb besteht zur Zeit eine Lücke („semantic gap") zwischen den Strukturen auf der Programmierebene und denjenigen auf der Ablaufebene [4.14]. Diese Lücke wird durch verschiedene Codeoptimierungsverfahren überbrückt, die jedoch Effizienzverluste gegenüber einer Assemblerprogrammierung nicht verhindern können.

Wenn man die Kompatibilität zu alten Anlagen aufgibt, kann die semantische Lücke durch Weiterentwicklung der Hardware verkleinert werden oder ganz verschwinden. Nachfolgend wird eine solche prototypische Entwicklung beschrieben. Eine CHILL-orientierte Maschine wird vorgestellt, und die Vor- und Nachteile der Sprachorientierung werden untersucht.

4.2.1 Architektur einer CHILL-Maschine

Im vorangegangenen Kapitel wurde gezeigt, wie der Parser des CHILL-Compilers aus einem CHILL-Programm Code für eine hypothetische Stackmaschine [4.15] erzeugt. Die Maschinensprache dieser Stackmaschine wird im Compiler als Zwischensprache IL verwendet. Sie umfaßt etwa 60 Befehle.

Die Mächtigkeit der Zwischensprachbefehle kann dadurch bewertet werden, daß für eine Reihe von Testprogrammen das Verhältnis der Zwischensprachbefehle zu den CHILL-Anweisungen untersucht wird. Bei einer solchen Untersuchung zeigte sich, daß einer CHILL-Anweisung zwischen 4 und 8 Zwischensprachbefehle entsprechen. Der Mittelwert liegt bei 6 Zwischensprachbefehlen.

Ausgehend von einer Analyse der Programmiersprache CHILL und der Zwischensprachbefehle lassen sich folgende Architekturanforderungen an einen CHILL-Prozessor stellen:

– Datenstruktur: Alle Datentypen müssen hardwaremäßig unterstützt werden. Dies verlangt Bit-Behandlung (POWERSET), byteweisen Zugriff zum Speicher (CHARACTER, BOOLEAN) und vielfältige Adressierungstechniken (ARRAY, STRUCTURE, POINTER, FILE).

– Stackverarbeitung: Die Stackverarbeitung zur Berechnung von Ausdrücken muß aus Geschwindigkeitsgründen in einem schnellen Hardwarestack durchgeführt werden. Ein Ansiedeln des Operandenstack, auf dem die Ausdrücke berechnet werden, in den Arbeitsspeicher ist wegen der dann notwendigen vielen Speicherzugriffe zu langsam.

– Kontrollstruktur: Die herkömmlichen Kontrollstrukturen lassen sich mit bedingten Sprüngen realisieren. Für das möglicherweise mehrdimensionale CASE-Statement ist ein entsprechender Mehrwegesprung vorzusehen.

– Speicherstruktur: Jedem Block (Modul, Prozedur, Prozeß) ist in CHILL ein eigener Datenblock zugeordnet, der dynamisch verwaltet wird. Der Zugriff auf Variablen erfolgt somit immer über Basisadressen, für die einige Adreßregister erforderlich sind. Bei Prozeduraufrufen müssen ein Kontrollblock und der zur Prozedur gehörende Datenblock im Speicher aufgebaut werden. Die dynamische Speicherverwaltung, sowie die Übergabe von Parametern, bzw. die Rückgabe eines Funktionswertes müssen von der CHILL-Maschine durchgeführt werden können. Die Bilder 4.9

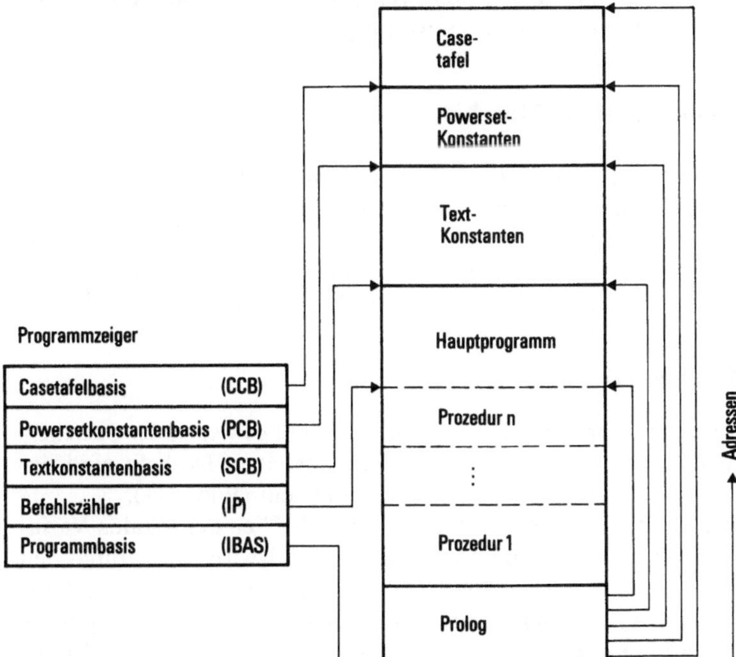

Bild 4.9. Programmspeicher der CHILL-Maschine

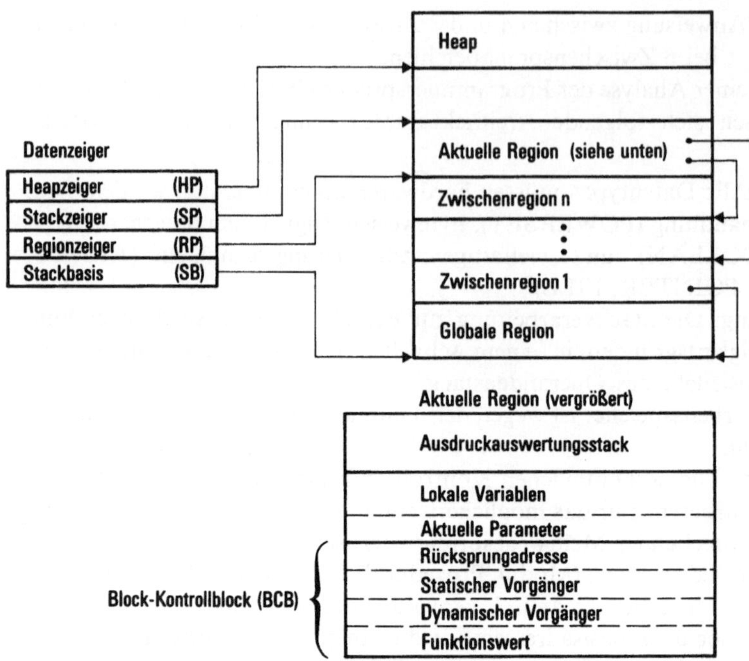

Bild 4.10. Datenspeicher der CHILL-Maschine

und 4.10 zeigen, wie Programm- und Datenspeicher der CHILL-Maschine aussehen und welche Adreßregister zu seiner Verwaltung nötig sind.

4.2.2 Realisierung einer CHILL-Maschine

Um die Laufzeiten zu verkürzen, ist ein stackartig organisierter Registersatz notwendig, der die Spitze des Stacks aufnimmt (TOS, *Top of Stack*). Ferner wird eine
Zuordnung von Speichern und Adreßregistern der Stackmaschine zu entsprechenden
Teilen des Sprachprozessors (Hauptspeicher, Registersätze) vorgenommen [4.16,
4.17]. Damit lassen sich die Funktionsgruppen des CHILL-Prozessors darstellen.

4.2.2.1 Interner und externer Stack

Wird der Operandenstack im Datenspeicher gehalten, so gibt es wegen der Speicherzugriffe bei der Abarbeitung von Ausdrücken lange Laufzeiten. Deshalb wird der
Stack in einen externen und in einen internen Stack aufgeteilt (Bild 4.11).
   Der externe Stack enthält alle Stackelemente bis einschließlich der lokalen Variablen der aktuellen Prozedur. Er liegt im Datenspeicher und wird oben durch den
Stackpointer (SP) begrenzt. Der interne Stack (TOS) enthält die obersten Stackelemente, also in der Regel den Ausdrucksverarbeitungsstack der aktuellen Region. Er
liegt in einem stackartig organisierten Registersatz, auf den über den TSP (*Top-of-
Stack-Pointer*) zugegriffen wird.

Aus dieser Aufteilung ergeben sich folgende Auswirkungen:

- Alle Zwischensprachbefehle, die auf den Stacktop wirken, betreffen jetzt in erster Linie den TOS.
- Bei Über- oder Unterlauf des TOS müssen Daten in den externen Stack ausgelagert bzw. von dort nachgezogen werden. Der externe Stack kann also zeitweise auch Teile des aktuellen Ausdrucksverarbeitungsstacks enthalten.
- Um Über- oder Unterlauf feststellen zu können, ist ein Top-of-Stack-Counter TSC notwendig.
  Demzufolge sind auf dem TOS vier Operationen zugelassen (Bild 4.12).

- Element laden (Push): Das Ziel von Ladebefehlen ist grundsätzlich der TOS. Dabei wird das gewünschte Datum an die durch den TSP bezeichnete Stelle im Registersatz geladen. Danach werden TSP und TSC jeweils um 1 erhöht.
- Element abspeichern (Pop): Analog zu den Ladebefehlen ist die Quelle bei Speicherbefehlen immer der TOS. Um auf das letzte Element im TOS zugreifen zu können, muß zunächst der TSP um 1 erniedrigt werden. Anschließend kann der Inhalt des durch den TSP bezeichneten Registers zum gewünschten Ziel abgespeichert werden. Am Schluß wird noch der TSC um 1 vermindert.
- Element auslagern (externes Push): Wird versucht, ein Element in den bereits vollen Registersatz zu laden, so muß vorher das „unterste" Element des TOS an die Spitze des externen Stacks ausgelagert werden. Als Auslagerkriterium wurde der TSC-Stand 15 gewählt. Auf diese Weise bleibt immer ein Register zwischen unterem und oberem Ende des TOS frei, so daß das neue Element bereits vor dem Auslagern geladen werden kann. Da grundsätzlich nur bei Bedarf ausgelagert wird, ergibt sich die Adresse des auszulagernden Elements aus dem Inhalt von TSP plus 1. Die Zieladresse ist durch den Inhalt des SP gegeben, der ja auf die erste freie Speicherzelle des im RAM befindlichen externen Stacks verweist. Nach dem Datentransfer wird der SP um 1 erhöht und der TSC um 1 erniedrigt.
- Element nachziehen (externes Pop): Stackelemente, die im Verlauf der Berechnung eines Ausdruckes ausgelagert worden sind, müssen früher oder später wieder aus dem externen Stack nachgezogen werden. Das ist etwa der Fall, wenn eine Addition auf dem TOS ausgeführt werden soll und sich nur ein Operand dort befindet, während der andere an der Spitze des externen Stacks steht. Zum Nachziehen eines Elements wird zunächst der Inhalt des SP um 1 vermindert. Anschließend wird der Inhalt der durch den SP bezeichneten Speicherzelle an das untere Ende des TOS geschrieben, dessen Adresse durch den Ausdruck (TSP – TCS – 1) gekennzeichnet ist. Am Schluß wird der TSC um 1 erhöht.

4.2.2.2 Speichersteuerung

Die Speichersteuerung wird vom Adreßregister (MAR, *M*emory *A*ddress *R*egister) mit der gewünschten Adresse versorgt, sowie vom Mikrobefehl mit Steuerinformation, die besagt, ob gelesen oder byteweise, halbwortweise oder wortweise geschrieben werden soll. Die Daten werden dabei über den externen Datenbus (EDB) ab- bzw. zugeführt.

Der Arbeitsspeicher für die 32-Bit-Version des CHILL-Prozessors ist in vier Blöcke aufgespalten, die jeweils byteweise organisiert sind (Bild 4.13).

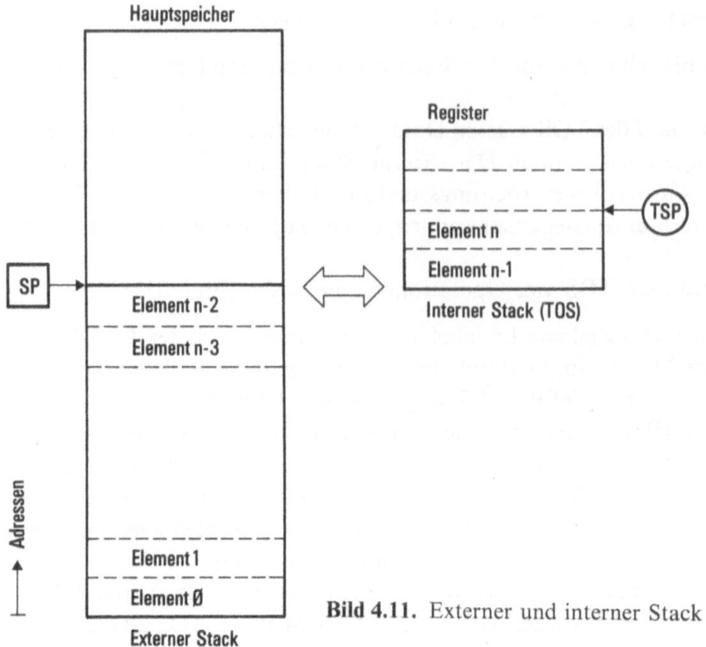

Bild 4.11. Externer und interner Stack

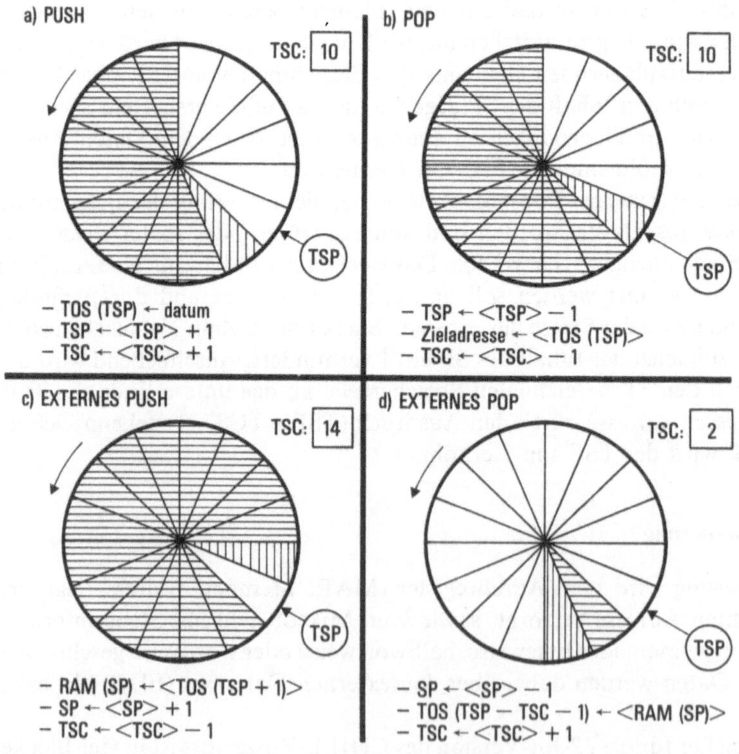

Bild 4.12. Zugriffsarten auf den TOS (Top-of-Stack)

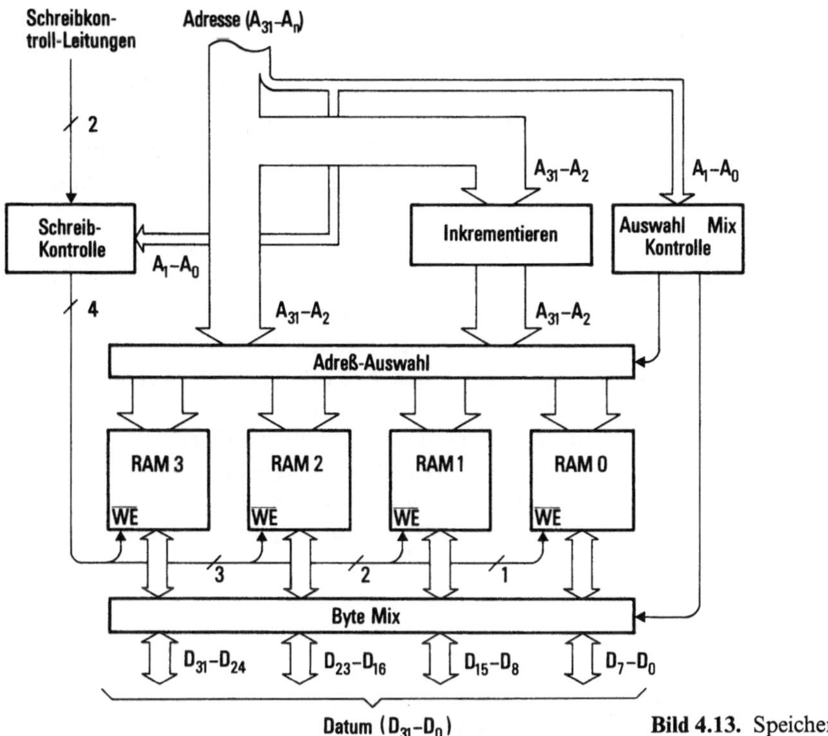

Bild 4.13. Speichersteuerung

Block 0 enthält die Bytes mit den Adressen 0, 4, 8, 12 usw., also alle Adressen, deren niederwertigste Bits A_1 und A_0 beide 0 sind. In entsprechender Weise enthält Block 1 die Bytes mit den Adressen 1, 5, 9, 13 usw., Block 2 die Adressen 2, 6, 10,14 usw. und Block 3 die Adressen 3, 7, 11, 15 usw. Die Adressen jedes Blocks sind also charakterisiert durch die Adreßbits A_1 und A_0, die auch die Blocknummer festlegen.

Wird nun von außen eine 32 Bit breite Adresse angelegt, um ein Wort, d.h. 4 Bytes zu adressieren, so muß dafür gesorgt werden, daß jeder Block mit der für ihn „richtigen" Adresse versorgt wird. Die richtige Adresse ist entweder die um die Bits A_1 und A_0 gekürzte 30 Bit breite Adresse oder eben diese Adresse um 1 erhöht. Welche von diesen beiden Adressen für jeden einzelnen Block die richtige ist, wird anhand der aktuellen Werte von A_1 und A_0 entschieden:

- Ist $A_1 = A_0 = 0$, so werden alle Blöcke mit der ursprünglichen aus A_{31} bis A_2 bestehenden Adresse versorgt.
- Ist $A_1 = 0$ und $A_0 = 1$, so erhalten die Blöcke 1, 2 und 3 die Originaladressen und Block 0 die um 1 erhöhte Adresse, jeweils 30 Bit breit.
- ist $A_1 = 1$ und $A_0 = 0$, so bekommt Block 2 und Block 3 die Originaladresse und Block 0 und Block 1 die erhöhte Adresse.
- Ist $A_1 = A_0 = 1$, so wird nur Block 3 mit der Originaladresse bedient, während den Blöcken 0, 1 und 2 die erhöhte Adresse angeboten wird.

Damit nun ein Wort, dessen Bytes z.B. die Adressen 1, 2, 3 und 4 haben, bezüglich seiner Byte-Reihenfolge mit den Bytes am Datenbus übereinstimmt, müssen die

Bytes unter Umständen auf ihrem Weg zwischen Datenbus und Speicherblöcken vertauscht werden.

Im Beispiel würde das bedeuten, daß das Byte aus Block 1 mit den Bits D_7-D_0 des externen Datenbusses verbunden sein muß, Block 2 muß mit $D_{15}-D_8$ verbunden sein, Block 3 mit D_{23} bis D_{16} und schließlich Block 0 mit $D_{31}-D_{24}$. Allgemein kann in jedem Fall durch die Adreßbits A_1 und A_0 entschieden werden, wie vertauscht werden muß.

Wird der Speicher gelesen, so erscheint am externen Datenbus immer ein ganzes Wort. Wird nun ein Byte oder Halbwort gebraucht, so werden die drei bzw. zwei höherwertigen Bytes vom Rechenwerk ignoriert, maskiert oder mit dem gültigen Vorzeichenbit aufgefüllt („sign extend"). Beim Beschreiben des Speichers mit einem Byte oder Halbwort muß jedoch verhindert werden, daß die drei bzw. zwei höherwertigen Bytes die vorhandene Information im Speicher überdecken. Diese Aufgabe erfüllt die Schreibsteuerung („write enable control"), die in Abhängigkeit der Formatangabe (Byte, Halbwort, Wort) und der letzten beiden Adreßbits A_1 und A_0 nur denjenigen Speicherblöcken eine Schreibgenehmigung erteilt, die das gewünschte Byte (nur ein Block), Halbwort (zwei Blöcke) bzw. Wort (alle vier Blöcke) enthalten.

4.2.2.3 Manipulation von Bits

Im folgenden werden Hilfsmittel beschrieben, mit denen ein einzelnes Bit innerhalb eines im TOS stehenden Doppelwortes direkt angesprochen werden kann. Die Bit-Nummer ist dabei in einem speziellen Register (BSR, *Bit Select Register*) anzugeben. Das so angesprochene Bit kann abgefragt, gesetzt, gelöscht oder umgeschaltet werden (Bild 4.14).

Zunächst wird die im BSR stehende Bit-Nummer (z. B. 33) aufgespalten in zwei Teile. Die fünf niederwertigsten Bits bezeichnen die Bit-Position innerhalb eines der beiden zum Doppelwort gehörenden Worte (z. B. 1), während die drei höchstwertigen angeben, um welches der beiden Worte es sich handelt. Von den drei höchstwertigen Bits wird bei der Bearbeitung von Doppelworten nur ein Bit benötigt. Bei Verwendung aller drei Bits könnte man sogar einzelne Bits innerhalb von „Achtfachworten" adressieren.

Zur Bearbeitung eines im TOS stehenden Doppelwortes ist der TSP auf das untere der beiden Worte einzustellen. Wird nun der TSP mit den drei höherwertigen Bits des BSR modifiziert, so zeigt die B-Adresse des TOS genau auf das Wort, welches das angesprochene Bit enthält.

Aus den fünf niederwertigen Bits wird durch einen Decoder eine 32 Bit breite Maske erzeugt, in der das gewünschte Bit hervorgehoben ist. Diese Maske wird auf den A- Eingang des Rechenwerks geführt. Auf den B-Eingang des Rechenwerks ist dasjenige TOS-Register geschaltet, innerhalb dessen ein Bit angesprochen werden soll.

Durch geeignete Rechenwerkoperationen läßt sich nun das gewünschte Bit abfragen, setzen, löschen oder umschalten. Das geänderte Wort wird bei den Operationen setzen, löschen und umschalten wieder in das durch die B-Adresse bezeichnete Register des TOS zurückgeschrieben.

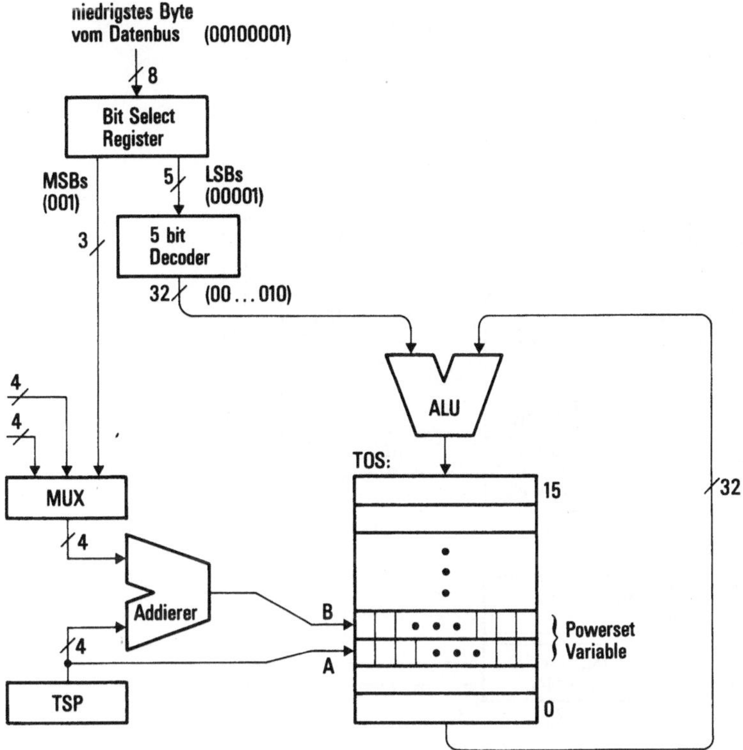

Bild 4.14. Schaltung zum Zugriff auf einzelne Bits

4.2.2.4 Blockschaltbild des CHILL-Prozessors

Der CHILL-Prozessor besteht aus Leitwerk (LW), Rechenwerk mit Registern (RW, REG), Hauptspeicher (HSP) und E/A-Werk (E/A). Diese funktionell voneinander abgegrenzten Teile sind im wesentlichen durch den externen Datenbus (EDB) und den externen Adreßbus (EAB) miteinander verbunden. Daneben gibt es noch lokale Busse wie den Mikroadreßbus (MAB) im Leitwerk und die Busse A, B und Y, über die der interne Datenverkehr abgewickelt wird. Im einzelnen haben die Busse folgende Aufgaben (Bild 4.15):

- Der externe Datenbus (EDB) dient zum Verkehr mit dem Hauptspeicher.
- Über den externen Adreßbus (EAB) wird der Hauptspeicher mit Adressen versorgt. Durch den Anschluß des externen Adreßbusses an den Mikroadreßbus wird es möglich, Mikroprogrammadressen im Rechenwerk zu erzeugen. Das ist z.B. sinnvoll, wenn abhängig vom Operanden eines IL-Befehls zu verschiedenen Mikroprogrammen verzweigt werden muß.
- Über den Mikroadreßbus (MAB) gelangen Startadressen von Mikroprogrammen oder Sprungadressen in das Mikrosteuerwerk (P-Control), von wo sie bei Bedarf an den Mikroprogrammspeicher weitergegeben werden.
- Der A-Bus verbindet die A-Ausgänge der beiden Registersätze mit dem A-Eingang des Rechenwerks. Außerdem kann er noch von der Bit-Auswahl-Logik und vom Pipelineregister aus beschickt werden.

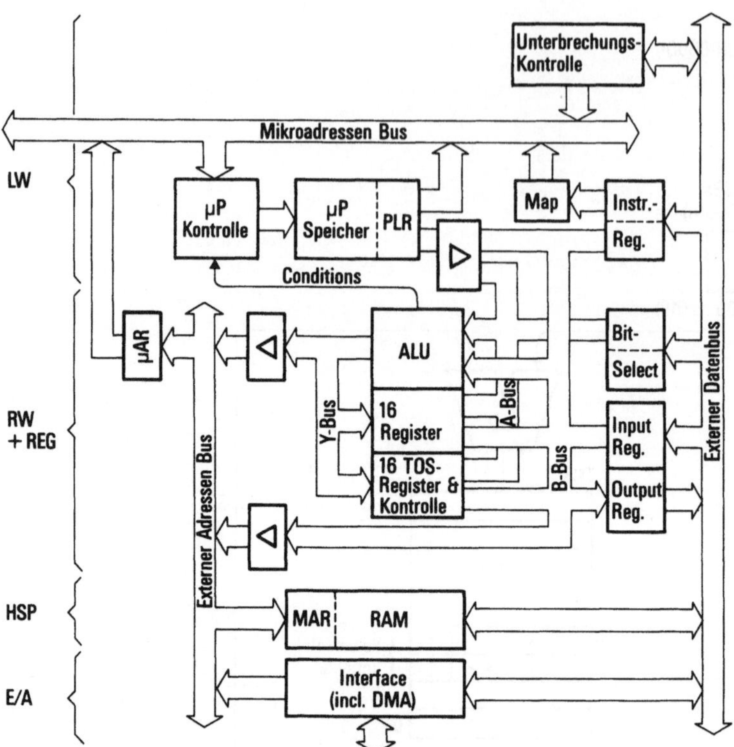

Bild 4.15. Blockschaltbild der CHILL-Maschine

– Auf den B-Bus können die B-Ausgänge der beiden Registersätze oder das vom
  externen Datenbus versorgte Eingaberegister oder Konstanten aus Mikro- und
  Zwischensprachbefehlen geschaltet werden. Die auf dem B-Bus liegende Information kann sodann vom Rechenwerk verarbeitet bzw. unverändert an einen der
  beiden externen Datenbusse (EDB, EAB) abgegeben werden. Mit Hilfe des B- und
  Y-Busses lassen sich „pre- und post-modify"-Befehle für Register realisieren, wie
  sie z. B. beim Stackpointer benötigt werden.
– Über den Y-Bus kann schließlich das Ergebnis einer Rechenwerkoperation an den
  externen Adreßbus bzw. an einen der beiden Registersätze weitergegeben werden.
  Dabei ist innerhalb eines Registersatzes immer dasselbe Register am Y-Bus ange-
  schlossen, das auch als Quelle auf den B-Bus geschaltet ist. Die B-Adresse an den
  Registersätzen ist somit jeweils identisch mit der Y-Adresse.

Die durch die Busse untereinander verbundenen Komponenten zeichnen sich jeweils durch besondere Eigenschaften aus. Die wichtigsten sind hier beschrieben:

– TOS-Registersatz: Der TOS ist in einem Registersatz mit zwei voneinander unabhängigen Zugriffsmöglichkeiten untergebracht (2-Port RAM). Das bedeutet, daß
  gleichzeitig jeweils zwei Register ausgewählt werden können, deren Inhalte dann an
  zwei parallelen Ausgängen erscheinen. Die Auswahl des einen Registers erfolgt
  direkt durch den TSP, die des anderen Registers durch den modifizierten TSP.
  Durch geeignetes Modifizieren des TSP können z. B. gleichzeitig das letzte und

vorletzte Element des internen Stacks an die Rechenwerkeingänge gelegt werden. Auf diese Weise lassen sich die Null-Adreß-Befehle, die im Zusammenhang mit der Stackverarbeitung von Ausdrücken auftreten, sehr gut implementieren.
- Spezialregister: In den 16 Spezialregistern werden die Pointer der Stackmaschine gehalten. Einige dienen auch als Allzweckregister. Wie beim TOS handelt es sich hier um einen Registersatz mit zwei voneinander unabhängigen Zugriffsmöglichkeiten. Die Register können nur durch Mikroprogramme angesprochen werden.
- Rechenwerk (RW): Das Rechenwerk kann arithmetische, logische und Shift-Operationen ausführen. Mit Hilfe von Maskierung oder „sign extend" können Daten unterschiedlicher Formate verarbeitet werden. Hilfsmittel zur Bit-Manipulation und Flags, über die sich das Ergebnis eines arithmetischen Vergleichs direkt abfragen läßt, sind weitere Kennzeichen des Rechenwerks.
- Leitwerk (LW): Das Leitwerk ist aus Gründen der Flexibilität und wegen der Komplexität der IL-Befehle mikroprogrammiert. Es ist über eine Reihe von Interrupt-, Status- und Steuerleitungen mit der Umwelt verbunden, die je nach Einsatzart des CHILL-Prozessors variieren kann.

4.2.3 Leistungsmerkmale

Die folgenden Zahlen beziehen sich auf die erste Version eines prototypischen CHILL-Prozessors, der noch auf einer Wortbreite von 16 Bits basierte. Die Leistungsmerkmale beziehen sich auf vier verschiedene Ebenen. Auf der untersten Ebene handelt es sich um technische Daten wie Taktlänge, Mikroprogrammgröße, Anzahl der ICs usw.

In der nächsten Ebene folgen statistische Aussagen über die Auslastung einzelner Prozessorkomponenten sowie über die Verwendungshäufigkeit einiger ausgewählter Fähigkeiten des CHILL-Prozessors. Die Grundlage für dynamische Messungen bildete eine Reihe unterschiedlicher CHILL-Programme. Dieselben Programme wurden auch dazu verwendet, um die mittleren Häufigkeiten und Ausführungszeiten der einzelnen Zwischensprachbefehle zu messen.

Auf der obersten Ebene schließlich wird der CHILL-Prozessor mit anderen Rechnern verglichen, die entweder in PASCAL oder ASSEMBLER programmiert sind.

4.2.3.1 Technische Daten

Die Zykluszeit des Prozessors wird von der längsten Operation bestimmt. Die meisten Befehle des CHILL-Prozessors werden in weniger als 200 ns ausgeführt. Einige Arithmetikbefehle mit gleichzeitigem Schieben sowie Spezialbefehle dauern jedoch nahezu 300 ns. Um dennoch eine kurze Zykluszeit zu erreichen, ist der Prozessor mit einer umschaltbaren Takterzeugung ausgerüstet. Damit beträgt die normale Zykluszeit 200 ns. In einigen Fällen (Spezialbefehle, Arithmetik- und Schiebebefehle) wird der Zyklus auf 300 ns verlängert (Bild 4.16).

Der CHILL-Prozessor verwendet ein Mikroprogrammwort von 96 Bits Breite. Der CHILL-Interpreter benötigt ca. 1/2 K Worte, d.h. 48 K Bits Mikroprogrammspeicher. Das Test- und I/O-System braucht ca. 1/4 K Worte, d.h. 24 K Bits Mikroprogrammspeicher. Der Hauptspeicher ist vom Adreßraum her auf 64 K Bytes begrenzt

Verarbeitungsbreite	16 Bits
Mikrozykluszeit (normal)	200 ns
Mikrozykluszeit (verlängert)	300 ns
Mikroprogramm:	
– Mikrowortbreite	96 Bits
– CHILL-Firmware-Interpreter	ca. 1/2 K Worte
– Test- und I/0-Firmware	ca. 1/4 K Worte
Hauptspeicher	
Anzahl der Bausteine (ohne Speicher)	ca. 170 ICs
Gatter (ohne Speicher)	ca. 15 000

Bild 4.16. Technische Daten
eines prototypischen CHILL-Prozessors

(16-Bit-Adresse, byteweise adressiert). Die Hardware umfaßt ohne Haupt- und Mikroprogrammspeicher etwa 170 integrierte Schaltkreise mit ca. 15 000 Gatterfunktionen.

4.2.3.2 Auslastung von Prozessorteilen

Den folgenden Zahlen liegen dynamische Messungen an sechs CHILL-Programmen zugrunde, die jeweils bestimmte CHILL-Eigenschaften repräsentieren. Sie lassen sich wie folgt charakterisieren:

- Programm 1 (LIFEGM: Game of Life): Adreßrechnung, insbesondere bei indizierten Variablen, Verzweigungen, Laufschleifen;
- Programm 2 (INTEGRAT: Kurvenintegration): Arithmetik, Funktionsprozeduren, Laufschleifen, Verzweigungen;
- Programm 3 (IOTEST: Datenkonversion): Arithmetik, Verzweigungen, Laufschleifen;
- Programm 4 (TUERME: Türme von Hanoi): Rekursive Prozeduraufrufe, Adreßrechnung, Verzweigung;
- Programm 5 (QUEENS: Königinnenproblem): Adreßrechnung, Felder mit zusammengesetzten Indizes, Prozeduraufrufe, Verzweigungen;
- Programm 6 (ACKMANN: Ackermannfunktion): Stark rekursive Prozeduraufrufe, Verzweigungen, primitive Arithmetik.

Für jedes der Programme wird die Benutzungshäufigkeit einzelner Prozessorteile und -funktionen angegeben. Dazu enthält Bild 4.17 jeweils den Bereich, innerhalb dessen sich die Werte für die verschiedenen Testprogramme bewegen, sowie einen Mittelwert über alle sechs Programme.

Aus Bild 4.17 lassen sich Anhaltspunkte über die Stärken und Schwächen einzelner Komponenten des prototypischen CHILL-Prozessors herauslesen. So zeigt z.B. die relativ niedrige Datenbusbelegung von nur 25 bis 35% zusammen mit der hohen Benutzungshäufigkeit des Rechenwerks (89 bis 96%), daß der Prozessorkern (Rechenwerk, Registersätze) relativ unabhängig von den anderen Prozessorteilen arbeitet, und daß der Datenbus oft parallel zum Rechenwerk verwendet wird.

Aktivität	Häufigkeit in %	
	von bis	Mittel
Datenbusbelegung	25 - 35	30
RW	89 - 96	94
Zyklusverlängerung	2 -27	16
LW-Befehlsgruppen: – Continue – Jump – Subroutine – Sonstige	37 - 56 24 - 44 17 - 20 1 - 2	45 35 19 1
Mikrowort-Konstanten: – LW-Konstante	39 - 58	49
– RW-Konstante	26 - 40	32
a) Konst. 2 oder 4	21 - 28	24
b) sonst. Konst.	4 - 12	8

Bild 4.17. Benutzungshäufigkeiten von Komponenten und Funktionen

Die Zyklusverlängerung von 200 ns auf 300 ns, die bei durchschnittlich 16% der Mikrobefehle nötig ist, führt zu einer mittleren Zykluszeit von etwa 216 ns. Dieser niedrige Wert läßt die umschaltbare Taktzeit als sinnvoll erscheinen.

Die Befehlsstatistik des Mikroprogrammsteuerwerks (LW) zeigt deutlich, daß die Firmware stark strukturiert ist. Mehr als die Hälfte der LW-Befehle ermöglichen eine nichtlineare Adreßfortschaltung. Die meisten von diesen benutzen dazu eine im Mikrowort angebbare LW-Konstante, welche gelegentlich auch noch zum Laden eines Schleifenzählers verwendet wird.

Im Mikroprogrammwort ist ein 8 Bit breites Konstantenfeld für das Rechenwerk vorgesehen, welches etwa in einem Drittel der Fälle benutzt wird. Der Wert der Konstanten ist meist 2 oder 4. In fast 100% der Fälle kommt man mit nur 13 verschiedenen Konstantenwerten aus.

4.2.3.3 Statistik der Zwischensprachbefehle

Die vorher bereits erwähnten CHILL-Programme bilden auch die Grundlage, die dynamischen Häufigkeiten und Laufzeiten der einzelnen Zwischensprachbefehle zu ermitteln. Bild 4.18 zeigt die acht häufigsten Zwischensprachbefehle, die im Durchschnitt eine Gesamthäufigkeit von etwa 70% haben [4.18]. An der Spitze stehen Ladebefehle und Adreßrechnungsbefehle, welche — mit Ausnahme des INDEX-Befehls — relativ kurze Laufzeiten haben.

Im Bild 4.19 sind die etwa 60 Zwischensprachbefehle in sechs Gruppen gegliedert, für die analog zu den einzelnen Befehlen in Bild 4.18 wiederum die Häufigkeiten und Laufzeiten angegeben sind. Die Zahlen in den Bildern 4.18 und 4.19 sowie die zugrunde liegenden Urdaten geben Hinweise auf Stärken und Schwächen des CHILL-Prozessors. Es fällt z.B. auf, daß die Zwischensprachbefehle in den Gruppen „Vergleiche", „Datentransfer" und „lokaler Kontrollfluß" kurze bis mittlere Laufzei-

IL-Befehl		Häufigkeit in %		Laufzeit in µs	
Code	Beschreibung	von bis	Mittel	von bis	Mittel
PUSHW	Push Word	18 - 35	23,9	1,4 - 1,7	1,5
PUSHI	Push Integer				
	Constant	3 - 16	8,4	1,0 - 1,0	1,0
VADDR	Push Variable				
	Address	5 - 12	8,0	1,4 - 1,8	1,6
INDEX	Array Element				
	Address	0 - 14	5,9	6,2 - 6,2	6,2
FJUMP	Jump If False	4 - 7	5,7	1,1 - 1,7	1,4
POPW	Pop Word	1 - 10	4,8	1,0 - 1,2	1,0
ADDW	Add Word	1 - 10	4,2	1,6 - 1,9	1,6
SUBW	Subtract Word	2 - 4	2,8	1,6 - 1,6	1,6
Summe	bzw. Mittelwert	61 - 75	70,3		1,7

Bild 4.18. Häufigkeiten und Laufzeiten der häufigsten Zwischensprachbefehle

ten haben, die sich außerdem bei den verschiedenen CHILL-Testprogrammen nur
wenig unterscheiden. Zusammen haben diese Befehlsgruppen eine Häufigkeit von
etwa zwei Dritteln aller Zwischensprachbefehle.

Andererseits erbringt eine Analyse der Befehlsgruppe „Adreßrechnung", daß die
mitunter recht langen Laufzeiten auf das häufige Auftreten von INDEX-Befehlen
zurückzuführen sind. Bei diesem Befehl müssen u.a. zwei 16-Bit-Zahlen miteinander
multipliziert werden, um die absolute Adresse eines Feldelements bereitzustellen.

IL-Befehlsgruppe	Häufigkeit in %		Laufzeit in µs	
	von bis	Mittel	von bis	Mittel
Arithmetik	3 - 16	9,6	1,5 - 6,4	2,7
Vergleiche	3 - 7	5,5	1,2 - 1,4	1,3
Datentransfer	43 - 53	46,7	1,2 - 1,4	1,3
Adressrechnung	8 - 22	15,0	1,6 - 4,6	3,1
Lokaler Kontrollfluß *)	10 - 21	16,0	1,0 - 1,2	1,1
Prozedurverarbeitung	2 - 16	7,2	2,2 - 3,7	3,0
Summe bzw. Mittelwert		100,0	1,7 - 2,4	1,9

* In diese Gruppe gehören Zwischensprachbefehle, mit denen z.B. Schleifen und Verzweigungen realisiert werden.

Bild 4.19. Dynamische Häufigkeiten und Laufzeiten von IL-Befehlsgruppen

Durch Einbau eines Hardwaremultiplizierers könnte die Laufzeit des INDEX-Befehls von 6,2 µs auf 1,6 µs gesenkt werden. Das entspricht bei den Testprogrammen einer allgemeinen Laufzeitverbesserung um 0 bis 36% (im Mittel 15%), je nach Häufigkeit von Zugriffen auf Feldelemente.

Die Häufigkeit von „Arithmetik"-Befehlen ist stark programmabhängig. Die durchschnittliche Laufzeit wird bestimmt durch den Anteil an Multiplikationen und Divisionen, die mit 9,5 µs bzw. 10,8 µs relativ zeitaufwendig sind. Die durchschnittlich etwas längeren Laufzeiten der Prozedurbefehle sind trotzdem als gut zu bewerten, wenn man berücksichtigt, daß sie ein hohes Maß an Komplexität besitzen. Die vier Zwischensprachbefehle (MSTACK, CALL, ENTROC und RETPROC), die bei jedem Aufruf einer Prozedur vorkommen, sorgen nicht nur für das Retten, Laden und Restaurieren des Programmzählers, sondern sie beinhalten auch die dynamische Speicherverwaltung und die am Ende von Funktionsprozeduren nötige Übergabe des Funktionswertes.

4.2.3.4 Vergleich mit anderen Prozessoren

Ein Vergleich des CHILL-Prozessors mit anderen Prozessoren kann auf zweierlei Art und Weise durchgeführt werden. Ein und dasselbe Problem wird sowohl in einer höheren Programmiersprache (CHILL bzw. PASCAL) als auch in ASSEMBLER programmiert. Bei dem zur Prozessorbewertung herangezogenen Problem handelt es sich um die zu diesem Zweck häufig verwendete Ackermannfunktion, welche folgendermaßen definiert ist:

$$F(x, y) = y + 1 \qquad \text{falls } x = 0$$
$$F(x, y) = F(x - 1, 1) \qquad \text{falls } x \neq 0 \text{ und } y = 0$$
$$F(x, y) = F(x - 1, F(x, y - 1)) \qquad \text{falls } x \neq 0 \text{ und } y \neq 0$$

Das CHILL- und das PASCAL-Programm zur Berechnung dieser Funktion unterscheiden sich praktisch nur in der Notation, weshalb sie auch als identisch betrachtet werden können. Die ASSEMBLER-Programme sind naturgemäß maschinenabhängig.

Rechner	Prozessor	Laufzeit in s	Taktlänge in s
Compucorp 625	Z 80	18	0,25
DEC LSI 11/2	LSI 11/2	8	0,38
Diehl DS 2000	TI 9900	14	0,25
Siemens 310	PR 310 K	16	0,20
Siemens SME 800	INTEL 8080	135	0,38
TI DS 990	TI 9900	6	0,25
Uni Kaiserslautern	Z 80	45	0,25
CHILL-16-Maschine	AMD 2903	0,42	0,20
PASCAL-Microengine	WD 9000	2,4	0,33

Bild 4.20. Laufzeitvergleich der Ackermannfunktion für High-Level-Language Programme [4.19]

Bild 4.20 zeigt die Laufzeiten der Ackermannfunktion für die Argumente 3 und 4 [4.19]. Um technologiebedingte Geschwindigkeitsunterschiede aufzuzeigen, ist auch die Länge des internen Taktzyklus angegeben.

Bei Verwendung einer höheren Programmiersprache liegen die PASCAL-Microengine und die CHILL-Maschine ganz deutlich an der Spitze. Beide arbeiten nach dem Prinzip eines Firmware-Interpreters. Im Gegensatz zu den anderen Vergleichspartnern, sind sie an die höhere Programmiersprache angepaßt.

In Bild 4.21 schließlich werden die beiden High-Level-Language-Prozessoren mit assemblerprogrammierten Maschinen verglichen. Wie aus den Zahlen ersichtlich ist, schneiden auch dabei die Hochsprach-Maschinen bezüglich der Laufzeit nicht schlecht ab. So wird die prototypische CHILL-Maschine — unter Berücksichtigung der Taktlänge — nur vom XC 68 000 geringfügig übertroffen. Dafür hat sie aber den großen Vorteil der leichteren Programmierbarkeit (CHILL bzw. 68 000-ASSEM-BLER).

Rechner	Prozessor	Laufzeit in s	Taktlänge in s
CHILL-Maschine	AMD 2903	5,7	0,20
PASCAL-Microengine	WD 9000	25	0,33
Test-Kit	XC 68000	12	0,50
Siemens 310	PR 310	22	0,20
Siemens SME 800	INTEL 8080	80	0,38

Bild 4.21. Laufzeitvergleich der Ackermannfunktion für assemblerprogrammierte und High-Level-Language-angepaßte Rechner [4.19]

4.3 Perspektiven zur Programmierumgebung

Eine vordringliche Notwendigkeit ist, die Schwierigkeiten und Kosten bei Entwicklung und Wartung großer Softwaresysteme besser in den Griff zu bekommen. Dafür ist einerseits eine geeignete Programmiersprache Voraussetzung. Andererseits ist der „Programmierumgebung", also dem Entwicklungssystem mit Werkzeugen zur Unterstützung des Softwareentwicklungs- und Wartungsprozesses besondere Aufmerksamkeit zu schenken. Im folgenden werden die Phasen der Softwareentwicklung beschrieben und das Modell einer Programmierumgebung für CHILL vorgestellt.

Im Rückblick zeigt sich, daß die Entwicklung auf dem Softwaregebiet in drei Phasen eingeteilt werden kann. Anfangs lag ein Schwerpunkt bei den Programmiersprachen. Viele neue Programmiersprachen entstanden neben den Assemblersprachen. Allgemein galt die Überzeugung, daß die Problematik bei der Softwareerstellung durch die Verfügbarkeit „optimaler" Programmiersprachen vereinfacht, ja sogar gelöst werden könnte.

Das Prinzip der „strukturierten Programmierung" war kennzeichnend für diese Phase. Verstanden wird darunter die Strukturierung des Programmablaufs. Sprachkonstrukte wie Schleifen, Verzweigungen, Blöcke mit Gültigkeitsbereichen, Unterprogramme und strukturierte Datentypen mit Typenbindung sind die sprachlichen Hilfsmittel. Mit ihnen ist die Erstellung gut strukturierter und damit leicht lesbarer

Programme möglich. Bis zu einer gewissen, nicht zu großen Komplexität von Programmsystemen sind diese Hilfsmittel auch ausreichend.

Bei Aufgaben sehr großer Komplexität reicht zur Problemlösung die Verwendung höherer Programmiersprachen allein nicht mehr aus. Neben die Programmiersprachen traten deshalb spezifische Programmiermethoden — Kennzeichen der zweiten Phase. In dieser Phase wurden zahlreiche Richtlinien und Regeln erarbeitet, die dem Softwareentwickler als Leitfaden bei der Problemlösung dienten. Das Prinzip der „strukturierten Programmierung" wurde verallgemeinert und als Basis für die Anwendung der Richtlinien verwendet. Eigenschaften, wie Verifizierbarkeit, Modifizierbarkeit und Wartbarkeit des Programms rückten in den Vordergrund. Der Erfolg entsprach aber nicht den Erwartungen.

Die Softwarekosten, speziell die Wartungskosten, bilden weiterhin ein zentrales Problem — hierfür einige Gründe:

- Die Methoden sind nicht eindeutig formuliert und lassen daher dem Anwender einen zu großen Interpretationsspielraum.
- Die Werkzeuge zur Unterstützung der einzelnen Entwicklungsphasen sind — soweit überhaupt vorhanden — unzureichend und bilden kein geschlossenes System.
- Bei großen Systementwicklungen werden weder die Projektführung noch die Projektverwaltung unterstützt.

Die Einhaltung der Richtlinien in allen Phasen der Entwicklung konnte nicht gewährleistet werden. Eine Reihe von Schwächen trat immer wieder auf:

- Bevor der Entwurf des Gesamtsystems vorlag, wurde bereits mit der Codierung von Teilsystemen begonnen.
- Die Schnittstellen wurden mangelhaft spezifiziert und waren teilweise inkonsistent.
- Die Dokumentation wurde erst gegen Ende der Entwicklung nachträglich in Angriff genommen.
- Teilsysteme wurden ohne Rücksicht auf die Gesamtsysteme optimiert.

Diese Erfahrungen sind die Ursache, den Entwicklungsprozeß von Softwaresystemen ganzheitlich zu sehen und für alle seine Phasen aufeinander abgestützte Werkzeuge zu entwickeln, die zur „Programmierung" zusammengefaßt werden und ein geschlossenes, computerunterstütztes Instrumentarium bilden.

Besonders Aktivitäten in Zusammenhang mit der neu entwickelten höheren Programmiersprache ADA zielen in diese Richtung. In mehrjähriger Arbeit wurde dafür eine Folge von Anforderungskatalogen für eine ADA-Programmierumgebung (APSE, *A*da *P*rogramming *S*upport *E*nvironment) erstellt. Folgende Mängel, die sich langfristig als sehr kostenträchtig erweisen, sollen überwunden werden:

- Hardwareabhängigkeit: Die Orientierung an der Hardware, oder auch an Betriebssystemen schränkt die Portabilität eines Programmsystems ein und führt bei der Umstellung auf neue oder andersartige Hardware oder Betriebssysteme zu erheblichen Kosten.
- Geringe Flexibilität: Die Festschreibung der Werkzeuge verhindert eine anwendungsorientierte Unterstützung.
- Fehlende Kontrollen: Die Bereitstellung von Methoden und Werkzeugen ist nur dann erfolgversprechend, wenn auch Kontrollen vorhanden sind, die deren Einhaltung überwachen.

4.3.1 Aufgabe einer CHIPSE

4.3.1.1 Phasen der Softwareentwicklung

Um die Anforderungen an eine CHILL-Programmierumgebung (CHIPSE, *CHILL Programming Support Environment* präzisieren zu können, wird ein Überblick über die einzelnen Phasen der Softwareentwicklung gegeben [4.20]. Dabei wird ein bestimmtes Model zugrunde gelegt. Die Verwendung eines solchen Modells bei der Softwareentwicklung kann nur ein erster Versuch sein, Projekte so zu organisieren, daß ihr erfolgreicher Abschluß durch Kontrolle des Projektfortschrittes an festgelegten Meßpunkten (Phasenabschluß) sichergestellt ist.

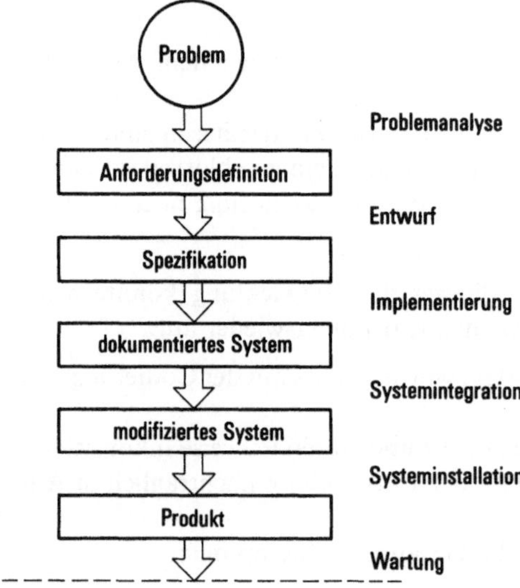

Bild 4.22. Phasen der Softwareentwicklung [4.20]

Problemanalyse

Die Problemanalyse ist die erste Phase eines Projekts. Dadurch werden das zu lösende Problem sowie alle entscheidenden Randbedingungen möglichst vollständig und eindeutig beschrieben und die Durchführbarkeit des Projekts untersucht. Den Kern der Problemanalyse bildet also die Systembeschreibung. Die Darstellungsmethoden mit den verträglichen Darstellungsmöglichkeiten sind besonders zu betrachten. Denn sie beeinflussen sowohl den Verlauf der Analyse, als auch die Vollständigkeit und Überprüfbarkeit der angefertigten Systembeschreibung.

Eine universelle Darstellungsmethode kann nicht angegeben werden. Ein Ausweg ist daher, problemorientierte Methoden bereitzustellen.

Das Ergebnis der Problemanalyse ist die Anforderungsdefinition.

Entwurf

Die Anforderungsdefinition bildet die Basis für den Entwurf. In der Entwurfsphase wird ein Modell des Gesamtsystems erstellt, das, als Programm verwirklicht, die Anforderungen erfüllt. Entwurfssprachen gewinnen hierfür zunehmend an Bedeutung. Im Gegensatz zur Problemanalyse steht beim Entwurf die Realisierung im Vordergrund. Details bleiben jedoch noch weitgehend unberücksichtigt.

Ein komplexes System wird in überschaubare Teile (Moduln) zerlegt. Deren Funktionen und deren Beziehungen zueinander (Schnittstellen) werden beschrieben. Dazu werden Spezifikationsmethoden eingesetzt.

Implementierung

In der Implementierungsphase steht nicht mehr das Gesamtsystem im Mittelpunkt der Betrachtung. Die Aufmerksamkeit gilt vielmehr den einzelnen Moduln. Die Spezifikation der Moduln in Form von Ein-/Ausgabe- und Funktionsbeschreibungen liegt vor. Datenrepräsentation und Steuerfluß jedes Moduls und seiner Funktionen sind zu definieren und zu implementieren. Der Modultest, das ist die Überprüfung der Modulfunktion, ist ebenfalls Bestandteil dieser Phase. Hierfür ist die Erzeugung von Testdaten und die Simulation der Modulumgebung notwendig.

Das Ergebnis der Implementierung ist ein gut dokumentiertes Programm, das in der Systemumgebung wohl definiert abläuft.

Systemintegration

Bei der Systemintegration findet eine Funktionsüberprüfung des Gesamtsystems statt. Die Systemintegration beinhaltet jedoch nicht nur den Test auf korrekten Ablauf des Systems, sondern auch Leistungsmessungen. Der Systemtest stützt sich auf die Ergebnisse der Modultests.

Systeminstallation

Bei der Systeminstallation erfolgt die Übertragung des Projekts in seine reale Umgebung.

Wartung

Mit der Wartung wird schließlich der „software life cycle" abgeschlossen. Obwohl Programme nicht technisch verschleißen können, wurde für die Betreuung laufender Programme der irreführende Begriff „Wartung" geprägt.

Mit der Änderung der Problemstellung und der Anforderungsdefinition beginnt der Kreislauf von vorn.

4.3.1.2 Anforderungen an eine CHIPSE

Das Ziel einer CHILL-Programmierumgebung sind Methoden und Werkzeuge zur Unterstützung der Entwicklung, Wartung und Verwaltung von CHILL-Software. Diese sehr allgemeine Formulierung läßt sich durch eine Reihe von Anforderungen konkretisieren.

Benutzerfreundlichkeit

Die Programmierumgebung muß über eine definierte, gut strukturierte und komfortable Benutzeroberfläche verfügen. Der wenig geübte Benutzer ist durch gezielte Benutzerführung so zu unterstützen, daß er in der Lage ist, die Programmierumgebung bei der Problemlösung einzusetzen.

Strukturiertheit

Die Programmierumgebung muß modular aufgebaut und einheitlich strukturiert sein, damit Erweiterungen ohne detaillierte Kenntnisse des Gesamtsystems durchgeführt werden können.

Portabilität

Die Programmierumgebung muß portabel sein; d.h. die Übertragung von einer Systemkonfiguration auf eine andere muß ohne erheblichen Aufwand möglich sein. Die Portabilität der Programmierumgebung ist eine wesentliche Voraussetzung bei der Umstellung auf andere Host-Systeme. Sie erlaubt auch den Wechsel vom Host- auf das Target-System. Dies ist ein wichtiger Aspekt bei der Parallelentwicklung von Hard- und Software.

Flexibilität

Eine Anpassung der Programmierumgebung an spezielle Problemstellungen oder Anforderungen muß leicht möglich sein. Damit wird die Akzeptanz, das Entwicklungssystem einzusetzen, erhöht und der Entwicklungsaufwand reduziert.

Persönliche Umgebung

Jedem Benutzer soll eine „persönliche" Umgebung, mit Schutz vor unberechtigtem Zugriff und mit Kommunikationswegen zu anderen „persönlichen" Umgebungen, zur Verfügung stehen. Die Überwachung von Datenmanipulationen und Schnittstellen unterstützt die Entwicklung modularer Softwaresysteme.

Systementwicklung

Werkzeuge für die Spezifikation der Anforderungen, für Systementwurf, Systemtest, Systemintegration, Systemdokumentation und Systemwartung sind bereitzustellen.

Programmentwicklung

Werkzeuge für Programmentwurf, Programmverifikation, Programmimplementation, Programmtest, Programmwartung sind bereitzustellen.

Kontrolle

Die korrekte Durchführung aller Entwicklungsschritte muß überwacht werden. Notwendige Kontrollfunktionen sind Zugriffs-, Schnittstellen-, Versionen-, Leistungs- und Freigabekontrolle.

Management

Das Management soll bei der Erstellung und Überwachung von Personal-, Kosten- und Terminplänen unterstützt werden. Automatische Projektverfolgung und Analyse sollen integriert sein.

4.3.2 Aufbau einer CHIPSE

4.3.2.1 Host-Target-Prinzip

Der folgenden Betrachtung über Aufbau und Struktur einer CHILL-Programmierumgebung liegt ein „host-target"-System zugrunde. Das CHIPSE-System läuft

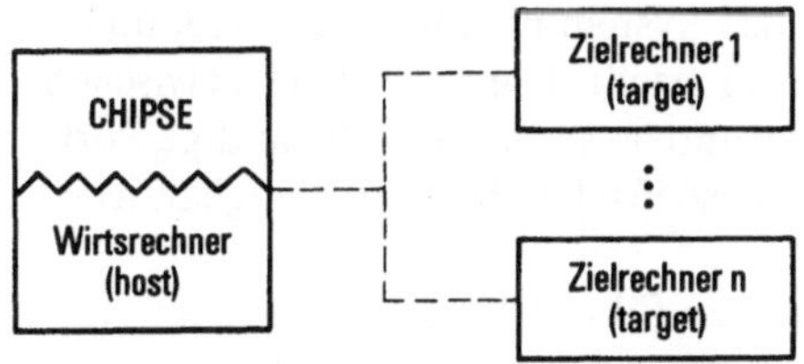

Bild 4.23. Host-Target-Prinzip

auf einem Host-Computer und bietet Unterstützung zur Softwareentwicklung für anwendungsspezifische Target-Systeme an.

Für eine solche Vorgehensweise sprechen folgende Gründe:

- Die meisten Target-Systeme sind aufgrund ihrer Struktur, Kapazität und Umgebung für eine CHILL-Programmierumgebung ungeeignet.
- Die hohe Innovationsrate auf dem Hardwaresektor wird mit für einen schnellen Wechsel bei den Target-Systemen sorgen.
- Software- und Hardwareentwicklung laufen parallel; damit ist das Target-System nicht von Anfang an verfügbar.

Drei Konfigurationen sind bei einem Host-Target-System möglich:

- Host und Target sind identisch: Probleme sind nicht vorhanden, da die gesamte CHILL-Programmierumgebung dem Target-System zur Verfügung steht.
- Host und Target sind physikalisch gekoppelt: Dann muß eine wirksame Kommunikationsmöglichkeit zwischen Host- und Target-System bestehen. Zusätzlich müssen von der Programmierumgebung Testadapter für das Target-System bereitgestellt werden, oder aber Komponenten des Entwicklungssystems, insbesondere Testwerkzeuge, müssen verteilbar sein. Diese Anforderung setzt jedoch dieselbe organisatorische Grundstruktur in beiden Systemen voraus.
- Host und Target sind indirekt gekoppelt, z. B. dadurch, daß sie gemeinsame Datenbestände auf Hintergrundspeicher haben: Dann müssen Teile der Programmierumgebung portabel sein.

4.3.2.2 Schichtenmodell

Beim Entwurf einer CHILL-Programmierumgebung, die die genannten Anforderungen erfüllt, wird zweckmäßigerweise ein Schichtenmodell zugrunde gelegt. Um dem

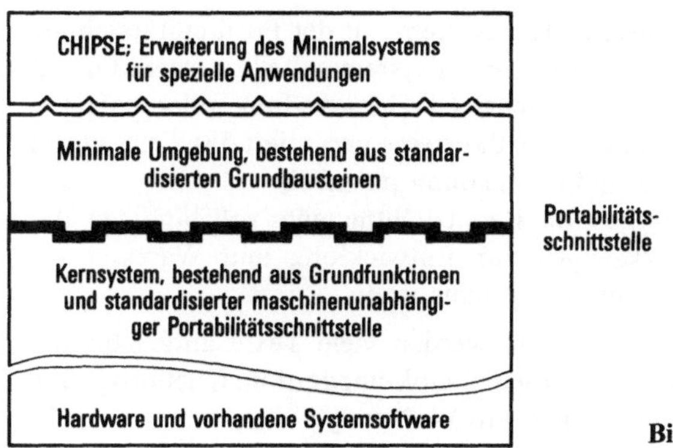

Bild 4.24. Schichtenmodell

Portabilitätsanspruch gerecht zu werden, wird das System in einen maschinenunabhängigen und einen maschinenspezifischen Teil unterteilt. Die Schnittstelle zwischen beiden Komponenten wird standardisiert. Sie garantiert somit die vollständige Portabilität aller Systemteile oberhalb der maschinenspezifischen Schicht bezüglich jeder CHILL-Programmierumgebung.

Eine weitere Unterteilung dieser beiden Schichten führt schließlich zu einem Aufbau, wie ihn Bild 4.24 zeigt.

Hardware und vorhandene Systemsoftware
Die CHILL-Programmierumgebung kann auf bestehende Systemsoftware, etwa einem Betriebssystem mit einer Datenbank oder einem Datenverwaltungssystem mit Standarddiensten (Editor, Binder, Testsystem, Runtime-Support) aufgesetzt werden. Inwieweit bereits existierende Systemsoftware verwendet werden kann, hängt von der Festlegung der Portabilitätsschnittstelle ab.

Im günstigsten Fall ist das existierende Betriebssystem eine Obermenge des Kernsystems. Dann entfällt eine Anpassung an die Portabilitätsschnittstelle.

Wird das Entwicklungssystem direkt auf einer Hardwarekonfiguration aufgesetzt, so stehen dem Kernsystem nur die Grundfunktionen der Prozessoren und peripheren Geräte zur Verfügung. Diese Konfiguration spielt vor allem bei der Entwicklung oder Verwendung neuer Hardware, für die noch keine Systemsoftware existiert, eine große Rolle.

Kernsystem einer CHIPSE
Die Aufgabe des maschinenspezifischen Kerns des Entwicklungssystems besteht in der Schaffung einer standardisierten Portabilitätsschnittstelle durch Bereitstellung von Grundfunktionen. Dabei wird auf die von der Hardware oder Systemsoftware bereitgestellten Funktionen aufgebaut. Im Falle vorhandener Systemsoftware muß die Anwenderschnittstelle modifiziert werden. Eine stufenweise Transformation der durch die Systemsoftware definierten virtuellen Maschine auf die Portabilitätsschnittstelle muß möglicherweise vorgenommen werden.

Ist keine Systemsoftware vorhanden, findet eine Transformation der physikalischen Maschine auf die Portabilitätsschnittstelle statt.

Datenverwaltungssystem, Kommunikationsmechanismen und Laufzeitunterstützung für CHILL-Programme sind die wichtigsten Funktionen, die vom Kernsystem bereitgestellt werden müssen.

Minimale Umgebung einer CHIPSE
Aufbauend auf dem maschinenspezifischen Kernsystem mit der Portabilitätsschnittstelle kann nun ein maschinenunabhängiges Minimalsystem erstellt werden. Grundsätzlich sollen alle Bausteine dieser Schicht CHILL-Moduln oder CHILL-Unterprogramme sein. Die Ablauffähigkeit der Bausteine garantiert das Kernsystem. Damit sind alle Komponenten der Minimalumgebung portabel.

Die Aufgabe der Minimalumgebung ist die Bereitstellung eines vollständigen aber minimalen Satzes von Standardwerkzeugen zur Entwicklung und Wartung von CHILL-Programmen. Elemente des Minimalsystems sind:

- Texteditor: In einer Programmierumgebung werden viele Texte aufgebaut und verändert. Hierzu zählen Spezifikation, Entwurf, Dokumentation, Quellprogramm usw. Deshalb ist der Texteditor das elementare Werkzeug.

- Prettyprinter: Die in einer Datenbank gespeicherten Objekte sind im allgemeinen so strukturiert, daß sie schwer lesbar und schwer interpretierbar sind. Um ihre Informationen und ihre Attribute dem Anwender zugänglich zu machen, ist ein Prettyprinter notwendig, der die Datenbankobjekte in lesbare und verständliche Form aufbereitet.
- Compiler: Um CHILL-Programme ausführen zu können, müssen sie in eine ablauffähige Form übersetzt werden. Dabei sind verschiedene Vorgehensweisen möglich:
  - - Übersetzen des CHILL-Programms in eine Zwischensprache IL und Interpretation des IL-Programms,
  - - Übersetzen des CHILL-Programms in ein Maschinencodeprogramm, das auf dem Host-Rechner ablauffähig ist.
- Binder: Die Erstellung gut strukturierter Softwaresysteme, auf der Basis logisch abgeschlossener Einheiten mit wohldefinierten externen Schnittstellen (abstrakte Datentypen), erfordert einen erweiterten, komfortablen Binder.
- Statische Kontrollfunktionen: Die statischen Kontrollfunktionen sind je nach Aufbau und Struktur des Compilers in diesem integriert oder verwenden dessen Informationen. Zu nennen sind im wesentlichen Querverweislisten, Steuerflußdiagramme, Schnittstellenkontrolle und Versionenkontrolle. Die Aufgabe der statischen Kontrollfunktionen ist die Unterstützung von Test, Dokumentation, Wartung und Management.
- Dynamische Kontrollfunktionen: Maschinen- oder assemblerorientierte Testhilfen widersprechen den Anforderungen einer maschinenunabhängigen CHILL-Programmierumgebung. Aus diesem Grund ist ein CHILL-orientiertes Testhilfesystem eine notwendige Komponente der Minimalumgebung. Bestandteile des Testhilfesystems sind CHILL-orientierte Testkommandos, ein CHILL-orientierter Ablaufverfolger, ein Schnittstellensimulator und ein Ablaufsimulator.
- Kommandointerpreter: Die Bereitstellung einer CHILL-orientierten Kommandosprache und eines Kommandointerpreters ist Aufgabe des Minimalsystems. Dabei ist darauf zu achten, daß alle CHIPSE-Tools integrierbar sind. Eine komfortable Benutzerführung bezüglich der Help-Funktion und Fehlerbehandlung ist ein wesentliches Kriterium bei der Beurteilung eines Kommandointerpreters.

Erweiterte CHIPSE

Die Minimalumgebung stellt nur ein Basissystem zur Verfügung. Für spezielle Anwendungen und Projekte muß das Basissystem entsprechend erweitert werden. Die vorgestellte Struktur erlaubt die optimale Anpassung einer CHILL-Programmierumgebung an individuelle Bedürfnisse. Alle Elemente dieser „individuellen" Schicht sind CHILL-Moduln und bauen auf der Minimalumgebung auf. Dadurch reduziert sich ihr Entwicklungsaufwand erheblich.

4.3.3 Komponenten einer CHIPSE

4.3.3.1 Datenbank

Die Datenbank bildet den Kern des Entwicklungssystems. Sie dient als zentrale Speicher- und Kommunikationsbasis. Alle projektbezogenen Informationen werden dort während des Entwicklungs- und Wartungszeitraums gespeichert. Nahezu alle Systemfunktionen operieren auf der Datenbank oder benutzen bei Ausführung Informationen aus der Datenbank. Die Kommunikation zwischen den Komponenten erfolgt ebenfalls über die Datenbank. Die Struktur der Datenbank beeinflußt somit entscheidend die Struktur des Entwicklungssystems. Die elementare Organisationseinheit der Datenbank ist das Objekt. Es besteht aus Informationsinhalt, Namen und mehreren Attributen und Relationen zu anderen Objekten. Objekte können Anforderungsdefinitionen, System- oder Programmspezifikationen, Quellprogramme, IL-Programme, Maschinenprogramme, Testdaten, Dokumentationen, Kommandofolgen usw. sein.

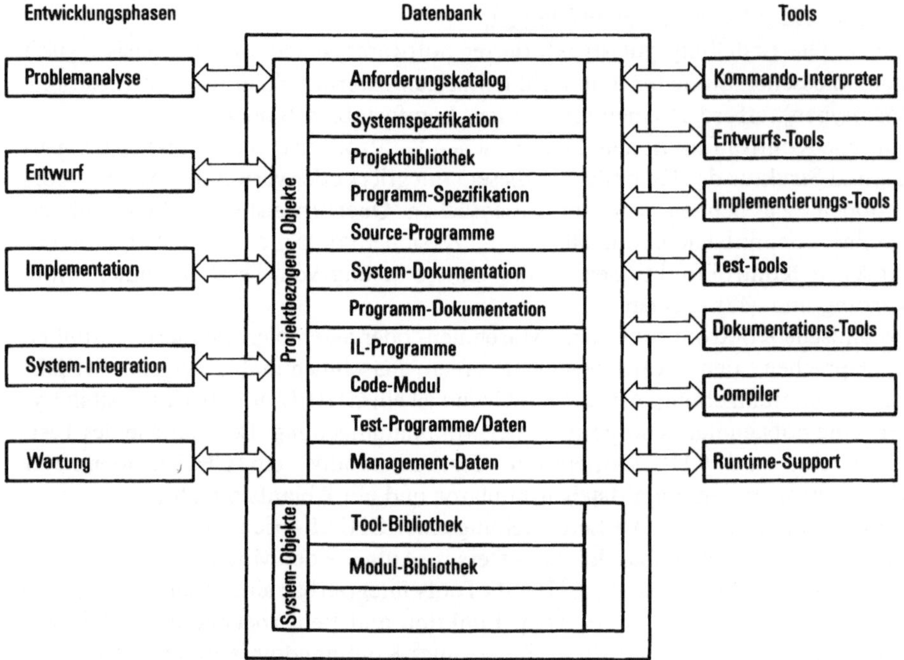

Bild 4.25. Datenbank als zentrale Basis eines CHIPSEs

Neben Standardattributen wie Projektbezug, Zugriffsrecht und Versionsnummer können beliebige weitere Attribute definiert werden. Die Implementierung einer CHIPSE setzt jedoch nicht unbedingt die Existenz eines Datenbanksystems voraus. Die meisten der oben beschriebenen Funktionen können auch auf einem geeigneten File-System (Datenverwaltungssystem auf Dateibasis) realisiert werden.

4.3.3.2 Werkzeuge

Die zuvor aufgeführten Komponenten bilden den Inhalt einer minimalen CHILL-Programmierumgebung. Die Anreicherung der minimalen Umgebung mit Werkzeugen für spezielle Anwendungen und Projekte ist das eigentliche Ziel einer anwendungsoptimalen Programmierumgebung. Im folgenden werden Erweiterungsvorschläge für das Minimalsystem gemacht.

Entwurfsorientiertes Textsystem

Das entwurfsorientierte Textsystem hat die Aufgabe, die Problemanalyse, also den ersten Schritt einer Entwicklung zu unterstützen. Das Ergebnis ist eine streng gegliederte Darstellung von Systemumgebung, Schnittstellen, Anforderungen, Funktionen, Resourcen und Randbedingungen. Die Komponenten dieser Darstellung können Texte, Grafiken und Tabellen sein. Wichtig ist die Bereitstellung von Mitteln zur Beschreibung von verschiedenen Abstraktionsstufen sowie von individuellen Methoden. Zur Eingabe ist eine Strukturbeschreibungssprache mit umgangssprachlichen Komponenten nützlich.

Kriterien zur Beurteilung eines entwurfsorientierten Textsystems sind:

- Flexibilität,
- Benutzerführung,
- Kontrolle.

Die Basis für das entwurfsorientierte Textsystem bildet der Standardeditor der Minimalumgebung.

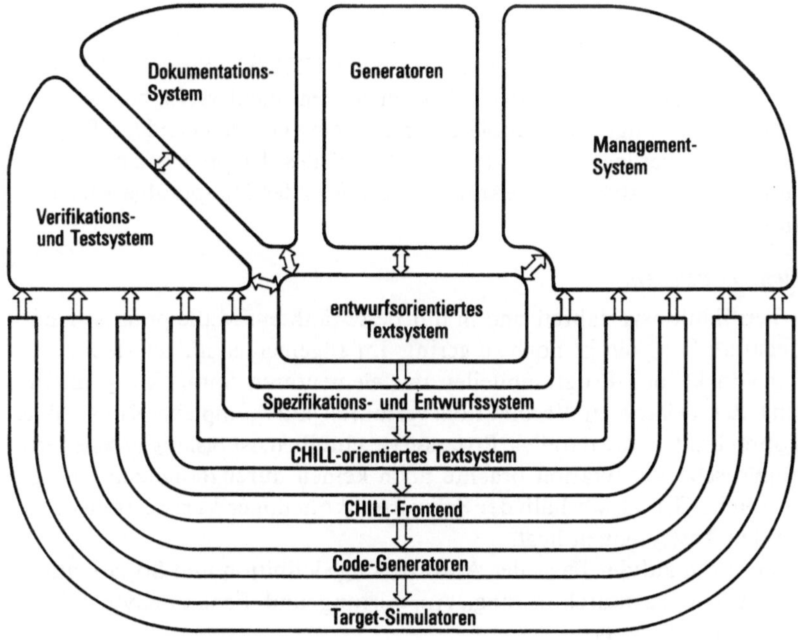

Bild 4.26. Giederungsmodell eines CHIPSEs

Spezifikations- und Entwurfssystem

Die Aufgabe des Spezifikations- und Entwurfssystems ist die formale, syntaktisch und semantisch konsistente Beschreibung des Gesamtsystems. Mit Hilfe einer Spezifikationssprache werden System, Systemkomponenten, Schnittstellen und Funktionen formal exakt beschrieben. Aufgrund der formalen Beschreibung können Entwurfsfehler und Widersprüche erkannt werden. Die Auswirkungen von Änderungen können aufgezeigt und die Dokumentationen erstellt werden.

Obwohl es sich bei der Spezifikationssprache nicht um eine Programmiersprache handelt, ist eine CHILL-Orientierung empfehlenswert. Dies unterstützt Implementierung, Verifikation und Dokumentation und vereinfacht die Benutzeroberfläche des Entwicklungssystems.

CHILL-orientierter Editor

Der CHILL-orientierte Editor stellt eine wichtige Komponente dar. Aufbauend auf dem Standardeditor der Minimalumgebung sind folgende Erweiterungen empfehlenswert:

- Auf der Basis der Sprachspezifikation werden Syntaxmasken generiert. Der Programmierer erstellt interaktiv syntaktisch korrekte Programme unter Verwendung dieser Masken.
- Bei der Programmerstellung werden Teile des CHILL-Parsers ausgeführt, so daß nach Beendigung ein syntaktisch korrektes Programm vorliegt.

CHILL-Parser und CHILL-Codegeneratoren

Ihre Funktionen sind im Kapitel 3 ausführlich beschrieben.

Target-Simulatoren

Die bisher vorgestellte CHILL-Programmierumgebung CHIPSE basiert auf einem „host-target"-System. Für den Fall, daß das Target-System nicht verfügbar ist oder keine ausreichende Testumgebung anbietet, muß ein entsprechender Target-Simulator bereitgestellt werden. Neben der Simulation des Target-Systems zählen Testunterstützung, Fehleranalyse und Leistungsmessung zu den Hauptaufgaben eines Target-Simulators.

Verifikations- und Testsystem

Die existenten Verifikationsverfahren sind in nur beschränktem Maße praktisch einsetzbar. Ihre Leistungsfähigkeit ist noch zu gering. Im allgemeinen nützen sie nur bei der Verifikation von kleinen Programmteilen mit elementaren Sprachkonstrukten. Die Ausdehnung der bekannten Verifikationsverfahren auf komplexe Konstrukte oder sogar auf Sprachmittel, die parallele Prozesse beschreiben, ist bislang gescheitert. Auch eine automatische Verifikation brachte noch keinen durchgreifenden Erfolg. Dies ist der eigentliche Grund, weshalb der Schwerpunkt heutiger Verifikations- und Testsysteme bei den Testsystemen liegt.

Testdatengeneratoren auf der Basis der Anforderungsdefinition und Spezifikation sowie die automatische Testdurchführung, Auswertung und Fehleranalyse bilden dann den Kern des Testsystems.

Dokumentationssystem

Das Dokumentationssystem dient zur automatischen Generierung von Dokumenten für die verschiedenen Benutzergruppen, wobei als Dokumentationsarten Text, Grafik und Listen möglich sein sollen. Unter Verwendung der Daten aus den verschiedenen Entwicklungsphasen werden die gewünschten Dokumente erstellt. Die interaktive Unterstützung bei der Erstellung von Manualen oder anderen nicht automatisch generierbaren Dokumenten ist, neben der automatischen Generierung, eine wichtige Komponente des Dokumentationssystems.

Generatoren

Generatoren werden bei der Softwareerstellung zunehmend wichtiger. Neben den Parser- und Codegenerator-Generatoren werden verstärkt Simulator- und Betriebssystemgeneratoren entwickelt.

Aufgrund des großen Spektrums an Target-Systemen zählen Generatoren zu den wichtigen Bestandteilen einer komfortablen Programmierumgebung. Jedoch werden noch sehr große Entwicklungsanstrengungen notwendig sein, um eine befriedigende Leistungsfähigkeit zu erreichen.

Managementsystem

Die Unterstützung des Managements bei Planung, Organisation und Durchführung von Projekten ist ein weiterer integraler Aspekt. Entwicklungsrichtlinien, Tools, Personal-, Kosten- und Terminpläne, Statistiken usw. müssen erstellt werden. Die sofortige Verfügbarkeit des aktuellen Projektstandes, die Extrapolation des Projektverlaufs und die Simulation von kritischen Ereignissen sind weitere Anforderungen an ein komfortables Managementsystem.

Das Managementsystem kooperiert mit nahezu allen Systemkomponenten. Entsprechend umfangreich ist sein Aufgabenbereich. Aufbauend auf den Hilfsmitteln und den mit Hilfe des entwurfsorientierten Textsystems bereitgestellten Daten wird der ganze Entwicklungsprozeß überwacht. Zu den Funktionen eines Kontrollsystems zählen Projektverfolgung, Zugriffskontrolle, Konsistenzprüfung, Freigabe- und Versionenkontrolle, System- und Teilsystemrekonfiguration.

Literaturverzeichnis

1.1. CCITT 4th Plenary Assembly, White Book, Vol. 6, 1969
1.2. CCITT 5th Plenary Assembly, Green Book, Vol. 6–4, 1973
1.3. CCITT 6th Plenary Assembly, Orange Book, Vol. 6–1, 1977
1.4. CCITT St. G. XI, Blue Document, Proposal for a Recommendation for a CCITT High Level Programming Language (CHILL), 1977
1.5. CCITT St. G. XI, Brown Document, Introduction to CHILL, the CCITT High Level Language, 1980
1.6. Wirth, N.: The Programming Language PASCAL. Acta Inf., No. 1, 1971
1.7. Wirth, N.: The Design of a Pascal Compiler. Software-Pract. and Exp., Vol. 1, 1971
1.8. Boute, R.T.: ADA and CHILL, a Joint Language Evaluation. Antwerpen: Report RTB-7908, Bell Telephone Mfg. Co. 1978
2.1. Brinch-Hansen, P.: The Programming Language Concurrent Pascal, IEEE Trans. on Software Eng., Vol. SE-1, No. 2, 1975
2.2. Wirth, N.: MODULA, a Language for Modular Multiprogramming. Software-Pract. and Exp., Vol. 7, 1977
2.3. Preliminary Ada Reference Manual. SIGPLAN Notices, Vol. 14, No. 6, 1979, Part A
2.4. Korer, D. G.: Telephone Systems Programming Language (TSPL). IEE Conf. on Software Eng., Publ. No. 97, 1973
2.5. Knudson, D. O.; Korer, D.G.: Programming Languages for Electronic Telephone Systems (TSPL). GTE Automatic Electr. Tech. J., 1975
2.6. Kakuma, M.; Maruyama, K.; Koizumi, T.: DPL-A High Level Programming Language for Electronic Switching Systems. Kyoto: Int. Switching Symp. 1976
2.7. Wakamoto, T.; u.a.: Software Center and Support System for ESS in NTT (DPL). Kyoto: Int. Switching Symp. 1976
2.8. Combelic, D.: Experiences in Development and Acceptance of ESPL-1. Kyoto: Int. Switching Symp. 1976
2.9. Rozmaryn, C.; Barberye, G.: Programming Languages LP1 and LP2. Kyoto: Int. Switching Symp. 1976
2.10. Attard, R.; Grall, P.; Richardot, H.: Support Software for E1 System (LP2). Kyoto: Int. Switching Symp. 1976
2.11. Blackhurst, I.; Gandee, J.S.: Programmiersprache zur Verbindungssteuerung in Vermittlungssystemen (CDL), Elektr. Nachr.-Wes. Bd. 53, Nr. 3, 1978
2.12. Jensen, K.; Wirth, N.: Pascal User Manual and Report. Berlin, Heidelberg, New York: Springer 1978
2.13. Wirth, N.: The Use of Modula. Software-Pract. and Exp., Vol. 7, 1977
2.14. Wirth, N.: Design and Implementation of Modula. Software-Pract. and Exp., Vol. 7, 1977
2.15. Ichbiah, J. D.; u.a.: Rationale for the Design of the Ada Programming Language. SIGPLAN Notices, Vol. 14, No. 6, 1979, Part B
2.16. United States Department of Defense: Reference Manual for the ADA Programming Language. Washington 1980
2.17. Mrva, M.: Entstehung und Hintergründe der Programmiersprache ADA. Online-adl-Nachr., Nr. 4, 1980
2.18. Programmiersprache PEARL, Basic PEARL. DIN 66253 Teil 1, 1978
2.19. Andler S.: Synchronization Primitives and the Verification of Concurrent Programs. IRIA, 2nd Coll. Int. sur les Systemes d'Exploitation, Rocquencourt 1978

2.20. Brinch-Hansen, P.: Concurrent Programming Concepts. Comp. Surv., Vol. 5, No. 4, 1973
2.21. Brinch-Hansen, P.: Distributed Processes: A Concurrent Programming Concept. Comm. ACM, Vol. 21, No. 11, 1978
2.22. Endres, A.: Methoden der Programm- und Systemkonstruktion. Inf.-Spektr., Nr. 3, 1980
2.23. Hoyer, W.: CHILL-Compiler Sprachumfang. Siemens intern, München 1979
2.24. Hills, M.T.; Constantine, H.; Chung P.: Telecommunication oriented Programming Language for Switching Systems (TPL1). Proc. IEE, Vol. 119, No. 4, 1972
3.1. Wirth, N.: Compilerbau. Stuttgart: Teubner 1977
3.2. Bauer, F. L.; u.a.: Compiler Construction. Berlin, Heidelberg, New York: Springer 1976
3.3. Aho, A.; Ullman, J.D.: The Theory of Parsing, Translation and Compiling, Vol. 1 and 2. Englewood Cliffs: Prentice Hall 1973
3.4. Bauer, F. L.; Eickel, J.: Compiler Construction. Berlin, Heidelberg, New York: Springer 1974
3.5. Gries, D.: Compiler Construction for Digital Computers. New York: Wiley & Sons 1971
3.6. Dahl, O.-J.: Simula, an Algol-Based Simulation Language. Comm. ACM, Vol. 9, No. 9, 1966
3.7. Wulf, W. A.: ALPHARD, toward a Language to Support Structured Programs. Comp. Sci. Dept., CMU, 1974
3.8. Liskov, B.; u.a.: Abstraction Mechanisms in CLU. Comm. ACM, Vol. 20, No. 8, 1977
3.9. Lauer, H. C.; Satterthwaite E.H.: The Impact of Mesa on System Design, Proc. 4th Int. Conf. on Software Engineering, München 1979
3.10. LeBlanc, R. J.: On Implementing Separate Compilation in Block-Structured Languages. Proc. SIGPLAN, Symp. on Compiler Construction, Denver 1979
3.11. Celentano A.; u.a.: Separate Compilation and Partial Specification in Pascal. IEEE Trans. on Software Engineering, Vol. SE-6, No. 4, 1980
3.12. Liskov, B.; Zilles, S.: Programming with Abstract Data Types. SIGPLAN Notices, Vol. 9, No. 4, 1974
3.13. Amman, U.: Die Entwicklung eines PASCAL-Compilers nach der Methode des Strukturierten Programmierens. Diss. ETH Zürich 1975
3.14. Aho, A.; Ullman, J.D.: Principles of Compiler Design. London, Amsterdam, Ontario, Sydney: Addison-Wesley 1979
3.15. United States Department of Defense: Requirements for ADA Programming Support Environments. Washington: Stoneman 1980
3.16. Winterstein, G.; u.a.: The ADA Compiler Project. Univ. Karlsruhe 1980
3.17. Berry, R. E.: Experience with the Pascal-P-Compiler. Software-Pract. and Exp., Vol. 8, 1978
3.18. Perkins, D. R.; Sites, R.L.: Machine-Independent Pascal Code Optimization. ACM SIG-PLAN Notices, Vol. 14, No. 8, 1979
3.19. Glanville, R. S.: A Machine Independent Algorithm for Code Generation and Its Use in Retargetable Compilers. Tech. Rep., Univ. of California, Berkeley 1978
3.20. Cattell, R.G. G.: Automatic Derivation of Code Generators From Machine Descriptions. ACM Trans. on Programming Languages and Systems, Vol. 2, No. 2, 1980
3.21. Samelson, K.: Entwicklungslinien der Informatik. Berlin, Heidelberg, New York: Springer 1978
3.22. Bourne, S. R.: Z-Code, a Simple Machine. Cambridge Univ. 1977
3.23. Richards, M.: The Portability of the BCPL Compiler. Software-Pract. and Exp., Vol. 1, 1971
3.24. Haddon, B. K.; Waite, M.: Experience with the Universal Intermediate Language Janus. Software-Pract. and Exp., Vol. 8, 1978
3.25. Eriksen, S. H.; u.a.: An Implementation of P-Code on RIKKE/MATHILDA, DIAMI. 1975
3.26. Giloi, W. K.: Rechnerarchitektur. Berlin, Heidelberg, New York: Springer 1981
3.27. Griffiths, M.: Run-Time Storage Management. Berlin, Heidelberg, New York: Springer 1974
3.28. Dijkstra, E.W.: ALGOL 60 Translation. Suppl. ALGOL Bull. No. 10, 1960
3.29. Wirth, N.: PASCAL, Code Generation and the CDC 6000 Computer. Stanford Univ., 1972

3.30. Williams, M. H.: Long/Short Adress Optimization in Assemblers. Software-Pract. and Exp. Vol. 9, 1979

3.31. Wilhelm, R.: Computation and Use of Data Flow Information in Optimizing Compilers. Acta Inf., No. 12, 1979

3.32. Davidson, J.W.; Fraser, C.W.: The Design and Application of a Retargetable Peephole Optimizer. ACM Trans. on Programming Languages and Systems, Vol. 2, No. 2, 1980

3.33. Boulton, P. I. P.; Goguen, J.R.: A Machine Description Language. Comp. J., Vol. 22, No.2, 1978

3.34. Cattell, R. G. G.; Newcomer, J.M., Leverett, B.W.: Code Generation in a Machine-Independent Compiler. Proc. SIGPLAN Symp. on Compiler Construction, 1979

3.35. Bauer, F. L.; Goos, G.: Informatik. Berlin, Heidelberg, New York: Springer 1971

3.36. Dijkstra, E.W.: Cooperating Sequential Processes, Programming Languages. New York: Academic Press 1968

3.37. Dijkstra, E.W.: Hierarchical Ordering of Sequential Processes, Operating System Techniques. New York: Academic Press 1972

3.38. Elsworth, E. F.: Compilation Via an Intermediate Language. Comp. J., Vol. 22, No. 3, 1979

3.39. Goos, G.: Vorlesungsskriptum zum Übersetzerbau. Univ. Karlsruhe 1980

3.40. Harrison, H. H.: A New Strategy for Code Generation — the General-Purpose Optimizing Compiler. IEEE Trans. on Software Engineering, Vol. SE-5, No. 4, 1979

3.41. Joseph, M.; Pradad, V.R.: More on Nested Monitor Calls. ACM Operating Syst. Rev. 12, No. 2, 1978

3.42. Lister, A.: The Problem of Nested Monitor Calls. ACM Operating Syst. Rev. 11, No. 3, 1977

3.43. Parnas, D. L.: The Non-Problem of Nested Monitor Calls. ACM Operating Syst. Rev. 12, No. 1, 1978

3.44. Wettstein, H.: The Problem of Nested Monitor Calls Revisited. ACM Operating Syst. Rev. 12, No. 1, 1978

3.45. Rohl, J. S.: An Introduction to Compiler Writing. London: McDonald & Jane 1975

4.1. Denning, P.J.: Virtual Memory. Comp. Surv., Vol. 3, No. 2, 1970

4.2. Jones, A. K.: The Object Model — a Conceptual Tool for Structuring Software. Berlin, Heidelberg, New York: Springer 1978

4.3. Liskov, B.: Primitives for Distributed Computing, Proc. 7th Symp. on Operating System Principles, Pacific Grove 1979

4.4. Organick, E. I.: The MULTICS System: An Examination of its Structure. MIT Press 1972

4.5. Denning, P.J.: Working Sets Then and Now. IRIA 2nd Coll. Int. sur les Systeme d'Exploitation, Rocquencourt 1978

4.6. Lister, A. M.: Hierarchical Monitors. Software-Pract. and Exp., Vol. 7, 1977

4.7. Dijkstra, E.W.: The Structure of the T.H.E. Multiprogramming System. Comm. ACM, Vol. 11, No. 5, 1968

4.8. Brinch-Hansen, P.: Operating System Principles. Englewood Cliffs: Prentice Hall 1973

4.9. Habermann, A. N.; u.a.: Modularization and Hierarchy in a Family of Operating Systems. Comm. ACM, Vol. 19, No. 5, 1976

4.10. Jensen, D.: Distributed Operating Systems. Berlin, Heidelberg, New York: Springer 1980

4.11. Raffler, H.; u.a.: Das Prozeßkonzept der höheren Programmiersprache CHILL. Ber. German Chapter ACM. Stuttgart: Teubner 1981

4.12. Holler, E.: Multiple Copy Update. Berlin, Heidelberg, New York: Springer 1980

4.13. LeLann, G.: Synchronization in Distributed Systems. Berlin, Heidelberg, New York: Springer 1980

4.14. Myers, G. J.: Advances in Computer Architecture. New York: Wiley & Sons 1978

4.15. Bulmann, D.M.: Stack Computers. Computer 1977

4.16. Kroneberg, A.: A Microprocessor for High Level Languages. Proc. MIMI 80, Asilomar 1980

4.17. Leisch, E.: The Impact of High Level Languages on the Architecture of a Microprogrammed HLL-Microcomputer, Proc. IMMM/Datacom 80, Genf 1980

4.18. Jul, E.: Microcomputer Comparsing: Concurrent Pascal on Intel 8080. Euromicro J., Vol. 6, No. 3, 1980

4.19. Wippermann, H.-W.: PASCAL, Ber. German Chapter ACM. Stuttgart: Teubner 1979

4.20. Kimm, R.; u.a.: Einführung in Software Engineering. Berlin: de Gruyter 1979

4.21. Brinch Hansen, P.: Structured Multiprogramming. Comm. ACM, Vol. 15, No. 7, 1972

4.22. Brinch-Hansen, P.: A Comparison of Two Synchronizing Concepts. Acta Inf., Vol. 1, No. 3, 1972

4.23. Campbell, R. H.; Habermann, A.N.: The Specification of Process Synchronization by Path Expressions. Berlin, Heidelberg, New York: Springer 1974

4.24. Chen, R. C.: Representation of Process Synchronization. ACM Operating Syst. Rev. Vol. 9, No. 3, 1975

4.25. Denning, P. J.: Third Generation Computer Systems. Comp. Surv., Vol. 4, No. 3, 1971

4.26. United States Department of Defense: Revised PEBBLEMAN, Requirements for the Programming Environment for the Common High Order Language. Washington 1979

4.27. Friedrich, G.; Mrva, M.; Tobiasch, R.: ADA und APSE, zwei Vorhaben des U.S. Department of Defense zur Synthese von Programmiersprache und Programmierumgebung. München: Siemens, interner Ber., 1980

4.28. Habermann, A. N.: Synchronization of Communication Processes. Comm. ACM, Vol. 15, No. 3, 1972

4.29. Hoare, C. A. R.: Monitors: An Operating System Structuring Concept. Comm. ACM, Vol. 17, No. 10, 1974

4.30. Hoare, C. A. R.: Communicating Sequential Processes, Comm. ACM, Vol. 21, No. 8, 1978

4.31. Jones, J.: Towards a HLL Oriented Microprocessor Instruction Set. Euromicro J., Vol. 6, No. 3, 1980

4.32. Proc. 4th Int. Conf. on Software Engineering, IEEE Catalog Nr. 79 CH 1479-SC, 1979

4.33. Tanenbaum, A.: Implications of Structured Programming for Machine Architecture. Comm. ACM, Vol. 21, No. 3, 1978

4.34. Zelkowitz, M.V.: Perspectives on Software Engineering, Comp. Surv., Vol. 10, No. 2, 1978

R. Alletsee, H. Jung, G. Umhauer

Assembler I, II, III

Ein Lernprogramm

Mit einem Geleitwort von K. Zuse

Assembler I
Berichtigter Nachdruck der 3., völlig neubearbeiteten Auflage. 1981.
Mit über 170 Abbildungen und Formularen und 85 Aufgaben.
XI, 133 Seiten. (Heidelberger Taschenbücher, Band 140). DM 23,80
ISBN 3-540-09204-8

Inhaltsübersicht: Grundlagen-Test. – Einführung. – Programment-
stehung. – Stufen zum Programmlauf. – Makroaufrufe. – Ver-
gleichs- und Sprungbefehle. – Assemblerprotokoll und Dump. –
Das wohlstrukturierte Assemblerprogramm. – Lösungen. –
Anhang. – Sachverzeichnis.

Assembler II
Berichtigter Nachdruck der 3., völlig neubearbeiteten Auflage. 1981.
Mit über 250 Abbildungen und Formularen und 83 Aufgaben.
XI, 152 Seiten. (Heidelberger Taschenbücher, Band 141). DM 24,80
ISBN 3-540-09205-6

Inhaltsübersicht: Relative Adressierung. – Die Programmierung der
Ein-/Ausgabe. – Einführung in die Befehlsliste. – Anwendungsfall
am Beispiel eines Lohnabrechnungsprogramms. – Lösungen. –
Anhang. – Sachverzeichnis.

Assembler III
Berichtigter Nachdruck der 3., völlig neubearbeiteten Auflage. 1981.
Mit über 300 Abbildungen und Formularen und 60 Aufgaben.
XII, 172 Seiten. (Heidelberger Taschenbücher, Band 142). DM 25,80
ISBN 3-540-09206-4

Inhaltsübersicht: Festpunktarithmetik mit Registerbefehlen. –
Festpunktarithmetik mit RX-Befehlen. – Adressenrechnung. –
Spezielle Befehle. – Lösungen. – Anhang. – Sachverzeichnis.

H. Kramer

Assembler IV

Supplement zum Lernprogramm
2., verbesserte Auflage. 1982. 207 Abbildungen und Formulare.
XII, 143 Seiten. (Heidelberger Taschenbücher, Band 189)
DM 24,80. ISBN 3-540-11300-2

Aus den Besprechungen: „Der vorliegende 4. Band dieser Taschen-
buchreihe ist als Ergänzung des dazugehörigen 3bändigen Lernprogramms über die Assemblersprache gedacht. Da dieser Band auf
der erfolgreichen Durcharbeitung des Lernprogramms I–III basiert,
wurde zwecks größerer Stoffülle auf die Form der programmierten
Unterweisung verzichtet.
Die Assemblersprache wird hier durch Befehle zum Runden von
Ergebnissen, zur Druckaufbereitung, zur Unterprogramm-Technik,
zur Verschiebe-Technik und zur Tabellenverarbeitung erweitert.
Weiter enthält der Band logische Verknüpfungen und Befehle, Bearbeitung von Datenfeldern und Hilfsmittel zur Fehlersuche.
Das Supplement zum Lernprogramm kann allen als wertvolle Ergänzung empfohlen werden, die entweder die Bände I–III durch-
gearbeitet oder anderweit hinreichende Kenntnisse der Assemblersprache erworben haben."   *ntz – Nachrichtentechnische Zeitschrift*

Springer-Verlag
Berlin
Heidelberg
New York

High Level

Programming Languages

H. Ledgard
Ada
An Introduction
Ada Reference Manual (July 1980)
1981. XXXII, 358 pages. DM 29,80
ISBN 3-540-90568-5

The Programming Language Ada
Reference Manual
Proposed Standard Document
United States Department of Defense
1981. X, 243 pages. (Lecture Notes in Computer
Science, Volume 105). DM 16,50
ISBN 3-540-10693-6

Towards a Formal Description of Ada
Editors: D. Bjørner, O. N. Oest
1980. With numerous figures. XIV, 630 pages
(Lecture Notes in Computer Science, Volume 98)
DM 46,-. ISBN 3-540-10283-3

Studies in Ada Style
By P. Hibbard, A. Hisgen, J. Rosenberg, M. Shaw, M. Sherman
1981. VII, 104 pages. DM 24,50
ISBN 3-540-90628-2

Alphard
Form and Content
Editor: M. Shaw
1981. VIII, 321 pages. DM 42,-
ISBN 3-540-90663-0

F. J. Anscombe
Computing in Statistical Science through APL
1981. 70 figures. XV, 426 pages. (Springer Series
in Statistics). DM 59,-
ISBN 3-540-90549-9

CLU Reference Manual
By B. Liskov, R. Atkinson, T. Bloom, E. Moss, J. C. Schaffert, R. Scheifler, A. Snyder
1981. VIII, 190 pages. (Lecture Notes in Computer
Science, Volume 114). DM 21,50
ISBN 3-540-10836-X

W. R. Fuller
FORTRAN Programming
A Supplement for Calculus Courses
Universitext
1977. 23 figures. XII, 145 pages. DM 19,80
ISBN 3-540-90283-X

S. Alagić, M. A. Arbib
The Design of Well-Structured and Correct Programs
1978. 68 figures. X, 292 pages. (Texts and
Monographs in Computer Science). DM 29,50
ISBN 3-540-90299-6

K. L. Bowles
Microcomputer
Problem Solving Using PASCAL
Springer Study Edition
1977. 110 figures. IX, 563 pages. DM 24,80
ISBN 3-540-90286-4

S. Eisenbach, C. Sadler
PASCAL for Programmers
1981. 78 figures. IX, 201 pages. DM 19,80
ISBN 3-540-10473-9

A. C. Hartmann
A Concurrent Pascal Compiler for Minicomputers
1977. VI, 119 pages. (Lecture Notes in Computer
Science, Volume 50). DM 18,-
ISBN 3-540-08240-9

K. Jensen, N. E. Wirth
PASCAL
User Manual and Report
Springer Study Edition
2nd corrected reprint of the 2nd edition. 1978.
VIII, 167 pages. DM 19,80. ISBN 3-540-90144-2

W. F. Clocksin, C. S. Mellish
Programming in Prolog
1981. XII, 279 pages. DM 35,-
ISBN 3-540-11046-1

Springer-Verlag
Berlin
Heidelberg
New York